判例による

不貞慰謝料請求の実務

主張・立証編

弁護士 中里和伸
弁護士 野口英一郎
著

LABO

■□　本書を手にされた皆様へ　□■

本書記載の裁判例の冒頭に付された数字（①❶1）のうち、

①❶は前著『判例による不貞慰謝料請求の実務』巻末記載の「裁判例一覧1」ないし「裁判例一覧2」に掲載された裁判例の番号です。

1は、本書『判例による不貞慰謝料請求の実務【主張・立証編】』掲載の裁判例の番号です。

はしがき

　前著『判例による不貞慰謝料請求訴訟の実務』（以下、「前著」という。）においては、我が国におけるこれまでの不貞慰謝料請求訴訟に関する裁判例を収集・調査した上で、これらを時系列に沿って明治時代から現在に至るまでの代表的な裁判例や裁判所の考え方の変化・推移等を解説するとともに、近時の現実の不貞慰謝料請求訴訟において裁判所が認める慰謝料の額及びその算定要素や算定方法等についてできる限り具体的かつ詳細に紹介することに努めた。

　ただ、平成26年8月に前著を執筆する企画が持ち上がった際、その当初の段階においては、上記「不貞慰謝料の算定」というテーマの他に「現実の不貞慰謝料請求訴訟において不貞行為をどのように主張し立証するのか」（主張・立証編）ということもまたもう一つの大きな柱であった。

　ところが、実際にその原稿を作成し始めたところ、前者のテーマだけで原稿が膨大な量になってしまい（本書の編集担当者渡邊豊氏は、その当時の筆者に対して「不貞行為の判例事典でも作る気ですか？」と言ったことが今でも忘れられない。）、これに加えて後者のテーマまでその一冊に盛り込むとすると、後者の内容が極めて表面的で浅薄なものになってしまうことが危惧された。

　そこで、やむなく前著においては、後者のテーマ、すなわち「主張・立証」の部分を意図的に外した上で出版することとし、「主張・立証編」の出版等については時機を見て考えるということにした。

　今回漸くこの「主張・立証」に関する原稿を完成させることができたが、その基本的な狙いは前著と同じであり、不貞慰謝料請求訴訟に関する裁判実務の参考に供するために、過去の実際の裁判例を可能な限り豊富に紹介するということである。

　「論より証拠」という諺がある[1]。これは、あれこれと議論を重ねることよりも証拠を示すことにより物事は明らかになるという意味である。そして、裁判というのも所詮この「証拠」の世界である[2]。すなわち、現実の不貞慰謝料請求訴訟において、勝訴・敗訴を分けるのは、いわゆる欠席裁判でもない限り、基本的には当事者が裁判所に提出した「証拠」であって、逆に「論（主張）」だけでは勝訴判決を得ることはできない。したがって、実際の不貞

---

[1] これと似た諺に「百聞は一見に如かず」（Seeing is believing.）というのがあるし、この「論より証拠」という諺は、英語では「The proof of the pudding is in the eating.」という。

はしがき

　慰謝料請求訴訟において、不貞行為を裏付けるための証拠としてどのようなものが提出されているのか、提出された証拠に関して当事者はどのような主張・反論を行うのか、裁判所はそれらの証拠及びそれに基づく主張をどのように扱い評価しているのか、裁判所に提出された証拠が証拠として認められない場合があるのか等ということについて関心を向けざるを得ない。

　そこで、本書では、裁判所が示した判示部分をできる限り具体的に引用しながら上記の点について解説することを試みた。また、それに加えて、裁判所に提出される証拠の入手方法や裁判所に対するそれらの提出方法等にも言及した。したがって、本書によって、不貞慰謝料請求訴訟における当事者の主張及び証拠全般に関する問題点や裁判実務上の処理の一例等を理解していただければ幸いである。

　ただ他方において、前著や本書のように、過去の裁判例を数多く紹介するという手法に対しては、判例実務に傾斜しすぎており、逆に理論的な説明が手薄になっているのではないかという批判もあり得るところである。

　筆者としてはかかる批判は甘受せざるを得ないと考えてはいるものの、筆者の能力の限界からしても、本書は学者が書くような体系書にはなり得ないし、やはり現実の過去の裁判例を豊富に紹介する方が、各弁護士が受任している類似の事件の見通しを立てたり、書面を作成したりする場面において有益であろうと考え、本書においてもかかる手法を踏襲することとした。この点に関連して、イギリスの法諺にも「理論によるよりも実際によるほうが、はるかに容易に多くのことを了解することができる」（You will perceive many things much more easily by practice than by rules.）というのがあるそうなので、上記の批判に対してはこれを筆者の言い訳に代えたいと思う。

　最後に、本書全体の校正作業及び判例一覧表の作成には、前著と同様に、筆者の所属する東京暁法律事務所の事務員の宮代明日香さんと木村友香さんに大変お世話になった。御両名に深く感謝したい。

2017年2月

　　　　　　　　　　　　　　　　　　筆者を代表して　**中里　和伸**

---

[2] この点に関するイギリスの法諺に「証明されないことと、存在しないこととは同一のことである。」というのがある（What is not proved and what does not exist, are the same.）。

本書の構成

　本書における主要なテーマは、その表題にもあるとおり、不貞慰謝料請求訴訟における不貞行為の「立証」すなわち「証拠」である。ただし、この世の中において日々発生していると思われる不貞事件がすべて不貞慰謝料請求訴訟として裁判所に訴えられている訳ではない。むしろ、裁判になり判決に至る事案は全体から見ればごく少数であろう。

　したがって、不貞慰謝料請求事件がその当事者の立場から見て、どのような経緯・経過を辿った上で訴訟に至るのかとか、訴訟に至る前に解決するのはどのような場合であるのかという点についても予め整理しておいた方が分かりやすいと考えられるので、これを第1章において時系列に沿って解説してみた。

　次に、不貞慰謝料請求訴訟における主要な争いは、被害配偶者たる原告が他方配偶者及び不貞相手たる被告らの間に「不貞行為があった」と主張し、これに対して被告らが「不貞行為はなかった」と反論するというのが典型的なパターン（主張・反論のパターン）である。

　しかしながら、被告らが行う反論の中には、上記以外にも様々なものがあり、しかもそれらの反論の内容は、過去の裁判例を前提にすると、これらをある程度類型化して整理することが可能である。そこで、この反論の内容及びその際の裁判上の争点等について第2章において解説した。

　その上で、第3章及び第4章において、本書の最大の柱である不貞行為の「立証」についての解説に入る。

　まず、第3章では、民事訴訟手続の基本的事項の確認を行いながら、随時当該テーマに関係する不貞慰謝料請求訴訟の裁判例を引用するという形式を採用した。

　また、第4章では、不貞行為を立証するための証拠の具体例とその収集方法について説明するとともに、ここでも個々の証拠に関連する過去の裁判例を可能な限り紹介した。

　この第4章までが本書のタイトルにある「主張・立証編」に対応する部分であるが、それ以外のテーマとして、渉外的不貞慰謝料請求事件に関する問題を第5章、不貞慰謝料請求事件におけるいわゆる弁護士倫理に関する問題を第6章において行っている。

　このうち、第5章の渉外的不貞慰謝料請求訴訟は、以前と比較して国際

結婚や外国人との交流が増加したことに伴い、不貞慰謝料請求事件において、当事者の国籍が日本以外の国であるとか、当事者の居住地が日本にはないという事例が今後も決して減少することはないと考え、国際裁判管轄権の問題と準拠法の問題に分けて、過去の裁判例を引用しながら解説を加えた。

第6章の弁護士倫理については、個々の弁護士が依頼を受けた事件において、相手方との間で行う交渉活動、訴訟活動等、その職務を遂行していく上で遵守しなければならない法令等を不貞慰謝料請求事件を素材にしながら解説を試みた。

なお、本書は、中里と野口の共同執筆であるが、序章、第1～2章及び第5～6章を主に中里が担当し、第3～4章を主に野口が担当した。

当事者の表記について

図1 当事者の基本的関係図

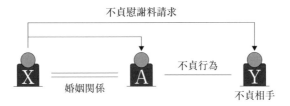

本書では、説明・解説の便宜上、不貞慰謝料請求訴訟における当事者の関係を上記の基本図のとおりとし、特に断りのない限り、登場人物の関係はこの基本図に従うこととする。

XとAが婚姻関係にある夫婦（なお、内縁関係や婚約の関係でもよい。）であり、Aが不貞行為を行った配偶者（加害配偶者）であり、Xは被害配偶者である。いずれが夫であるか妻であるかは問わない。Yは、Aと不貞関係にあった相手であり「相姦者」と呼ばれることもあるし、特にYが女性の場合にはXから「泥棒猫」と言われることもある。

そして、AとYが不貞行為を行うと、原則として、XはAとYのいずれか一方または双方に対してその不貞行為を理由とした不法行為責任を追

及でき、その被った精神的苦痛を和らげるための損害の賠償（慰謝料）を請求することができる。そして、その場合に認められる慰謝料の相場等については、前著において詳しく解説したので是非参考にしていただきたい。

また、前著においても、この「当事者の基本的関係図」を掲載した（同書17頁）が、本書ではその関係図よりも簡易な図を採用した。これは、前著においては、XのA及びYに対する不貞慰謝料請求以外の訴訟類型についても紹介する必要があったのに対し、本書では専らXのA及びYに対する不貞慰謝料請求訴訟における「主張・立証」が主要なテーマであるので、問題となる局面が限られているからである。

裁判例の一覧表について

前著では、これまでの不貞慰謝料請求訴訟に関する裁判例を一覧表1・2（分析編と事案・判旨編）にまとめた。

すでに、前著を出版してから1年以上が経過しており、その間に新たな裁判例も蓄積されている。そこで、前著にてまとめることができなかった裁判例を中心に、本書においても前著の分析編の体裁を踏襲してこれらの裁判例を一覧表にまとめ掲載した。

また、この裁判例一覧表は読者の方々には概ね好評だったようで、前著を手にされた弁護士の方からは、不貞慰謝料請求事件に関する法律相談の際に相談者に対してこの表（特に分析編の一覧表）を示しながら当該事案の見通しや慰謝料の相場などを説明することができたとか、弁護士ではない一般の方からは、自身が抱えている問題がどの裁判例の類型に近いかを確認することができ有益だったとの感想をいただいた。

筆者にとっては、この裁判例一覧表を掲載した主な目的・動機は、筆者自身が収集し調査した裁判例を一覧表として形に残しておきたいという単純な気持ちからであったが、実際にこの裁判例一覧表が上記のような形で使用されていたことについては驚きでもあったし嬉しくもあった。法律学では、「目的」と「効果（機能）」という語句がよく使われるが、この「目的」と「効果」が必ずしも一致しないということを改めて実感した次第である。

なお、本書で紹介している裁判例のうち①〜⑩⑨は本書末尾の裁判例一覧

表に掲載しているものであるが、①～⑫、❶～❹はいずれも前著の末尾の裁判例一覧表1、2に掲載してあるので前著も併せて参照していただきたい。

書式集

本書では、書式の充実にも力を入れた。

本書は本来実務家向けに執筆したものであるから、実務書という体裁をとっていながら文字だけの解説に終始してしまうと、どうしても読者の方々に「ではその解説されたことを実際にどのような形で書面にしたら良いのか」という疑問が残ってしまうことになる。

そして、前著では、不貞慰謝料請求訴訟の訴状の書式のみしか掲載できなかったので、今回はこの訴状以外で同種の事件を処理するにあたって関係しそうな書式をできる限り掲げることにした。これらについても参考にしていただければ幸いである。

法諺について

本書を実際に読み進めて行くと、本題とは一見して関係がないと思われる法諺、格言や川柳などが紹介されており、読者の中にはこれらが鬱陶しいと感じる方もおられるかもしれない。

ただ、普段から法律の世界に身を置き、相談者の話を聞き、それに対する助言等をしていると、現実の社会で起きる人間同士の紛争を解決するためには法律の条文が重要であることは言うまでもないが、実際には我が国の古来先人からの言い伝えである諺や教訓、川柳などの方が、むしろ短い警句の中で鋭く人間社会の真実を突き、しかも強い説得力を有していることが意外と多いのではないかと感じることも多い[3]。

また、「法諺」（legal maxim）にも様々なものがあり、本文に紹介した以外にも、例えば、「先例は正義と同様に法である。」（Precedents have as much law as justice.）,「古い道は安全の道である。」（The old way is the safe way.）、「必要のまえには法律はない。」（Necessity has no law.）、「自由は、評価しがたい財宝である。」（Liberty is an inestimable good.）、

「国家の安全は、最高の法律である。」(The safety of the state is the supreme law.) などがあり、また、現在通用している個々の条文もその淵源を辿っていくと過去の法諺につながるのではないかと思われるものや、「法をさくべきことを熟知する法律家は、良き法律家である。」(Who knows enough to keep out of law is a good lawyer.) のように、弁護士が職務を行っていく上での教訓となるようなものもあり、興味深く感じる[4]。

筆者の独りよがりの考え方かもしれないが、弁護士の仕事というのは究極的には「人を説得することができるか」という点にあるのではないかと感じることが多い。そして、その説得の対象は、相手方であることは勿論のこと、裁判所や依頼者も含まれる。

そして、「説得」するためにはその相手に「納得」してもらうことが必要であるが、特に依頼者の納得を得るためには、法律を振りかざしてあれこれ言うよりも、端的に故事成句や諺等を示す方が意外と効果的であることが多いものである。

本書において、法諺等を紹介したのはそのような意味合いも含まれているので、何らかの参考にして頂ければ幸いである。

---

[3] 諺(ことわざ)とは、まさに「言葉(ことば)」の「技(わざ)」であり、人を説得する際には非常に有効である(高梨公之『法の名言とことわざ集』(日本ライフブックス、1973)はしがき参照)。

[4] 優秀な法律家であればあるほど、法律を振り回すようなことはしない。法律の限界を最も良く知っているのは法律家自身であって、法律ですべてが決まるなどと考えているのはむしろ法律を知らない人である(山畠正男他「法のことわざと民法」(北海道大学図書刊行会)はしがき参照)。

《参考文献》

秋武憲一『新版　離婚調停』（日本加除出版、2013）

秋武憲一『リーガル・プログレッシブ・シリーズ離婚調停・離婚訴訟〔改訂版〕』（青林書院、2013）

安西二郎「不貞慰謝料請求事件に関する実務上の諸問題」判例タイムズ1278号

家永登「裁判例に見る『家庭内別居』の諸相」（専修法学論集126号、127号）

池田節雄「フランス法諺に見る民法の原理」（白鴎大学法科大学院紀要第4号、2010）

泉久雄『離婚の法律紛争〔新版補訂版〕』（有斐閣、2001）

井上繁規『民事控訴審の判決と審理〔第2版〕』（第一法規、2015）

植草宏一「特集　要件事実論入門　要件事実論学習への誘い」（法学セミナー624号（2006）7頁）

大野文雄ほか『性の裁判記録』（酒井書店、1962）

岡口基一『要件事実マニュアル第2巻〔第4版〕民法2』（ぎょうせい、2014）

梶村太市『第4版　離婚調停ガイドブック──当事者のニーズに応える』（日本加除出版、2013）

加藤新太郎『民事尋問技術〔第4版〕』（ぎょうせい、2016）

加藤新太郎編『民事事実認定と立証活動第Ⅰ巻』（判例タイムズ社、2009）

河原崎弘『わかりやすい離婚の法律相談』（ナツメ社、2002）

加藤新太郎編『民事事実認定と立証活動第Ⅱ巻』（判例タイムズ社、2009）

群馬弁護士会『立証の実務─証拠収集とその活用の手引─〔改訂版〕』（ぎょうせい、2016）

裁判所職員総合研修所監修『民事実務講義案Ⅰ〔五訂版〕』（司法協会、2016）

櫻田嘉章『国際私法〔第6版〕』（有斐閣、2012）

柴田光蔵『法格言ア・ラ・カルト─活ける法学入門』（日本評論社、1986）

柴田光蔵『ことわざの知恵・法の知恵』（講談社、1987）

司法研修所編『民事訴訟における事実認定』（法曹会、2007）

島津一郎編『注釈民法第21巻親族（2）離婚』（有斐閣、1976）

須藤典明「高裁から見た民事訴訟の現状と課題─自由平等社会における民事裁判の役割」（判例タイムズ1419号）

第一東京弁護士会人権擁護委員会編『新・離婚をめぐる相談100問100答』（ぎょうせい、

参考文献

　2006）
第一東京弁護士会新進会編『証拠・資料収集マニュアル―立証計画と法律事務の手引―』（新日本法規、2012）
田尾桃二＝加藤新太郎編『民事事実認定』（判例タイムズ社、1999）
高梨公之『法の名言とことわざ集―その背景・事件・人物のすべて』（日本ライフブックス、1973）
武市春男『イギリスの法律格言』（国元書房、1968）
溜池良夫「第三者による婚姻侵害に基づく不法行為の準拠法」編集代表明山和夫『現代家族法の課題と展望　太田武男先生還暦記念』（有斐閣、1982）
溜池良夫「第三者による婚姻侵害に基づく不法行為の準拠法」『国際家族法の研究』（有斐閣、1985）
土屋文昭＝林道晴編『ステップアップ民事事実認定』（有斐閣、2010）
東京三会有志・弁護士倫理実務研究会『改訂　弁護士倫理の理論の実務』（日本加除、2013）
東京地方裁判所民事部プラクティス委員会「民事訴訟における証拠収集手続―文書送付嘱託、文書提出命令を中心に―モデル書式付き」LIBRA2008年10月号）
東京南部法律事務所『結婚・離婚Ｑ＆Ａ』（日本評論社、2008）
東京弁護士会弁護士研修センター運営委員会『弁護士専門研修講座　離婚事件の実務』（ぎょうせい、2010）
東京弁護士会法友全期会民事訴訟実務研究会『証拠収集実務マニュアル　改訂版』（ぎょうせい、2009）
東京弁護士会民事訴訟問題等特別委員会『民事訴訟代理人の実務Ⅲ証拠収集と立証』（青林書院、2012）
道垣内正人『ポイント国際私法総論〔第2版〕』（有斐閣、2007）
冨永忠祐編『離婚事件の手続と書式』（新日本法規、2010）
中里和伸『判例による不貞慰謝料請求の実務』（LABO、2015）
中里妃沙子『なぜ男は妻よりも美しくない女性と浮気をするのか』（宝島社、2012）
中里妃沙子『悩む前に知っておきたい離婚の手続き』（日本文芸社、2013）
日本弁護士連合会調査室『条解弁護士法〔第4版〕』（弘文堂、2007）
日本弁護士連合会弁護士倫理に関する委員会『注釈弁護士倫理　補訂版』（有斐閣、1996）
日本弁護士連合会弁護士倫理委員会『解説　弁護士職務基本規程〔第2版〕』（星野精版印刷、2012）

参考文献

野村美明「日本における国際裁判管轄の基本原則」(「企業と法創造」第 4 巻第 1 号、2007)

橋本昇二＝三谷忠之『実務　家族法講義〔第 2 版〕』(民事法研究会、2012)

原誠『「離活」──終わりの始まりを見極める技術』(講談社、2010)

藤田広美『講義民事訴訟〔第 3 版〕』(東京大学出版会、2013)

弁護士法人エートス『離婚事件財産分与実務処理マニュアル』(新日本法規、2016)

星野英一『民法のすすめ』(岩波新書、1998)

円山雅也『愛情裁判──"男と女"のトラブル解決法』(読売新聞社、1964)

元榮太一郎編『パートナーの浮気に気づいたら！　調査・慰謝料・離婚への最強アドバイス』(中央経済社、2014)

守屋善輝『英米法諺』(日本比較法研究所、1973)

山之内三紀子編『離婚・内縁解消の法律相談〔第 3 版〕』(青林書院、2014)

山畠正男ほか『法のことわざと民法』(北海道大学図書刊行会、1985)

離婚問題研究グループ『Q&A 離婚トラブル 110 番〔第 3 版〕』(民事法研究会、2007)

Contents

はしがき
参考文献

序章 不貞行為の普遍性

第1章 不貞慰謝料請求訴訟の提起から終結に至るまでの時系列の流れ

第2章 不貞慰謝料請求訴訟における典型的な主張と反論の構造

第 1 節	総説 ……………………………………………………………	15
第 2 節	不貞行為の不存在〜図3⑴ …………………………………	15
第 3 節	故意・過失の不存在〜図3⑵ ………………………………	15
第 4 節	AによるYの意思の制圧〜図3⑶ …………………………	18
第 5 節	因果関係の不存在〜図3⑷ …………………………………	20
第 6 節	婚姻関係の破綻〜図3⑸ ……………………………………	21
第 7 節	損害の不発生〜図3⑹ ………………………………………	22
第 8 節	消滅時効及び除斥期間〜図3⑺ ……………………………	22
第 9 節	期待可能性の欠如〜図3⑻ …………………………………	24
第10節	いわゆる「枕営業」〜図3⑼ ………………………………	26
第11節	被害者（X）の承諾〜図3⑽ ………………………………	29
第12節	権利の濫用〜図6⑾ …………………………………………	29
第13節	まとめ …………………………………………………………	31

目　次

第3章　民事訴訟における事実認定

第1節　事実認定のプロセス …………………………………………………… 33
第2節　証明を要する「事実」とは何か ……………………………………… 36
1　要件事実の立証 …………………………………………………………… 36
2　主張されていない事実―主張責任― ………………………………… 39
3　当事者間に争いのない事実―裁判上の自白― ……………………… 40
　(1)　裁判上の自白 ………………………………………………………… 40
　(2)　間接事実・補助事実の自白 ………………………………………… 42
　(3)　権利自白 ……………………………………………………………… 43
　(4)　欠席裁判と不貞慰謝料の額 ………………………………………… 44
4　顕著事実 …………………………………………………………………… 44
第3節　誰が証拠収集をするのか―職権証拠調べの禁止― ……………… 45
第4節　証拠にはどのような種類があるか―書証と人証― ……………… 46
1　書証 ………………………………………………………………………… 48
　(1)　処分証書と報告文書 ………………………………………………… 48
　(2)　書証の証拠力（形式的証拠力・実質的証拠力）………………… 49
　(3)　書証申出の手続 ……………………………………………………… 49
2　人証 ………………………………………………………………………… 50
　(1)　はじめに ……………………………………………………………… 50
　(2)　供述の信用性判断 …………………………………………………… 50
　　①　利害関係（虚偽供述の動機等）があるかどうか ……………… 51
　　②　事実認識が正確であるかどうか ………………………………… 52
　　③　記憶の喪失・変容を合理的に説明できるか …………………… 52
　　④　供述者の性格・傾向 ……………………………………………… 52
　　⑤　供述の仕方そのものに留意すべき点がないか ………………… 53
　　⑥　動かし難い事実（客観的証拠等）と整合しているか否か …… 53
　　⑦　経験則に反しないか ……………………………………………… 54
　　⑧　推測や評価が混入しているか …………………………………… 54
　　⑨　伝聞供述か否か …………………………………………………… 54

目　次

　　　⑩　供述内容が一貫しているか（変遷・矛盾の有無） ……………… 55
　　(3)　人証申請の手続 ………………………………………………………… 56
　　　①　証人尋問 …………………………………………………………… 56
　　　②　当事者尋問 ………………………………………………………… 57
　3　書証と人証―証拠としての価値― …………………………………… 57
第5節　裁判官はどのようにして心証形成するか―自由心証主義― ……… 58
　1　自由心証主義 ……………………………………………………………… 58
　2　事実認定の基礎 …………………………………………………………… 59
　　(1)　証拠調べの結果 ……………………………………………………… 59
　　　①　証拠方法・証拠能力の制限 ……………………………………… 60
　　　②　伝聞証言 …………………………………………………………… 60
　　　③　証拠能力―違法収集証拠かどうかの検討― ………………… 60
　　　　GPS機能付き携帯電話／GPSの履歴／ボイスレコーダー／ポストからはみ出ていた葉書／携帯電話からメールを送信／携帯電話のデータをパソコンにコピーした／結論を異にする両裁判例の対比／張り込みの適法性／メールアカウント等の不正入手
　　(2)　弁論の全趣旨 ………………………………………………………… 71
　　(3)　証拠契約 ……………………………………………………………… 72
　　(4)　損害額の認定 ………………………………………………………… 73
　3　証拠共通の原則 …………………………………………………………… 74
　4　推定 ………………………………………………………………………… 75
　　(1)　事実上の推定 ………………………………………………………… 75
　　(2)　事実上の推定以外の推定について ………………………………… 76
第6節　心証形成のポイント①―動かし難い事実と仮説の合理性― ……… 79
　1　事実認定における基本的な考え方 ……………………………………… 79
　2　仮説の構築と合理性の判断 ……………………………………………… 80
第7節　心証形成のポイント②―経験則― …………………………………… 81
　1　経験則 ……………………………………………………………………… 81
　2　書証の重要性と経験則との関係 ………………………………………… 82
　3　経験則の証明 ……………………………………………………………… 82

xiii

目　次

第 8 節　心証形成のポイント③――直接証拠による認定と間接事実による認定―― ……………………………………………………………………………… 84
　　　　　談笑の弁解／登山の弁解／修理の弁解／介抱の弁解／常連客宿泊の弁解／偶然の弁解／パソコンを教えていたとの弁解／ホテルで休憩の弁解／話し合いの弁解／世間話の弁解等／容認の弁解
第 9 節　どのような状態となったときに事実が認定されるか――証明度―― ……… 94
第 10 節　当事者の立証活動によっても事実が真偽不明となった場合――証明責任―― ……………………………………………………………………… 96
第 11 節　「事実」と「法的評価」の区別 ………………………………………… 97
第 12 節　上級審での事実認定 …………………………………………………… 98
第 13 節　訴訟代理人の立証活動 ………………………………………………… 99
　1　はじめに ……………………………………………………………………… 99
　　(1)　依頼者の提供する情報の吟味 …………………………………………… 99
　　(2)　想定される反論の検討 …………………………………………………… 99
　　(3)　証拠の収集 ………………………………………………………………… 99
　2　証拠収集の方法 ……………………………………………………………… 100
　　(1)　弁護士会照会 …………………………………………………………… 100
　　(2)　文書送付嘱託 …………………………………………………………… 101
　　(3)　調査嘱託 ………………………………………………………………… 102
　3　証拠説明書 …………………………………………………………………… 102
　4　証拠提出の時期――適時提出主義―― …………………………………… 103
　5　価値の乏しい書証 …………………………………………………………… 103

第 4 章　不貞行為の証拠の入手方法と裁判例

第 1 節　はじめに ………………………………………………………………… 105
第 2 節　不貞行為の証拠及びその収集方法等 ………………………………… 106
　1　写真 …………………………………………………………………………… 106
　　(1)　不貞行為の証拠としての「写真」 …………………………………… 106
　　　　　浮気相手との旅行写真／旅館などで同室に宿泊し一夜を共にしたこと

目　次

　　　　がわかる写真や映像／プリントシール機（写真シール機）の写真シール／デジカメ画像の注意点
　(2)　準文書たる「写真」の書証手続 …………………………………… 107
　　①　申出にあたっての特定事項の明示 ………………………………… 108
　　②　特定事項についての相手方の陳述 ………………………………… 108
2　録音テープ・ビデオテープ ……………………………………………… 108
　(1)　不貞の証拠としての録音テープ・ビデオテープ …………………… 108
　(2)　準文書たる「録音テープ・ビデオテープ」の書証手続 …………… 110
　　①　複製物の事前提出等 ………………………………………………… 110
　　②　テープ等の内容を説明した書面の提出 …………………………… 110
　　③　相手方の意見書の提出 ……………………………………………… 111
　　④　特定事項についての相手方の陳述 ………………………………… 111
　　⑤　証拠調べの方法 ……………………………………………………… 111
3　興信所・探偵社等の調査報告書 ………………………………………… 111
4　住民票の写し ……………………………………………………………… 119
5　戸籍謄本 …………………………………………………………………… 120
6　妊娠・堕胎の事実を証する文書 ………………………………………… 121
7　子のDNA鑑定書 ………………………………………………………… 121
8　子の血液型 ………………………………………………………………… 122
9　クレジットカードの利用明細書・領収書等（飲食店、ホテル等の利用記録等） …………………………………………………………………… 122
　(1)　宿泊施設についてのクレジットカードの利用明細書 ……………… 123
　(2)　レシート（領収書） ………………………………………………… 124
10　メール（パソコン・携帯電話） ………………………………………… 124
11　Facebook・ブログ ……………………………………………………… 136
12　電車等の利用履歴 ………………………………………………………… 136
13　手紙・贈答品 ……………………………………………………………… 138
14　手帳・スケジュール帳・日記・メモ …………………………………… 141
15　GPS ……………………………………………………………………… 143
16　詫び状・誓約書等 ………………………………………………………… 144

目　次

　17　ラブホテルが発行したサービス券やライター …………………… 145
　18　その他の間接事実等 ………………………………………………… 145
　19　陳述書 ………………………………………………………………… 147
　　(1)　陳述書の証拠能力 ……………………………………………… 147
　　(2)　陳述書の証拠価値を判断する場合の留意点 ……………………… 147
　20　証人尋問・当事者尋問 ……………………………………………… 149
第3節　まとめ ………………………………………………………………… 152

第5章　不貞慰謝料請求訴訟と渉外問題

第1節　はじめに …………………………………………………………………… 154
第2節　渉外的不貞慰謝料請求訴訟における国際裁判管轄権 ……………… 156
第3節　渉外的不貞慰謝料請求訴訟における準拠法 ………………………… 160

第6章　不貞慰謝料請求訴訟と弁護士職務基本規程（旧弁護士倫理）

第1節　はじめに …………………………………………………………………… 165
第2節　双方代理等 ………………………………………………………………… 165
第3節　設例 ………………………………………………………………………… 166
第4節　設例についての解説 …………………………………………………… 168
第5節　弁護士としての注意点～筆者の考え方 ……………………………… 172

裁判例一覧表 ……………………………………………………………………… 176

書式集
　資料1　不貞慰謝料請求法律相談時確認事項書　　　　226
　資料2　通知書（X代理人として不貞慰謝料請求を行う）　　　　228
　資料3　回答書（Y代理人として回答（不貞事実不存在））　　　　230
　資料4　回答書（Y代理人として回答（消滅時効援用））　　　　231
　資料5　合意書　　　　232

目 次

資料 6	弁論準備手続調書（裁判上の和解）	234
資料 7	訴状（YのXに対する債務不存在確認）	237
資料 8	弁護士倫理に関する説明書	240
資料 9	文書送付嘱託申立書	241
資料10	調査嘱託申立書（宿泊施設）	242
資料11	調査嘱託申立書（メールアドレスの使用者の確認）	243
資料12	照会申出書	244
資料13	照会申出書	248
資料14	照会申出書	252

事項索引

あとがき

序　章

不貞行為の普遍性

　古代ギリシャの哲学者ソクラテス（紀元前469年〜紀元前399年）は、その弟子から「結婚というのは、した方が良いのでしょうか」と問われた際に、「結婚するべきか、結婚しないべきか、いずれを選ぶにせよ後悔するだろう。」と答えたという。また、西洋には古くから「誤解して結婚し、理解して離婚する。」という諺が残っているとの話を聞いたことがある。

表1　人口動態総覧の年次推移

年次		婚姻件数	離婚件数
1899	明治32年	297,372	66,545
1900	33	346,528	63,828
1901	34	378,457	63,442
1902	35	394,165	64,139
1903	36	370,961	65,392
1904	37	398,930	63,913
1905	38	350,898	60,061
1906	39	352,857	65,398
1907	40	432,949	61,058
1908	41	461,254	60,226
1909	42	437,882	58,936
1910	43	441,222	59,432
1911	44	433,117	58,067
1912	大正元年	430,422	59,143
1913	2	431,287	59,536
1914	3	452,932	59,992
1915	4	445,210	59,943
1916	5	433,680	60,254
1917	6	447,970	55,812
1918	7	500,580	56,474
1919	8	480,136	56,812
1920	9	546,207	55,511
1921	10	519,217	53,402
1922	11	515,916	53,053
1923	12	512,689	51,212
1924	13	513,130	51,770
1925	14	521,438	51,687
1926	昭和元年	502,847	50,119
1927	2	487,850	50,626
1928	3	499,555	49,119
1929	4	497,410	51,222
1930	昭和5年	506,674	51,259
1931	6	496,574	50,609
1932	7	515,270	51,437
1933	8	486,058	49,282
1934	9	512,654	48,610
1935	10	556,730	48,528
1936	11	549,116	46,167
1937	12	674,500	46,500
1938	13	538,831	44,656
1939	14	554,321	45,970
1940	15	666,575	48,556
1941	16	791,625	49,424
1942	17	679,044	46,268
1943	18	743,842	49,705
1947	22	934,170	79,551
1948	23	953,999	79,032
1949	24	842,170	82,575
1950	25	715,081	83,689
1951	26	671,905	82,331

序　章　不貞行為の普遍性

年　　次		婚姻件数	離婚件数
1952	27	676,995	79,021
1953	28	682,077	75,255
1954	29	697,809	76,759
1955	30	714,861	75,267
1956	31	715,934	72,040
1957	32	773,362	71,651
1958	33	826,902	74,004
1959	34	847,135	72,455
1960	35	866,115	69,410
1961	36	890,158	69,323
1962	37	928,341	71,394
1963	38	937,516	69,996
1964	39	963,130	72,306
1965	40	954,852	77,195
1966	41	940,120	79,432
1967	42	953,096	83,478
1968	43	956,312	87,327
1969	44	984,142	91,280
1970	45	1,029,405	95,937
1971	46	1,091,229	103,595
1972	47	1,099,984	108,382
1973	48	1,071,923	111,877
1974	49	1,000,455	113,622
1975	50	941,628	119,135
1976	51	871,543	124,512
1977	52	821,029	129,485
1978	53	793,257	132,146
1979	昭和54年	788,505	135,250
1980	55	774,702	141,689
1981	56	776,531	154,221
1982	57	781,252	163,980
1983	58	762,552	179,150
1984	59	739,991	178,746
1985	60	735,850	166,640
1986	61	710,962	166,054
1987	62	696,173	158,227
1988	63	707,716	153,600
1989	平成元年	708,316	157,811
1990	2	722,138	157,608
1991	3	742,264	168,969
1992	4	754,441	179,191
1993	5	792,658	188,297
1994	6	782,738	195,106
1995	7	791,888	199,016
1996	8	795,080	206,955
1997	9	775,651	222,635
1998	10	784,595	243,183
1999	11	762,028	250,529
2000	12	798,138	264,246
2001	13	799,999	285,911
2002	14	757,331	289,836
2003	15	740,191	283,854
2004	16	720,417	270,804
2005	17	714,265	261,917
2006	18	730,971	257,475
2007	19	719,822	254,832
2008	20	726,106	251,136
2009	21	707,734	253,353
2010	22	700,214	251,378
2011	23	661,895	235,719
2012	24	668,869	235,406
2013	25	660,613	231,383
2014	＊26	643,740	222,104

注：＊印は概数である。
出典　厚生労働省「平成26年人口動態統計月報年計（概数）の概況

　表1は、我が国における明治32年から平成26年までの離婚件数等に関する統計表である。これを見ると、離婚件数は平成14年に28万9,836件となったのがピークであり、そこから減少傾向にはあるものの平成26年には22万2,104件（概数）となっていることが分かる。そして、近時人口の減少が大きな社会問題となっていることを合わせ考えると、この数字は決して少なくないと言えるだろう。

この年間22万2,104件の離婚件数を一日当たりに換算すると、608件（小数点以下切捨）であり、1時間当たりに換算すると25件、1分当たりに換算すると0.41件となるから、我が国では平均すると2分強毎に1件の離婚が成立しているということになる。
　「事実は言葉よりも有力である。」（Facts are more powerful than words.）という法諺があるように、仮に、婚姻の理想が「夫婦互いに死ぬまで堅く貞操を守り添い遂げる」ことにあり、当事者がそのつもりで結婚したとしても、上記のとおり、年間22万件以上の離婚が成立しているというのが現実なのであり、冒頭で紹介した2400年以上も前にソクラテスが残した名言等は現在においても十分通用するというべきであろう。
　そして、ある夫婦が離婚するに至るには、さまざまな理由・原因があるが、離婚も婚姻と同様、基本的には両者の同意によって成立するのであって、一方が離婚を望み他方がそれを望まない場合には、協議離婚は成立せず、離婚を望む側が裁判（離婚調停の申立～離婚訴訟の提起）という手段を使わざるを得ない（裁判離婚）。
　そうすると、裁判上の離婚事由とは何なのかということが問題となるが、これについては、民法770条1項が「夫婦の一方は、次に掲げる場合に限り、離婚の訴えを提起することができる。」と定め、その事由を列挙している。ここでは、同条同項1号が「配偶者に不貞な行為があったとき。」と定めていることが重要である。すなわち、前記のとおり、ある夫婦が離婚するに至る理由は多種多様であるにもかかわらず、民法ではその筆頭に「配偶者の不貞」が掲げられており、民法起草者自身がこの事情を最も典型的な離婚事由と考えていたと推測することが可能だからである。
　次頁の表2は裁判所が毎年発表している統計のうち、夫と妻が家庭裁判所に対して夫婦関係調整等の家事調停を申し立てる際の動機として何を挙げているかを示すものである。このうち、夫からの離婚調停の申立の動機として多い順に並べると、「性格が合わない」、「異性関係」、「（相手が）暴力を振るう」であり、逆に妻の動機は、「性格が合わない」、「（相手が）暴力を振るう」、「異性関係」という順位になっていることも分かる[1]。
　この統計からも分かるように、現在においても、相手方の異性関係（その

序　章　不貞行為の普遍性

表2 婚姻関係事件数——申立ての動機別

申立人	総数	性格が合わない	異性関係	暴力を振るう	酒を飲み過ぎる	性的不調和	浪費する	病気
夫	18,009	11,058	2,762	1,475	422	2,448	2,157	947
妻	47,529	19,462	8,902	11,032	3,070	3,739	5,361	1,481

(注) 申立ての動機は、申立人の言う動機のうち主なものを3個まで挙げる方法で調査重複集計した。
出典：司法統計家事平成27年度19婚姻関係事件数、申立ての動機別申立人別全家庭裁判所

典型が不貞行為である）が原因となって離婚を希望する夫や妻が多いと言える。

　そして、夫に浮気相手がいる場合、かつてはこれを「妾（めかけ）」と言ったり、「二号」と言ったりしていたが、最高裁判所はこの点に関して以下のとおり詳細に論じたことがあるのでここで紹介しておく[2]。なお、この事件では、昭和31年に売春防止法が制定された際に、「二号」が売春防止法が禁止している売春に該当するか否かが争われたのである（最高裁判所第二小法廷昭和32年9月27日判時126頁6号）。

　この最高裁判所判例は、まず「おもうに、妾若しくは二号という観念は今日必ずしも明確ではないのであるが、通常、「法律上の妻又は事実上の妻でなくして、主として妻帯の男性から経済上の援助を受けて、これと性的結合関係を継続する女」をいうものと観念して誤りないであろう。我が国において妾をもつ習俗は古くから主として血族維持を根本基調とする「家」の制度と密接の関係があるものとされ、法制上においてもいわゆる「妻妾（さい

---

[1] このように夫と妻のいずれからの申立についても、その動機のトップは「性格が合わない（性格の不一致）」となっている。しかしながら、この「性格の不一致」というのは、いかにも取って付けたような理由であり、夫婦の性格が完全に一致することなどほぼあり得ないだろうし、夫婦の性格が一致しないからこそかえって夫婦関係が長続きするという側面もあるのだから、この理由の実態は要するに「相手のことが嫌いになった」というに過ぎないのではないかと思われる。
[2] この「妾（めかけ）」に関する都々逸としては、「妾という字をほどいてみれば　家に波風立つ女」というのがある。

しょう）二等親」としてみとめられて来たところである。明治時代になってからも、民法（明治31年法律9号）によってはじめて法律上から抹殺されたのであるが、その後も社会の習俗としては広く行われていることは否定し得ないところであり、殊に、時代の変転にともない性慾的享楽面を主とする関係への転落的傾向が顕著であって、一口に妾又は二号といっても、妻に近い性質を有するものから実質的には売春婦とみとめられるものまで各種各様の形態のものがあるというのが現実の社会の実情である。」と判示し、「二号」の定義を行い、それに各種の形態があること、そしてその理由として、「時代の変転にともない性慾的享楽面を主とする関係への転落的傾向が顕著」であることを挙げているところが興味深い。また、筆者は、「妻妾（さいしょう）二等親」という言葉があるということ自体、この最高裁判所判決を読んで初めて知ったのだが、その意味において最高裁判所の判決内容は一つの読み物としても非常に面白いものがある。

　次に、同最高裁判所判例は、二号と売春との関係について次のとおり判示した。

　「原判決は、これら各種の妾、二号について、いやしくも、淫行とこれに対する対価の提供との結びつきが少しでもある以上、婦女の貞操を対価取引の対象とするものであって売淫をもって目すべきものと論断しているのであるが、妾、二号といっても、右のようにそれらの者の中には本質的には、売春婦とみとめられるべきものがあるから、その限りにおいては原判決の右論壇は正当である。しかし、原判決のように令2条の趣旨を拡充して同条が妾、二号のすべてを売淫としてこれを斡旋したものを処罰の対象としているものとすることは解釈の行き過ぎである。けだし、妾、二号関係がその淫行とこれに対する対価の提供との結びつきがある場合であっても、特定の男女間に関する限り反社会性をもたない当事者間の問題として法律上放任されているものとみとめなければならないからである。令2条にいう売淫は、売春防止法（昭和31年5月24日法律118号）2条が「売春」についていうごとく「対価を受け、又は受ける約束で、不特定の相手方と性交する」ことをいうものと解釈すべきである。しかし、ここに「不特定」ということは、もとより性交するときにおいて不特定であるという意味ではなく、不特定の男

序　章　不貞行為の普遍性

子のうちから任意に相手方を選定し性交の対価に主眼をおいて、相手方の特定性を重視しないということを意味するのであって、たとえ、その相手方との関係が相当の期間に及んでいても、その相手方との関係が終了すれば更に不特定の男子のうちの任意の一人と同様の関係を結ぶであろうことが予想される場合においては、なお、相手方は右にいう意味において不特定であると解するを相当とする。」

　要するに、この最高裁判所判例は、「二号」がすべて売淫に当たるとの解釈を否定したのである。

　この時代の最高裁判所判決を読む限り、夫の浮気が存在すること自体は当然の前提になっていることが分かるし、そしてそれは現在でも特に変わることはないと言える。

　このように、配偶者の不貞行為は、今も昔も何ら変わらないことを前提にした上で、本書では、その不貞行為に基づく夫婦間の離婚についてではなく、不貞行為をされた配偶者が不貞行為の相手方（いわゆる不倫相手）に対して行う不貞慰謝料請求（損害賠償請求）訴訟について、訴訟当事者が行う主張・立証に焦点を当てて、関連する裁判例を挙げながらできるだけ具体的に考察していきたい。

第1章

不貞慰謝料請求訴訟の提起から終結に至るまでの時系列の流れ

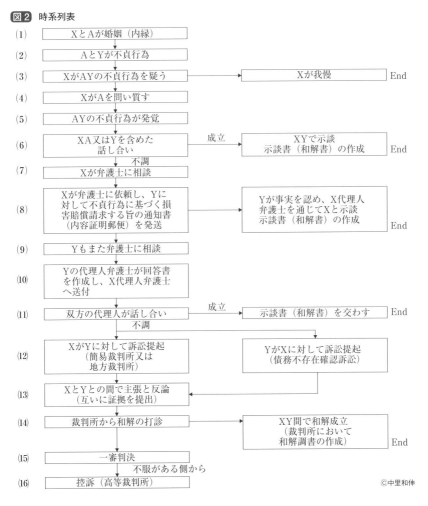

図2 時系列表

第 1 章　不貞慰謝料請求訴訟の提起から終結に至るまでの時系列の流れ

　図 2 は、X が Y に対して不貞慰謝料請求訴訟を提起し、判決に至るまでの一般的なプロセスを時系列のフローチャートで示したものである。
　この図に基づいて簡単に説明すると、X の Y に対する不貞慰謝料請求訴訟が成立する前提として、A Y 間の不貞行為時において X A 間に婚姻関係（又は内縁関係や婚約関係でも可）が存在していることが必要である【(1)】。
　逆に言えば、X A 間においてそもそも婚姻関係が存在していなかったり（婚姻関係が存在していても、それがすでに破綻していれば、存在していないものと同様に扱われる。）、婚姻関係が解消されていたりするような場合には、X の Y に対する不貞慰謝料請求は認められないことになる。
　この X A 間の婚姻関係（夫婦関係）が継続していく途中で、配偶者の一方（X）が他方の配偶者（A）の浮気（不倫[3]）を疑うようになる。これが正に不貞慰謝料請求訴訟の始まり、きっかけである【(2)】【(3)】。
　そして、配偶者の一方（X）が他方の配偶者（A）の浮気を疑うきっかけになり得るものは多種多様であり、実際の裁判例を見てみると、例えば、それが携帯電話やスマートフォンのメール、待ち受け画面、LINE、Facebook の履歴であったり、クレジットカードの利用明細・領収書、手紙、メモ、写真などの物証であったり、A の帰宅時間が遅い、休日に一人で外出するようになった等状況的な証拠に基づくことであったりする。
　このように、X が A の不貞行為を疑うに至った場合、X がその次に取る行動もまたさまざまであり、例えば、我慢するとか、友人に相談するとか、

---

[3] この「不倫」という言葉が一般的に使われるようになったのは、以前流行した「金曜日の妻たちへ」というテレビドラマ（昭和 58 年、TBS 系列）が放映された頃からと言われており、それ以前は「不倫」ではなく、「浮気」という言葉の方がよく使われていたし、「よろめき」と言ったこともあったという。さらに、古く江戸時代には、恋人（愛人）のことを「落っこち」と表現したこともあったそうで、これは「恋に落ちる」（fall in love）が語源ではないかと推測される。このことに関連して、その頃作られた川柳に、「落っこちて　渡しのことが　嫌になり」というのがある。これを字面通りに解釈すれば、ここでの「渡し」は「渡し舟」の意味である（江戸時代は今と違って川にはほとんど橋が架かっておらず渡し舟で川を渡ることが多かった。）から、「川を渡ろうとして舟に乗ったらその舟から落ちて以後渡し舟が嫌いになった」という意味になる。しかしながら、これは表向きの意味に過ぎず、この川柳の裏の意味は、「落っこち」を「恋人」と解釈すると、「あなたには好きな人（恋人）ができたので私のことが嫌いになったのね。」ということになり、この川柳が恋の歌に変わる。このように、江戸時代の庶民は、現代の人々に比べて言葉に対する感覚・感性が研ぎ澄まされているように思われ、非常に興味深い。

しばらく様子を見るとか、調査会社にAの素行調査を依頼するとか、Yのところに直談判に赴く、などが考えられるが、ここではXがAを問い質し【(4)】、その結果としてAY間の不貞行為が発覚したので【(5)】、Yを含めた三者での話し合いが行われた【(6)】という事例を考えてみたい。

ここで「話し合い」と言っても、当の本人たちにしてみれば各自それぞれの立場において相当の心理的負担になるだろう。すなわち、Xにとっては、配偶者（A）に裏切られた以上どうしても感情的にならざるを得ないだろうし、Yとしても、素直に事実を認めてXに対して謝罪する場合もあるだろうが、例えばAからしつこく誘われたのであれば、その経過について説明しないではいられないことも多いだろう。さらに、Aにとっては、XとYの板挟み状態となり、Xに与すればYから非難されるだろうし、逆にYに与すればXから非難されることは容易に推測がつく。客観的にみれば、これはAのいわば自業自得ではあるものの、実際の裁判例を見ていると、このような三者の話し合いが訴訟提起の前段階において行われている事例は決して少なくないのである。

そして、その話し合いの結果、当事者間で話がまとまれば示談（和解）という形で決着する。この場合には、その合意した内容を文書で交わすことが重要であろう。口頭での合意では、後になってそのような合意をしていないと異議が出た場合に紛争になる可能性が高くなるからである。そして、この合意の内容については、基本的には当事者の意思が尊重される。イギリスの法諺にも「約定と合意とは、法律にまさる。」というのがある（A contact and agreement overcome the law.)。また、フランスの法諺にも「合意は法に勝つ。」というのがある（Convenances vainquent loi.)。巻末の資料5は、かかる合意が成立した場合の合意書の一例である。

これに対して、その話し合いによっても話がまとまらない場合、すなわち、話し合いが不調に終わった場合は問題である。

Xとしては、Yに対して不貞行為に基づく慰謝料請求権（損害賠償請求権）を自分が有していると確信しているにもかかわらず、Yがその事実や責任を認めなかったり、また、Yが事実や責任を認めていたとしても、支払うべき金額（慰謝料）において折り合いが付かなければ、Xは結局その自分の権利

第1章　不貞慰謝料請求訴訟の提起から終結に至るまでの時系列の流れ

を引き続き主張せざるを得ないことになる。

　この段階にまで至ると、X本人やその親類・知人等だけではもはやこの問題を解決することは著しく困難な状態に陥っていると判断するに至り、この件を弁護士に相談しようということになる【(7)】。

　そして、Xから相談を受けた弁護士は、Xから聞き取った内容を前提として、Xが次に取るべき行動等について助言したり、この事件の見通し等を説明したりするのが一般的である。この法律相談の際に聞き漏らすことのないようにするための確認事項書を本書巻末に資料1として掲載した[4]。

　そして、状況によっては、いきなりYに対して民事訴訟を提起するということもあるだろうが、ここでは、Yに対して不貞行為に基づく損害賠償を求めるための通知書（配達証明付き内容証明郵便）を送付する場合を考える[5]【(8)】。

　なお、参考のためにこの通知書の文例を本書の巻末資料2に紹介した。

　次に、この通知書を受け取ったYの対応について考えてみる。

　通常、Xの代理人弁護士からの通知書の末尾には、「本件に関する問い合わせ等は本人ではなく代理人である当職宛にお願いします。」という趣旨の記載がなされていることが多いため、この通知書を受け取ったYが直接Xに対して連絡を取ることは少ないだろう。そして、Y本人がXの代理人弁護

---

[4] このような法律相談を受ける弁護士の立場から希望することは、とにかく相談者にはすべての事実を話してほしいということである。相談者が聞かれたことに正直に答えなかったり、重要な事実を隠したりすると、弁護士自身の判断、回答、助言等が誤ってしまうからである。イギリスの法諺にも、「僧侶・医師および弁護士には、何事もかくすな。」というのがある（Hide nothing from thy minister, physician and lawyer.）。

[5] ここで、「配達証明」とは、郵便法47条（「配達証明の取扱いにおいては、会社において、当該郵便物を配達し、又は交付した事実を証明する。」）がその根拠であり、「内容証明」とは、同法48条1項（「内容証明の取扱いにおいては、会社において、当該郵便物の内容である文書の内容を証明する。」）がその根拠である。要するに、配達証明は、ある文書を配達したことの証明であり、内容証明は、ある文書の内容の証明であるから、この両者が相俟って初めて、「その内容の通知書が相手方に到達したことが証明される」ことになる。民法97条1項は、意思表示の効力発生時期について「隔地者に対する意思表示は、その通知が相手方に到達した時からその効力を生ずる。」と定め、いわゆる発信主義ではなく到達主義を採用していることから、いつその通知書が相手方に到達したのかが重要なのである。逆に、配達証明か内容証明の片方だけでは、配達の証明ないしはある文書の内容が差し出されたことの証明にとどまることになり不十分なのである。

士と直接交渉し、そこで話し合いがまとまれば、前記と同様示談書（和解書）を交わすことになるだろう。

また、Ｙが通知書を受け取ったにもかかわらず、それに対して一切何も回答しないという態度（黙殺）を取ることもあるが、この場合にはＸ代理人弁護士は一定期間経過後Ｙに対して訴訟を提起することになる。

ただ、実際には多くの場合、Ｙもまたその通知書を持って弁護士に相談に赴くということになろう【(9)】。

そして、Ｙから相談を受けた弁護士もまた、Ｙの説明・言い分を聞いた上で対応を考えることになる。

一般的には、Ｙから相談を受けた弁護士は、前記通知書に対する回答書を作成しこれをＸ代理人弁護士に対して送付したり【(10)】（この文例については巻末資料３及び４参照）、双方の代理人弁護士が直接会って話し合いを行い【(11)】、解決策を講じることになる。その結果、話し合いがまとまれば、それを示談書（和解書）という文書にまとめることになるだろう。

逆に、その話し合いによってもまとまらない場合には、ＸがＹに対して訴訟（不貞慰謝料請求訴訟）を提起することになる【(12)】[6]。イギリスの法諺に「権利が存在するところに救済がある。」というのがあり（Where there is a right, there is a remedy.）、Ｘの慰謝料請求権を実現するためには訴訟による解決という救済手段が与えられているのである。

この裁判においては、ＸとＹが互いに主張・反論を行い、自らの主張を裏付けるための証拠を提出したり、当事者及び証人に対する尋問を実施したりすることになる【(13)】。ここでは、Ｘからの訴えに対してＹがどのような反論をするのかということが問題となるが、この反論はある程度類型化することができるので、これについては章を改めて解説することにしたい（第２章参照）。

---

[6] 訴訟提起の他に民事調停を簡易裁判所に申し立てるという手段も考えられる（民事調停法４条の２）。逆に、Ｘがいつまで経っても訴訟を提起しないこともあり得る。そうすると、Ｙにとっては「いつ訴訟を起こされるか分からない」という不安定な状態が続くことになる。そのような場合には、Ｙの方からＸに対して債務不存在確認訴訟を提起することもあるだろう（資料７参照）。

第 1 章　不貞慰謝料請求訴訟の提起から終結に至るまでの時系列の流れ

　また、民事訴訟法 89 条は、「裁判所は、訴訟がいかなる程度にあるかを問わず、和解を試み、又は受命裁判官若しくは受託裁判官に和解を試みさせることができる。」と規定しているため、裁判所は当事者に対して和解の勧告を適宜行うことができ【⑭】、その結果、裁判上の和解が成立すれば、和解調書が作成され、本件訴訟はこれにより終了する。この和解調書は、確定判決と同一の効力を有することになるという意味において、前記の訴訟提起以前に交わされ得る示談書（和解書）とは法的意味が大きく異なる（民訴法 267 条「和解又は請求の放棄若しくは認諾を調書に記載したときは、その記載は、確定判決と同一の効力を有する。」）[7,8]。

　逆に、和解が成立しない場合には、裁判所は、原告の請求を認めるか否かの最終的な判断を示す（判決を下す）ことになる【⑮】[9]。

　そして、その一審判決に不服がある当事者は、その判決に対して控訴することができ【⑯】、その控訴審での審理は、基本的には一審手続と同様である。

　以上のとおり、不貞行為の発覚から訴訟の終結に至るまでの経過について概括的に説明したが、このように見てくると、ある不貞行為が発覚したと

---

[7]　そして、和解調書の記載が「確定判決と同一の効力を有する」ということの具体的な意味は、強制執行の前提となる債務名義について定めた民事執行法 22 条 7 号が「確定判決と同一の効力を有するもの」と定めていることから、その和解調書に基づいて強制執行が可能になるという点にある。巻末の資料 6 は、この種の訴訟における和解調書の一例である。

[8]　この和解に関するイギリスの法諺としては、例えば、「和解せよ、訴訟は費用がかかるから。」（Agree, for the law is costly.）とか「悪しき和解もよき判決にまさる。」（An ill agreement is better than a good judgement.）等がある。これらは、和解による早期解決が得策であることを言っている。一般的に裁判手続には時間がかかるし、どのような人間も時間には勝つことができないのであるから、これらの法諺は一面の真実をついている。他方、その矛先が弁護士に向けられているような法諺もある。例えば、「訴訟は、訴訟当事者を細らせ、弁護士を太らせる。」（Lawsuits make the parties lean, the lawyers fat.）とか「長い訴訟は、弁護士の利益である。」（A long lawsuit is the lawyer's vintage.）であり、日本の法諺にも「公事訴訟は代言肥やし」というのがあり、弁護士としては耳が痛い。

[9]　裁判所が下す判決に関しては、「裁判官は弁解しない。」という法諺がある（Judices non tenetur exprimere causam sententiae suae.）。裁判官にとっては判決がすべてである。判決書には、認定した事実、その根拠となった証拠、適用した法令等、裁判官の思考結果が書かれている。要するに、裁判官の当該事件に関する見解のすべてが判決書に尽くされているのであり、裁判官がその判決書についてあとから弁解することは卑怯であり、すべきことでもないのである（高梨公之『法の名言とことわざ集』326 頁）。

しても、必ずしもそれが裁判になるとは限らないし、仮に裁判になったとしても、それについての裁判所の判断（判決）が出るとも限らないということが理解できる。

第2章

不貞慰謝料請求訴訟における典型的な主張と反論の構造

図3 主張と反論の整理表

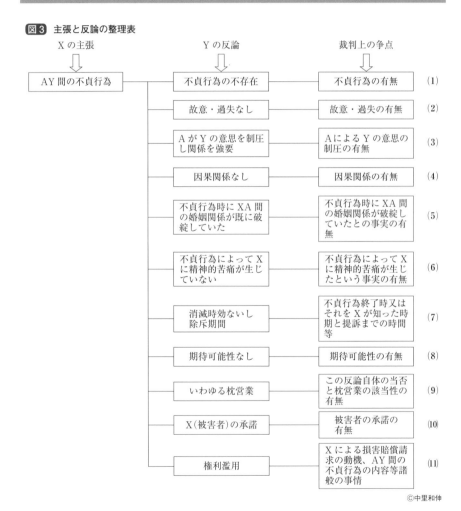

©中里和伸

第1節　総説

　図3は、これまでの不貞慰謝料請求訴訟の裁判例を元にして、Xの主張に対してYから出される代表的な反論の内容を類型化し、その内容毎の裁判における争点を一覧表にまとめたものである。
　勿論、実際の裁判例においては、YがAとの不貞行為の存在自体については争う姿勢を示さず、専らXの主張する慰謝料の額の当否のみが争点となるケースも数多くあるが、ここではそのような裁判例はひとまず考慮の外に置いた上で、Yが自己の法的責任そのものを認めず、いわば徹底抗戦の態度を示した場合について整理してみる。

第2節　不貞行為の不存在～図3(1)

　まず、【(1)】はこの種の訴訟において最も分かりやすい類型である。つまり、YがXの主張するAY間の不貞行為の存在を否認した場合であり、実際の裁判例としても数が多い。
　この場合、Xとしては、Yが否認した以上、自らの主張するAY間の不貞行為の存在及びその内容を立証するための証拠を裁判所に提出する責任があり、その責任を果たしていないと裁判所から判断されると請求棄却の判決が下されることになる。証拠のない水掛論では、立証責任を負う原告（X）は敗訴するほかないのである。
　そうすると、不貞行為の裏付けとなる証拠としてどのようなものがあるのかということが問題となるが、この点がまさに本書における最も大きなテーマであるので、この点については独立の章（第3章、第4章）を設けて、そこで過去の裁判例とともに詳しく解説することにしたい。

第3節　故意・過失の不存在～図3(2)

　次に、【(2)】は、YがAとの不貞関係を認めつつも、「自分には故意・過失がなかった」と主張して争う場合である。不貞行為に基づく慰謝料請求の

第2章　不貞慰謝料請求訴訟における典型的な主張と反論の構造

法的根拠が民法上の不法行為（民法709条）である以上、加害者たるYに故意または過失がなければ、Yは不法行為責任、すなわち慰謝料支払義務を負わない。

この故意・過失の有無と関連する問題点については、前著75頁以下においても触れたが、そこでは触れることができなかった問題点についていくつか補足しておきたい。

まず第1に、故意とは基本的には事実の認識であるから、いわゆる違法性の意識までは要求されない。すなわち、Yの故意の対象は、Aに配偶者がいること（ないしはXA間の婚姻関係が破綻していないこと）という事実であり、その事実の認識を超えて、違法性の意識（不貞行為は悪いことであり、自分はその悪いことをしているという意識）までは故意の要件としては要求されないということになる。

したがって、Yがこの種の訴訟において、「不貞行為が悪い行為であるとは知らなかったのだから自分には故意はない。」と反論したとしても、それは、殺人犯が「人を殺すことが悪い行為であるとは知らなかった」と言っているのと同じであり、いわゆる法律の錯誤として故意を阻却しないということになる[10]。イギリスの法諺にも、「事実の不知は許されるが、法の不知は許されない。」というのがある（Ignorance of fact may excuse, but not ignorance of law.）。

---

[10] この違法性の意識の要否という問題点に関連して、「確信犯」という刑法上の法律用語がある。これはある犯罪行為を正しい行為と信じ込み、その行為を行う人のことを言う。すなわち、確信犯とは、自己の行っている犯罪行為を「悪くない」、むしろ「正しい行為だ」と確信し違法性の意識を有していないことを言う。そして、上記違法性の意識が故意の要件であるとの立場（違法性の意識必要説）を是とするならば、このような確信犯は、行為者に違法性の意識がない以上故意がないことになり犯罪不成立という結論になってしまうと説かれる。ただここで筆者が興味深いと思うのは、この違法性の意識必要説自体の当否ではなく、この「確信犯」という言葉を法律家ではない一般の人たちが使う場合には、それは上記の意味合いと全く逆なのではないかということである。つまり、日常会話の中で「あの人は確信犯だよ」という言葉を使うとき、それはおそらく「あの人はそれが悪いことと分かっていながらわざとそれを行っているのだからけしからん」という意味であろう。しかしながら、それは法律家の使う上記確信犯とは意味が全く正反対である。上記の通り、法律家の使う「確信犯」は、当該行為が悪いとは思っておらずむしろ正しいと思っている人のことだからである。このように、この「確信犯」に限らず、法律用語の中には一般の人たちがその言葉を使う場合と法律家がそれを使う場合とでその意味が大きく異なるものが少なからずある。

第 2 に、積極的加害意図の要否という問題もある。
　前述したように、不法行為の主観的成立要件としての故意というのは、基本的には事実の認識である。
　これに対して、積極的加害意図（害意）というのは、そのような認識を超えて、加害者（Y）において、被害者（X）に対して積極的に危害を与えようという意思（例えば、Xを精神的に苦しめてやろうという害意）のことである。そして、不貞行為に基づく慰謝料請求訴訟という類型に限って、この積極的加害意図を不法行為の主観的成立要件として加える見解は民法の学説上では比較的有力に主張されているし、筆者自身も不貞行為に基づく慰謝料請求を広く認めることには消極的であるべきだと考えている（前著14頁参照）。
　この見解によれば、YにおいてXA間の婚姻関係を過失により知らなかった場合は勿論のこと、単にそれを知っていたという事実だけでは、上記害意があったとまでは言えない以上、不法行為は成立しないことになる。そして、この見解の主眼は、言うまでもなく不貞行為に基づく不法行為の成立範囲を限定しようという点にある[11]。すなわち、この見解によれば、Yがいわば自然の愛情によってAのことを好きになってその交際が始まったとするならば、YにおいてXに対して積極的に危害を与えようという意思までは認められないので、不法行為は成立しないと考えられるからである。
　この見解に影響されたためか、実際の不貞慰謝料請求訴訟においても、Y側からこのような主張（反論）がなされることもある。
　例えば、㊙東京地方裁判所平成22年6月11日では、Yが「YのXに対する直接の加害目的の欠如」を理由に不法行為責任を負わない旨主張したが、同裁判例は、「独自の主張にすぎ」ないとして採用しなかった。

---

[11] 最高裁判所も、積極的加害意図（害意）についてはこれを要しないという見解に立っている（㉛㉜最高裁判所第二小法廷昭和54年3月30日）が、他方において、XAの子のYに対する慰謝料請求の局面においては、「妻及び未成年の子のある男性と肉体関係を持つた女性が妻子のもとを去つた右男性と同棲するに至つた結果、その子が日常生活において父親から愛情を注がれ、その監護、教育を受けることができなくなつたとしても、<u>その女性が害意をもつて父親の子に対する監護等を積極的に阻止するなど特段の事情のない限り</u>（下線筆者）、右女性の行為は未成年の子に対して不法行為を構成するものではないと解するのが相当である。」と判示しており、ここでは積極的加害意図（害意）を要求する見解に立っている点は注目される。

要するに、現在の多くの裁判例の考え方によれば、Ｙの積極的加害意図の有無は、不法行為の成否自体に関わるのではなく、せいぜい慰謝料の算定事由として考慮されるか否か、という局面において問題となるにすぎないということになろう。

したがって、Ｙが自己の責任自体を否定するためにかかる主張を行っても、裁判所はいわゆる主張自体失当として扱うことが多いと思われるので、注意が必要である。

第４節　ＡによるＹの意思の制圧～図３(3)

【(3)】は、ＹがＡから執拗に誘われ、いわば自己の意思を抑圧された上でＡとの関係を強いられたとの反論である。

不貞慰謝料請求訴訟におけるＡＹ間の不貞行為というのは、あくまでもＹの自由意思に基づくことが前提となっている。すなわち、ＹがＡから交際を申し込まれ、Ｙがそれに応じた場合には、Ｙの自由意思は否定されず不法行為責任を免れることはできない。他方、Ｙの自由意思が欠ける場合、例えばＹがＡに強姦された場合には、Ｙは加害者ではなく、むしろ被害者であるから、Ｘに対して不貞行為に基づく慰謝料支払義務を負わされることはない[12]。

この点に関連する裁判例としては以下のようなものがある。

例えば、㊲389東京地方裁判所平成22年6月21日は、「（ＹとＡとの）性交渉を伴う関係が続いたのは、ＡがＹ又はＹの長女に対して執拗に暴行や脅迫を

12　ただし、⑩100最高裁判所第一小法廷昭和48年11月15日が「民法770条１項１号所定の「配偶者に不貞の行為があつたとき。」とは、配偶者ある者が、自由な意思にもとづいて、配偶者以外の者と性的関係を結ぶことをいうのであつて、この場合、相手方の自由な意思にもとづくものであるか否かは問わないものと解するのが相当である（下線筆者)。」と判示していることには要注意である。すなわち、本文において例として挙げたＡがＹを強姦したという事例においては、ＹがＸに対して不貞行為に基づく不法行為責任を負わされることはないが、Ａの行った行為はＸとの関係ではやはり不貞行為であり、Ｘにとっての離婚事由にはなるのである。したがって、この事例からも分かるように、同じ「不貞行為」といっても、それがＸＡ夫婦間において離婚事由になるかという局面と、ＸのＹに対する損害賠償請求の対象になるかという局面とでは、その意味が異なることになる。

続け、また、Yの勤務先に対しても電話をし、又は訪問するなどして、脅迫、営業妨害等の嫌がらせを継続したため、やむを得ないことであったと見るのが相当である。」と判示して、ＡＹ間の肉体関係は、Ａに強要されてのものであって、合意に基づくものではないとして、不法行為を構成するものではないと結論付けたのである。

⑯東京地方裁判所平成21年9月25日は、Yの行為の違法性を否定した。

> Ａが交際を迫るためＹ宅のインターフォンを鳴らし続けたり平成18年8月にはＹ宅の近くにマンスリーアパートを借りて住んだり、Ｙ宅で包丁を突き立てて暴れるなどしてＹを恐怖に陥れたこと、Ｙの夫が同年11月にＹ宅から退去して別居するとＡがたびたびＹ宅に押しかけいやがらせをエスカレートさせてインターフォンを鳴らし続けたりドアを叩いたり寝室の窓を物干し竿で叩いてＹが起きるまで続けるなどし、さらには攻撃的な自傷他害行為に及ぶなどによりＹの抵抗を奪いＹを妊娠させたこと、Ｙが妊娠中絶手術に及んだことが認められるから、ＹのＡとの関係は、当初はＡの欺罔的行為により後には暴力的脅迫的な行為により形成されたもので、当該関係におけるＹの行為がＸの婚姻関係を破綻させるものであるとかＸの権利を侵害する違法なものであったとは認められない。

⑱東京地方裁判所平成27年1月29日は、次のように判示しており、この裁判例も、一般論としては、ＡとＹの肉体関係が両者の合意ではなく、ＹがＡからの要求を拒むことができなかった場合にはＹの不法行為責任が否定されると考えていることが分かる[13]。

> Ｙは、同人がＡと肉体関係を持ったのは、Ａが指導者としての立場を利用し、Ｙに関係を求めたことに端を発するものであるから、Ｙは不法行為責任を負うことはないと主張するが、<u>ＹがＡからの要求を拒むことができない状況で同人と肉体関係を持ったとは認められない</u>（下線筆

---

[13] 参考までに、古い裁判例であるが、㊳山形地方裁判所昭和45年1月29日は、「斯様に、片面的不法性交（強姦等）に該らない肉体関係をもったＹは、Ａと共同して、ＸがＡに対して有する守操義務を要求しうる権利を故意に侵害したものと言うべきである。」と判示しており、これもＡがＹを強姦した場合にはＹに不法行為責任が発生しないことを前提にしていると言えよう。

者)から、YがAと肉体関係を持ったことにつき不法行為責任を負わないとのYの主張は採用できない。

⑰東京地方裁判所平成27年5月28日も、「本件性交渉に際し、Aが避妊をしなかったことや、避妊をするかどうかのやりとりがなかったということから、直ちに当該強姦行為があったということもできない。」と判示しており、これもAがYを強姦した場合にはYの不法行為責任は否定されることを前提にしている。

第5節　因果関係の不存在〜図3(4)

【(4)】は、AY間の不貞行為があり、かつその後にXA間の婚姻関係が破綻したという事実が存在するものの、前者と後者との間に因果関係がないとして、Yには不法行為責任は発生しない旨の反論である。

考えられる事例としては、例えば、XA間の夫婦関係の破綻の原因がAY間の不貞行為ではなく専らAによるXに対するたび重なる暴力であったという場合が考えられる。

この点に関連する裁判例としては、㉔東京地方裁判所平成24年5月8日があり、次のとおり判示した。

> XとAの生活実態は、協議離婚の前後において実質的には何ら変化がなく、両名が共に野毛の自宅に居住し、XがAの食事の準備を含めてAの身の回りの世話をするというものであったこと、XとAが協議離婚をした理由は、XとAが法的に婚姻関係を解消することにより、XがAの債権者からの支払請求に対しもはや法律上も夫婦ですらないとして道義的にもこれを拒絶することにより、XとAの二人の必要最小限の生活費を確保することにあったこと、YとAが平成10年7月以降も不貞関係を継続していたと認めるに足りる証拠はないこと、以上のとおり認められる。このように、XとAが協議離婚をするに至ったのは、XとAの夫婦としての婚姻実態が破綻したからではなく、XがAの債権者からの支払請求に対し道義的にもこれを拒絶することによって、XとAの二人の共同生活のための費用を何とか維持確保していくためであったことが認

められる。上記認定事実によれば、X・Aの協議離婚とY・Aの不貞関係との間に因果関係があるとは認められない。

このように、XにおいてＡＹ間の不貞行為が立証できたとしても、Yから因果関係の存否について争われることによりXが敗訴することもあり得るのである。

第６節　婚姻関係の破綻～図３(5)

【(5)】は⑯最高裁判所第三小法廷平成８年３月26日が明確に示した規範であり、いわゆる婚姻関係破綻の抗弁である。すなわち、ＡＹ間の不貞関係が始まった時点において、既にＸＡ間の婚姻関係が破綻していた場合には、特段の事情のない限り、YはXに対して不法行為責任を負わないことになる。これは、ＡＹ間の不貞行為には不法行為が成立するという原則論に対する重要な例外である[14]。

この種の訴訟において、この婚姻関係破綻の抗弁がYから提出される事例は極めて多い。

ただし、裁判所がその抗弁を容易には認めないことは前著114頁以下において説明したとおりである。

その他、この抗弁自体の当否という問題や、「特段の事情」の内容等に関する問題点についても、前著137頁以下において説明したとおりであるのでここでは触れない。

なお、この婚姻関係の破綻という概念は、不貞行為に基づく慰謝料請求の可否を決定付けるものであるが、それ以外の局面、例えば嫡出の推定（民法772条１項）、婚姻費用分担の減免（民法760条）、夫婦間の日常家事債務の連帯責任（民法761条）、夫婦間の契約取消権（民法754条）、離婚に伴う財産分与の基準時（民法762条）等においても、重要な意味を持つことがあ

---

[14] この点に関するイギリスの法諺としては、「すべての法の規定には、その固有の例外がありうる」というのがある（Every rule of law is liable to its own exceptions.）。また、「例外は規則がある証拠である。」（Exception proves the rules.）や「例外のない原則はない。」（There is no general rule without exception.）というのもある。

り、その意味において応用範囲の広い概念であると言えるだろう。

第7節　損害の不発生〜図3(6)

　【(6)】は、ＡＹ間の不貞行為によってＸに精神的苦痛が生じていないという反論である。すなわち、Ｘの側に損害が発生していないという場合である。事例としては珍しいが、関連する裁判例としては、❽山形地方裁判所昭和45年1月29日があり、次のとおり判示した。

> 　ＹとＡの肉体関係に対し抱いた、Ｘの意思、観念、右肉体関係によりＸとＡ間に格別の風波が生ぜず不和が醸成されず、かつ、右不倫関係発生時から現在まで、終始円満な夫婦関係が維持されていて（中略）Ｘに、損害賠償債権の発生を認容するは当を得ないものと解するのが相当である。

第8節　消滅時効及び除斥期間〜図3(7)

　【(7)】は、ＡＹ間の不貞行為の存在を前提にしつつも、Ｙが消滅時効を援用したり（民法724条前段）、除斥期間（同条後段）の規定により、Ｘは不法行為責任を負わない旨の反論である。

　この消滅時効に関する主な問題点については、前著126頁以下において、また、除斥期間に関しては同書181頁以下において言及したので、これらを参考にしていただきたいが、それに加えてここで若干補足しておく。

　そもそも、消滅時効の制度は、時の経過により権利者が有していた権利が突如として消滅してしまい、逆に義務を負っていた者がその義務を免れるという制度であるから、権利者が遠慮して請求してこないことを良いことに義務者がその義務から解放されてしまうという意味において、反倫理的な側面を有していることは否定できない。

　また、単なる貸金請求事件等とは異なって、不貞行為に基づく慰謝料請求というのは、その原因となった不貞行為そのものが反倫理的な性格を強く持っており、その行為によってＸに対して慰謝料支払義務を負ったＹがこの

消滅時効を援用することによってその義務から解放され、その結果Ｘの請求が棄却されてしまうという結論はなおさら反倫理的であり妥当ではないようにも思われる。

　しかしながら、この場合でもやはり民法の規定に従って、消滅時効の制度は不貞慰謝料請求訴訟においても適用されている。そして、この結論は、Ｘが長期間権利を行使しなかったことが悪かった、すなわち「権利の上に眠る者は保護しない」という時効制度の趣旨により説明することが一応可能である[15]。

　例えば、⑩東京地方裁判所平成26年5月15日は、次のように判示し、消滅時効の完成によりＸの請求を棄却した。

> 　Ｘは、本件においてＸが主張するＡＹの不法行為について、遅くとも平成22年9月22日には損害及び加害者を知ったものと認めることができ、時効の中断事由も認めることができないから、その時点から3年を経過した平成25年10月3日に提起された本件訴訟において、ＡＹが時効を援用したことにより（当裁判所に顕著な事実）、ＸがＡＹに対して不法行為に基づく損害賠償請求権を有していたとしても、時効によって消滅したものと認められる。

　また、民法724条の「被害者が損害を知った時」の意義については、㉗東京地方裁判所平成24年6月19日は、次のとおり判示している。

> 　民法724条にいう「被害者が損害を知った時」とは、被害者が損害の発生を現実に認識した時をいい（最高裁判所第三小法廷平成14年1月29日判決・民集56巻1号218頁）、同条にいう「加害者を知った時」とは、加害者に対する賠償請求が事実上可能な状況のもとに、その可能な程度にこれを知ったときを意味するものと解するのが相当である（最高裁判所第二小法廷昭和48年11月16日判決・民集27巻10号1374頁）。

---

[15] この点に関連するイギリスの法諺として、「法は、目ざめている者を助け、眠れる者を助けず。」（Law assists the wakeful, not the sleeping.）や「時は、怠惰者と自分の権利を等閑に付する者とに対しては、不利に帰するものである。」（Time runs against the slothful and those who neglect their rights.）等があり、フランスの法諺にも「権利は醒める者を助け、眠る者を助けず。」というのがある（Le droit vient au secours de ceux qui veillen et non de ceux qui dorment.）。

第２章　不貞慰謝料請求訴訟における典型的な主張と反論の構造

　これを本件について見るに、Aは、マフラーで顔を覆ったYと共に××クリニックに向かう途中、東京都江東区○○町付近の交差点において、道路の反対側を子らを自転車に乗せたXが通りかかり、Aの存在に気付いたこと、Aは、横断歩道を渡ってXに近づいたが、Yは咄嗟にその場を離れて姿を隠したことが認められるところであり、その際、X又はその子らがマフラーで顔を覆った女性がYであることを認識したことを認めるに足りる的確な証拠はない上、Xにおいて、Aと当該女性との関係を不審に思った可能性は否定できないものの、YがAとの間で不貞行為をしていることを認識したことを認めるに足りる的確な証拠もないから、結局、Xにおいて、損害賠償請求が事実上可能な状況があり、損害賠償請求の可能な程度に加害者の住所氏名を知ったということはできない。したがって、Xが、平成19年11月16日の時点で「損害及び加害者を知った」ということはできないから、Yの主張（消滅時効が完成したとの主張）は理由がない。

第９節　期待可能性の欠如〜図３(8)

　【(8)】は、Yにおいていわゆる適法行為の期待可能性がないとの反論である[16]。この期待可能性の議論の根底には、法は人に対して不可能を強いることはできないという考え方があり、イギリスの法諺にも「法は、不可能事を強制しない。」というのがある（The law does not force to impossibilities.）。ただし、これは【(3)】で紹介した「意思を制圧されてAと情交関係に入った」との反論と実質的には同義である。この期待可能性に関する裁判例とし

---

[16] この期待可能性（緊急避難）の議論については、前著235頁において、いわゆる「カルネアデスの板」という教室事例を引き合いに出して説明したが、日本でも次のような裁判の実例がある。「穂高滝谷の岩壁を登っていた夫婦ともうひとりの男がいた。まず先頭を登っていた夫が足を踏みはずし、これを止めきれなかった妻もつづいて落ちる。いちばん最後の男は辛うじて２人の墜落を止めたが、１本のザイルに、妻、夫が宙づりの形となり、このままでは３人の墜落死は時間の問題であった。妻は、ポケットからナイフを出し、自分と夫との間のザイルを切り、夫は死亡する。妻は殺人罪になるか（円山雅也「愛情裁判」186頁、高梨公之「法の名言とことわざ集」272頁）。」

ては、❶⁸⁶東京地方裁判所平成15年3月27日があり、次のように判示した。

> Yは、……Aに対し、1500万円を渡し、……Aにより自己の裸体写真を撮影されているところ、Yは、この時を含めて2回にわたり、Aによって、自己の陰部等の写った写真を撮影されており、Aがこれを所持していることから、これがXや自己の家族、近隣に配布された場合には、Yの名誉が毀損されると危ぐすべきことは当然であること、Yは、F（Aの友人）とは無関係であり、同人の困窮を救うため、Aに1500万円を支払うべき理由がないこと、YがAとの交際を止め、金銭的な給付をしなくなって以降、AがYに対し、……脅迫行為をなしていたことに照らすと、遅くともこの時点においては、AのYに対する脅迫的言辞が繰り返されていたことが推認でき、YはAによる心理的強制の下での肉体関係の対象となっていたもので、Yには<u>適法行為の期待可能性がない</u>ことが認められる。（下線は筆者）

このように、AがYの意思を制圧して情交関係を強いた場合には、Yには適法行為に出る「期待可能性がなかった」としてYの不法行為責任を否定することも可能である。そして、この【(8)】の考え方と上記【(3)】を比較してみると、Yが不法行為責任を負わないという結論は同じではあるものの、前者は「不貞行為」の概念にそもそも含まれないことを理由にしているのに対し、後者は「不貞行為」には該当しているものの期待可能性がないとして、これをいわば責任阻却事由と理解しているという意味において異なっていると言える。

ただ、社会的な事実としては、両者ともYがAによって意思を制圧され関係を強いられたという点で同一なのであるから、【(3)】と【(8)】のように下級審の裁判例において考え方が分かれているのは本来望ましくなく、Yからのかかる趣旨の反論がなされた場合にはその法的な処理としては統一される方が分かりやすく明快なのではないかと思う。

また、AがYの意思を制圧するに至るほどではないものの、Yとの不貞関係に積極的であった場合には、Yに不法行為が成立することは問題ないとしても、かかる事情をYが支払うべき慰謝料の減額事由として考慮すべきか否かという問題は残ることになる。

そして、この点については、これを減額事由とはしないという裁判例と、減額事由とする裁判例の両方があるということを前著157頁以下において解説した。

このように、ここでは同様の論点について裁判所の判断が統一されていないという点が最大の問題であり、早急に解決されるべきであろう。イギリスの法諺にも「法律上、最も許しがたいことは、類似の事件に対して別異の法律的見解が適用されることである。」というのがあり（Nothing in law is more intolerable than that the same case should be subject to different views of the law.）、戒めとすべきであろう。

第10節　いわゆる「枕営業」～図3⑼

〔不法行為の成立を否定する裁判例〕

【⑼】は、特殊な反論であるが、これは⑩東京地方裁判所平成26年4月14日が次のとおり判示して、Xの請求を棄却したことが下敷きになっている。

> クラブのママないしホステスが、顧客と性交渉を反復・継続したとしても、それが「枕営業」であると認められる場合には、売春婦の場合と同様に、顧客の性欲処理に商売として応じたに過ぎず、何ら婚姻共同生活の平和を害するものではないから、そのことを知った妻が精神的苦痛を受けたとしても、当該妻に対する関係で、不法行為を構成するものではないと解するのが相当である。

もし、この判示が正しいと仮定するならば、Yがホステス、Aがその客である場合には、ＡＹ間の関係がいわゆる「枕営業」に該当する限りYは不法行為責任を負わないということになる。

しかしながら、その「枕営業」の具体的中身は必ずしも明らかではないし、なぜ「枕営業」に該当すると、通常の不貞行為とは異なり「何ら婚姻共同生活の平和を害するものではない」と言い切れるのかという点も明確ではない。

〔不法行為の成立を肯定する裁判例〕

また、この枕営業判決と類似した問題意識を含む裁判例として81東京地方裁判所平成27年7月27日があり、ここでは、いわゆる性的サービスの提供を業務とする店舗を週1回程度訪れ、対価を支払って従業員（Ｙ）との間で肉体関係を持っていたという事案において、かかるＡＹの行為がＸとの関係において不法行為と評価されるのかということが争われたのである。そして、同裁判例は、次のように判示した。

> 　Ｙは、Ａが婚姻していることを知りながらＡと肉体関係を継続的に持っていた事実が認められるが、そのうち平成25年10月までのものは、性的サービスの提供を業務とする本件店舗において、利用客であるＡが対価を支払うことにより従業員であるＹが肉体関係に応じたものであると認められ、それ自体が直ちに婚姻共同生活の平和を害するものではないから、これが原因でＸとＡとの夫婦関係が悪化したとしても、Ｙが故意又は過失によってこれに寄与したものとは認め難いというべきである。……他方……、同月以降にＹがＡと持った肉体関係は、本件店舗外におけるものであることが認められるところ、Ａは単に性的欲求の処理にとどまらずＹに好意を持っていたからこそ、本件店舗の他の従業員ではなく、Ｙとの本件店舗外での肉体関係の継続を求めたものであり、Ｙもこれを認識し、又は容易に認識できたのにＡの求めに応じていたものと認められるから、Ｙが自らは専ら対価を得る目的でＡとの肉体関係を持ったとしても、これがＸとＡの夫婦関係に悪影響を及ぼすだけでなく、Ｘとの婚姻共同生活の平和を害し、Ｘの妻としての権利を侵害することになることを十分認識していたと認めるのが相当である。そうすると、Ｙが同月以降に本件店舗外においてＡと肉体関係を持ったことは違法性を帯び、不法行為に該当する……。

　要するに、この裁判例の考え方を前提にすると、店舗内での肉体関係は不法行為とはならないのに対し、店舗外での肉体関係は不法行為となるということになる。そして、その理由として、前者では「それ自体が直ちに婚姻共同生活の平和を害するものではない」ということ等を挙げている。

〔東京地方裁判所平成27年7月27日の検討〕
　しかしながら、筆者は、この結論自体には賛成だが、その理由付けには

第2章　不貞慰謝料請求訴訟における典型的な主張と反論の構造

賛成できない。すなわち、店舗の内外を問わず、ＹがＡと肉体関係に応ずれば、それはＸＡ間の「婚姻共同生活の平和を害する」と言えるし、同裁判例が「……本件店舗において、利用客であるＡが対価を支払うことにより従業員であるＹが肉体関係に応じたものであると認められ、それ自体が直ちに婚姻共同生活の平和を害するものではないから、これが原因でＸとＡとの夫婦関係が悪化したとしても……」と判示している箇所は、婚姻共同生活の平和を害しない行為であるのに、なぜＸＡ間の夫婦関係が悪化するのかという疑問が生じ、論理的に矛盾していると考えられる。また、最終的に不法行為の成否の問題を故意・過失の有無の問題にすり替えてしまっている点もその趣旨が今ひとつ理解できない。

むしろ、この問題は、店舗の内外を問わず、ＹがＡと肉体関係に応ずれば、それはＸＡ間の「婚姻共同生活の平和を害する」ことを前提にした上で、店舗の内であればそれは法により認められた業務（いわゆる「正当業務行為」）として、その違法性が阻却されその結果として不法行為が成立しないと説明する方が明快であろうと思われる[17]。

〔枕営業判決（東京地方裁判所平成26年4月14日）の検討〕

その上で、再度上記枕営業判決を考えると、これも「クラブのママないしホステスが、顧客と性交渉を反復・継続したとしても、それが『枕営業』であると認められる場合には、売春婦の場合と同様に、顧客の性欲処理に商売として応じたに過ぎず、何ら婚姻共同生活の平和を害するものではない……」との判示部分は、やはり言い過ぎであろう。むしろ、この結論を維持するためには、上記裁判例と同様、「枕営業」であってもそれが「婚姻共同生活の平和を害する」ことは認めた上で、ただし通常業務といえる限りにおいて、正当業務行為としてその違法性が阻却され、その結果として不法行為が成立しないと説く方が分かりやすいのではないかと思われる。

---

[17] なお、正当業務行為というのは刑法ではその35条において、「法令又は正当な業務による行為は、罰しない。」と明文で定められており、例えばボクシングなどは明らかに暴行・傷害罪の構成要件に該当する行為であるが、本条によりその違法性が阻却され、犯罪は不成立と説かれる。これに対して、民法ではそのような明文規定は置かれていないものの、これを認めるのが通説である。

いずれにせよ、ＡＹ間の不貞行為がＹの商売に関係している場合には、今後もこのような反論が出てくることが多いと思われる。

第11節　被害者（Ｘ）の承諾～図３(10)

　この【(10)】被害者の承諾の理論は、ローマ法に起源を持つ「承諾する者に不法は生じない。」、「知っておりかつ同意する者には不法も悪意も生じない。」や、イギリスの法諺「承諾は、違法性を阻却する。」（Consent removes a mistake.）にも由来しており、加害者の行為によって被害者において損害が発生したとしても、その行為を被害者が承諾していたならば、その行為の違法性が阻却される結果、不法行為も成立しないと説かれる。そして、この点については前著227頁以下においても説明したが、筆者が調べた限りでは、実際の裁判例において、この被害者の承諾の理論を正面から認めてＸの請求を棄却したものは見当たらなかった。

第12節　権利の濫用～図６(11)

　最後に【(11)】は権利濫用の抗弁である[18]。これについては⓯最高裁判所第三小法廷平成８年６月18日が認めており、前著51頁以下でも説明したとおりである。

　そして、この最高裁判所判例が出された後に、ＸのＹに対する不貞慰謝料請求をこの権利濫用に当たるとして棄却した裁判例として、例えば、[7]東京地方裁判所平成26年11月28日があり、次のとおり判示した。

---

[18] この権利の濫用論は、「自己の権利を行う者は他人に対して不法を行うものではない。」との法諺に由来しており、民法には当初この明文規定はなく、判例上認められているにすぎなかったが、昭和22年の民法改正により新設された。また、この「権利の濫用は許されない。」という発想は、決して民法のみに限ったことではなく、憲法12条は「この憲法が国民に保障する自由及び権利は、国民の不断の努力によつて、これを保持しなければならない。又、国民は、これを濫用してはならない（下線筆者）のであつて、常に公共の福祉のためにこれを利用する責任を負ふ。」と規定している。このように、「権利の濫用」は勿論のこと、「人権の濫用」も認められていないのである。

第 2 章　不貞慰謝料請求訴訟における典型的な主張と反論の構造

>　YとAとが肉体関係を持った期間は約2箇月間と短いこと、Yは、不貞が発覚した直後、Xに対し慰謝料100万円の支払及びAとの交際を止めることなどを申し出たにもかかわらず、Xが慰謝料の支払は同人がYに求める責任のとり方ではないなどという理由でこれを拒否したこと、XはYに対し、1年以上にわたり、YがAとの私的な交際を継続するとの要求に従わない場合は不貞の事実をYの勤務先である本件会社に告げるなどと述べて、YにAと私的に交際することを強要しようとしたこと、Yは、不貞の発覚前にAとの交際を止める意思を固めていたにもかかわらず、また、Aから卑猥な内容やYを畏怖させる内容のメールを送られるなどしながらも、Xに不貞の事実を公表されることを怖れて、約10箇月間にわたり、Aとの私的な交際の継続を余儀なくされたこと、YはAに行動を見られることなどに耐えられなくなり本件会社を退職したこと、Xは、現在もAと同居して婚姻共同生活を営んでいることに鑑みると、仮に、XがYに対し不法行為に基づく損害賠償請求権を有するとしても、これを行使することは信義誠実の原則に反し、権利の濫用として許されないものというべきである。

⑫東京地方裁判所平成26年9月29日も同様であり、次のとおり判示した。

>　Xは、Aとの婚姻中、借金問題のほか、特に女性問題及び過度の飲酒など、それだけで離婚原因となり得る問題をたびたび引き起こし、これに耐えかねたAが、平成23年10月以降、外泊を繰り返すようになり、Yと性的関係を持つに至ったのであって、AがYと性的関係を持つに至った原因が、Xが引き起こした上記問題にあることは明らかである。しかも、X自身、Aとの婚姻中に少なくとも2度不貞行為に及んでおり、それについてはAから宥恕を得ており、AがYとの不貞行為をやむを得ないものと考えたとしても無理からぬものがあるというべきである。加えて、YとAの交際は、AがYを誘う形で始まっており、Yが不貞行為を主導した等の事実も見当たらない。以上のとおり、XとAの婚姻関係の破綻は、Xが起こした飲酒問題や女性問題等に起因するところが大きく、他方で、YとAの不貞行為が婚姻関係の破綻に寄与した程度は相対

的に低いのであって、かかる事情の下で、XがYに対し不貞行為を理由とする本件損害賠償請求をすることは、信義則に反し、権利を濫用するものであって許されないと認めるのが相当である。

　ただし、⑦東京地方裁判所平成26年11月28日の裁判例の事案からすれば、【(3)】の「意思の制圧」ないしは図6【(8)】の「期待可能性がなかった」との反論を認めることによって、Yの不法行為責任を否定することもできたであろうし、㉖東京地方裁判所平成26年9月29日の裁判例の事案からすれば、【(4)】の「因果関係なし」との反論を認めることもできたのではないかと思われる。

　そもそも、この権利濫用論は、民法1条3項が「権利の濫用は、これを許さない。」と規定していることがその根拠となっており、これは信義則（同条2項）と同様にいわゆる一般条項であるから、同じ結論を導くのに他の法律構成によることができる場合にはそれによるべきであって、一般条項の適用範囲は限定的であるべきという観点からすると、安易にこの権利濫用論に頼るのは妥当ではないように思われる。

第13節　まとめ

　以上のとおり、不貞慰謝料請求訴訟において、被告となったYから出される可能性のある反論について類型化して説明してみたが、現実にXから「不貞慰謝料を払え」という内容の内容証明郵便が届いたり、その旨記載された訴状が届いたYの側からすれば、Xの主張に対する反論の内容としてどのようなものがあるのかということをこの図を参考にしながら検討することが可能であるし、また、XがこれからYに対して不貞慰謝料請求訴訟を提起するための訴状を作成する段階においては、この図を参考にしながら、予めYからどのような反論が出てくるかということを想定しつつ、主張内容の構想を練ることも有益であろうと思われる。

　いずれにせよ、XのYに対する不貞慰謝料請求訴訟においてXが最終的に勝訴判決を得るためには、理論的にはYからの上記【(1)】乃至【(11)】等の反論が出てくる可能性があり、しかもこれらのハードルを全て乗り越える必

第2章 不貞慰謝料請求訴訟における典型的な主張と反論の構造

要があるということになり、決して容易なことではないということが理解できるだろう。

第3章

民事訴訟における事実認定

第1節　事実認定のプロセス

　「事実認定」とは、裁判官が、民事訴訟の当事者間に争いのある事実について、原則として当事者から提出された証拠に基づいて、その真偽を判断することを言う。そして、認定された事実を前提として、これに法規が適用されて結論（判決）に至る。

　これが民事裁判における基本的なプロセスである。

　かかる事実認定のプロセスにおいて検討するべき項目は、概要以下のように整理することができる。

- ・認定されるべき「事実」とは何か（主張整理の問題）
- ・証明を要する「事実」とは何か（弁論主義）
- ・当事者のいずれが事実を主張するべきか（主張責任）
- ・証拠にはどのような種類があるのか（書証、人証等）
- ・どのようにして事実を基礎づける証拠を収集するか（証拠収集の問題）
- ・収集した証拠をどのようにして裁判上に顕出するか（書証申出等）
- ・当事者が提出した証拠はどのように評価されるか（証拠力、証拠能力、供述の信用性等）
- ・裁判官はどのようにして心証形成するか（自由心証主義、経験則、事実上の推定等）
- ・どのような状態となったときに事実が認定されるか（証明度の問題）
- ・当事者の立証活動によっても事実が真偽不明となった場合にどうなるか（証明責任の問題）

第3章　民事訴訟における事実認定

図4　事実認定（心証形成）に至る基本的プロセス

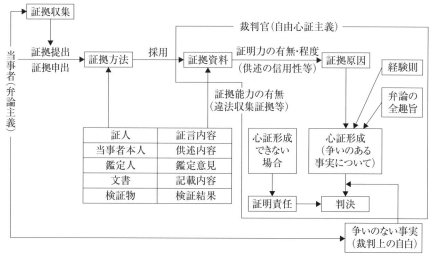

出典　藤田広美『講義 民事訴訟〔第3版〕』（東大出版会，2013）242頁「証拠をめぐる概念の整理」の図を基に野口が加工

　この図4は、事実認定のプロセスの概要を視覚化したものである。訴訟代理人としては、このプロセスのどこがポイントになるのかを具体的に把握しながら、かつ臨機応変に対応しながら事件処理を進めて行く必要がある。
　不貞慰謝料請求訴訟においては、不法行為に基づく損害賠償請求権の発生原因事実が事実認定の対象となるところ、最も重要なのは、「不貞行為」を基礎付ける事実である。
　もっとも、何が「不貞行為」に該当するかは必ずしも一義的に確定することができず、性交渉や同棲の事実以外にも、不貞行為（不法行為）の成立を認めた裁判例も存在するものの、以下では、主として「性交渉」の存在を立証するという典型的な場面を想定して、民事訴訟における立証全般について概観することとしたい。
　なお、この点に関連して、例えば、❸❺❻東京地方裁判所平成22年1月14日は一般論として次のように述べており、筆者としてもこの見解が正当ではないかと考える。

　　配偶者の一方と第三者が性交渉を持つことが配偶者の他方に対する不法行為となるのは、それが配偶者間の婚姻共同生活の維持という権利又

は法的保護に値する利益を侵害する行為といえるからであること（筆者
　　注：❽最高裁判所第三小法廷判平成8年3月26日民集50巻4号993頁
　　参照）に照らせば、配偶者の一方と第三者が必ずしも性交渉に至らない
　　場合であっても、婚姻共同生活の維持という権利又は法的保護に値する
　　利益を侵害し、婚姻関係を破綻に至らせる蓋然性の高い性的な身体的接
　　触が認められるような場合にも、配偶者に対する不法行為となり得るも
　　のと解すべきである。

　このように、法律の世界では、保護法益が何であるかということを確定させてから、その後に禁止される行為が何であるかということが演繹的に導き出されることが多く、これが法的思考方法の一つとも言える。

　そして、❸❼❺東京地方裁判所平成22年3月25日も、次のように判示し、ＡＹ間に肉体関係があったことを要求せず、Ｘの慰謝料請求を認めている。

　　　Ｙは、事前にＡと連絡を取り合った上で、社員旅行をキャンセルして
　　沖縄旅行を計画し、2泊3日の旅程でＡと行動を共にし、その情をＸに
　　秘していたことになるが、当時Ｘが妊娠初期であって身体、精神いずれ
　　も不安定とみられる時期にあったことを併せ考えると、Ａと沖縄旅行に
　　出かけることそれ自体が夫婦間の信頼関係を著しく揺るがせるものであ
　　ったことは常識に照らして明らかなことであり、本件証拠関係に照らす
　　とその旅程中にＹとＡ間で不貞行為があったことを疑いの余地なく認定
　　することまではやや無理があるにしても、それに比肩すべき不信行為が
　　あったことには何ら疑いの余地はなく、婚姻関係破綻の端緒となったと
　　いうべきである。

　そして、これはあくまでも概念上の問題であるが、この裁判例では、「不貞行為」には「肉体関係」があることを要求しており、ただし不法行為が成立するには、その「不貞行為」が存在することは必須ではなく、それに比肩すべき「不信行為」でも良いと考えていることが分かる。しかしながら、これは単なる言葉使いの問題でありさほど重要なことではない。重要なことは、「不貞行為」という概念そのものではなく、不法行為が成立するのはいかなる場合かということだからである。

第3章 民事訴訟における事実認定

第2節　証明を要する「事実」とは何か

1　要件事実の立証

　民事訴訟において、原告は、ある法規が規定する一定の法律効果（損害賠償請求権、建物明渡請求権等）の発生を目指し、被告は同効果の発生を阻止（障害）し、又は消滅を目指して主張・立証活動を展開し、その結果認定された事実を基礎として裁判所が法律効果の発生等について最終的な判断を示す。

　したがって、証明を要する「事実」とは、法律効果の発生・阻止（障害）・消滅を基礎付ける法規の要件事実ということとなる。ここにいう法律効果の発生に直接必要な要件事実を主要事実と呼ぶ。

　主要事実以外の、間接事実（主要事実の存否を経験則上推認させる事実）及び補助事実（証拠方法の証拠としての適格性や、その証拠方法から得られる証拠資料の証明力に関連する事実。例えば、証人はうそつきであるとか、当該文書は別の目的で書かれたものである等のように証拠にだけかかわる事実である。）も主要事実の認定に必要な限度で証明の対象となる事実である。

　不貞慰謝料請求訴訟における請求原因事実は、不法行為（民法第709条）の要件事実、すなわち、①原告の権利又は法律上保護される利益の存在、②被告が①を侵害したこと、③②について被告の故意又は過失、④損害の発生及び額、⑤②と④との因果関係である。原告としては、②権利侵害について、性行為・肉体関係等の存在を主張・立証する必要がある[19]。

　原告訴訟代理人としては、直接に主要事実が証拠によって認定できない場合や証拠の証明力が争われている場合、間接事実や補助事実を証明することによって、主要事実の存在を推認させる立証活動を展開することとなる。

　主要事実を直接推認させる間接事実の存在を証明するために、さらに二次的な間接事実や補助事実を証明しなければならない場合もあり、主要事実を中心とした各事実の位置付けや推認力の強度等を勘案して、何をどこまで

---

[19] この点に関連するイギリスの法諺に「原告はつねに挙証の責任を負う。」というのがある（The claimant is always bound to prove.）。「主張する者は立証を要する。」というのもこれと同義である（He who affirms must prove.）。

立証すべきかを検討しなければならない。

　被告訴訟代理人としては、自己に不利な主要事実の存在を疑わしめる（反証を成功させる）間接事実や、自己に不利な内容の証拠の証明力を否定する補助事実が自己にとって「証明させるべき事実」であり、これを立証課題として設定することになる。また、積極的に抗弁を主張する場合には、抗弁を基礎付ける事実を証明しなければならない。

【主張・立証責任】

　この点に関連して、不貞行為の内容が特定されていないという意味において❷❹東京地方裁判所平成19年1月12日は、ＸＡ間の訴訟の事例であるが、原告の主張責任が果たされていないとして下記のとおり判示して、Ｘの不貞慰謝料請求を棄却している。

> 　Ｘの貞操義務違反をいう主張は、その前提となるＸとＡとの内縁関係を認めることができないとともに、また、Ａが、Ｘの主張するＹなる女性といつ、どこで、不貞行為に及んだのかについて言及しないものであって、到底理由がない。

❷❺東京地方裁判所平成19年4月24日は、次のように判示し、不貞行為の立証がないとした。

> 　Ｘは、平成17年4月ころから8月ころまでの間、ＹとＡとは肉体関係があったと主張するが、Ｙ及びＡはいずれもこれを否定し、Ｘの上記主張事実を直接認めることのできる証拠はない。Ｙは、Ａは普通の主婦であれば余り出入りしないパチンコ店でＸに内緒でかつて肉体関係を伴う親密な交際をしていた男に会い、その男からパチンコに興じながら借金の申し込みを受け、Ｘに内緒でその貸付けをしていたものであることなどから、ＹとＡとの間には不貞行為があったと推認することができるとして種々主張する。しかしながら、……Ｙはかつて肉体関係を伴う交際をしていたＡと出会ってから一緒にパチンコに興じたり、金銭の借入れをしたりするようになったことが認められるものの、上記のことから、直ちにＹとＡとの間に肉体関係が存在することを推認することはできない。

❷❻東京地方裁判所平成20年11月28日は、下記のとおり判示し、ＡＹ間

第3章 民事訴訟における事実認定

の不貞行為を認める証拠はないとした。

> 　Xは、AとYが、XとAの結婚式の直前に羽田東急ホテルに宿泊した旨主張するが、そのような事実は全く窺われない。証人Bは、Aの父親からAの友達が羽田東急ホテルに泊まるのでAを羽田東急ホテルまで車で送っていったとの話を聞いたことがある旨述べるが、その友達が男性か女性かも知らないというのであり、かつ、AあるいはYが同ホテルに宿泊した証拠もないのであるから、Xのこの点に関する主張は邪推というほかはない。次に、Xは、Aが他の男性と交際していることを認める発言をしたとか、朝帰りしたとか主張するが（Aは否定する。）、Aは、Xと交際を始める以前に同棲をしていた男性があったというのであり、YがAとの間で不貞をしていたと認められないことを考慮すれば、仮にX主張のような発言や行動があったとしても、あまりにも具体性のない発言であって、そのことを根拠にAがXとの間の婚姻後に不貞をしていると判断することはできない。

❷東京地方裁判所平成20年12月4日は、ＡＹ間の不貞行為に関するＸの主張自体が失当であると判断した珍しい裁判例であり、次のとおり判示した。

> 　Xは、AがXに内緒でYと会ったり、メールのやり取りをしていたことを違法な交際であると主張するが、これらの行為が不法行為を構成するとはいえず、主張自体失当である。

要するに、この裁判例では、Xの主張内容が仮に真実であるとしてもXの請求は認められないと判断されたということであり、これは立証責任以前の問題ということになる。

【訴権の濫用】

このように、原告（X）が主張・立証責任を果たしていると認められない場合は当然のことながら原告敗訴（請求棄却）の判決が出されることになるが、それが度を越しいわゆる訴権の濫用と評価される程度に至ると、訴え自体が却下される場合もある。その裁判例として、❷東京地方裁判所平成18年10月31日があり、次のように判示した。

> 　本件訴訟においては、Xの主張する不貞行為を立証するための証拠と

しては、信用性に欠けるAの陳述書しかなく、Xは、数度の要請を受けてもXの陳述書を提出しないばかりか、理由を明らかにすることなく、尋問期日にXも証人Aも出頭しないという不誠実な態度をとっている。また、Xは、離婚時期についても、Xは、当初、平成17年4月22日付けで離婚したと記載した準備書面を提出したが、実際は、その準備書面を当裁判所に提出してから約7か月後に離婚するなど、理解できない点があり、また、Xは、不貞行為の露見時期について矛盾した内容の準備書面を提出している。これらの事情に照らせば、Xにおいて、自らの主張する不貞行為を立証することができないと認識しているために上記態度をとったものと推認されるところである。……本件訴訟は、Xの権利の実現を真摯に目的とするものでなく、XのYに対する嫌がらせを目的として、Xが、根拠のないことが明らかなYとAとの不貞行為を請求原因として提起したもので、Xの訴訟態度は極めて不誠実であり、権利保護の必要性が乏しいというべきであるから、訴権の濫用にあたるといわざるをえない。本件訴訟は、すでに当審での審理を終え、Xの請求が理由のないことは明白であるが、訴権の濫用は訴訟要件を欠くことを意味する以上、本件訴えは却下されるべきである。

2　主張されていない事実──主張責任──

上記のとおり、原則として、自己に有利な法律効果の発生等を主張する当事者は、その法律効果を規定する法規の要件事実（主要事実）を証明する必要がある。もっとも、主要事実であっても例外的に証明を要しない場合がある。

そもそも、我が国の民事訴訟法は、裁判資料の収集について原則として弁論主義を採用している。ここに弁論主義とは、訴訟物たる権利関係の基礎をなす事実の確定に必要な裁判資料の収集、すなわち事実と証拠の収集を当事者の権能と責任に委ねる原則である。

そのため、弁論主義の適用がある事実については、当事者が弁論に顕出させていない（訴訟上主張していない）限り、証明の対象とはならない。

また、仮にそのような事実に対して証明活動がなされたとしても、裁判所はこれを認定することができない。

第3章　民事訴訟における事実認定

　その結果として、当該事実を要件事実とする法規が規定する法律効果を自己に有利に援用しようとする当事者は、その要件事実が認定されず、自らが欲する法律効果を得られないという不利益を被ることとなる。これが「主張責任」の概念である。

　ある事実についていずれの当事者が主張責任を負うかは、当該事実についての証明責任（法令適用の前提として必要な事実について訴訟上真偽不明の状態が生じたときに、その法令適用に基づく法律効果が発生しないとされる当事者の負担。詳細については後述する。）の所在によって決定される。

　証明責任は本来立証の段階で問題となるものであるが、弁論主義によって事実の提出そのものが当事者の責任とされることの結果として、その事実について証明責任を負う当事者が併せて主張責任を負うことになる。

　不貞慰謝料請求訴訟においては、不法行為に基づく損害賠償請求権の発生原因事実が存在することを主張する原告において、不貞（不法行為）を基礎付ける請求原因事実（要件事実）を主張する必要がある。

　これに対して、上記損害賠償請求権の発生を阻止したり（例えば、ＡＹ間の不貞行為時にはＸＡ間の婚姻関係が既に破綻していたとの抗弁（❽最高裁判所第三小法廷判決平成8年3月26日等））、損害賠償請求権の消滅（消滅時効の抗弁（民法724条）、弁済の抗弁、免除の抗弁等）を規定する法規の要件事実については被告において主張する必要がある。

3　当事者間に争いのない事実──裁判上の自白──

(1)　裁判上の自白

　民事訴訟法179条は、「裁判所において当事者が自白した事実及び顕著な事実は、証明することを要しない」と規定している。

　同条が規定する「当事者が自白した事実」とは、相手方が主張する自己に不利益な事実を認める旨の陳述をいい、これを「裁判上の自白」という[20]。

　したがって、当事者が弁論に顕出した事実のうち、裁判上の自白が成立した事実も証明の対象とならない。

---

[20]　イギリスの法諺には、「裁判手続の上でなされた自白は、すべての証拠より、より以上の効力を有する。」というのがある（A confession made in judicial proceedings is of greater force than all proof.）。

裁判上の自白が証明を必要としないのは、弁論主義の下では訴訟資料（事実及び証拠）の収集は当事者の権能かつ責任とされる以上、裁判所が当事者間に争いのない事実にまで立ち入ってそれと異なる事実を認定することは許されないためである。

　裁判上の自白の対象となるのは、主要事実に限られ、法規や法規の解釈、経験則（経験から帰納された事物に関する知識や法則）は裁判上の自白の対象とならない。

　裁判上の自白が成立すると、裁判所の事実認定を拘束し、証拠調べを不要とする効力（審判排除効）が生ずる一方で、自白した当事者に対して、自らこれを撤回することは許されないという効力（不撤回効）が生ずる。

　裁判所は、審判排除効により、仮に証拠調べの結果や弁論の全趣旨から、自白の内容とは異なる心証を得たとしても、自白と異なる事実認定をすることができず、自白事実を裁判の基礎としなければならない。

　また、裁判上の自白をした当事者は、自白の内容と矛盾する事実を主張することができなくなる（ただし、自白した当事者は、㋐相手方の同意がある場合（最高裁判所判決昭和34年9月17日民集13巻11号1372頁等）、㋑相手方の同意がなくても、真実に反する自白をした場合には、それが錯誤によるものである場合（最高裁判所判決昭和25年7月11日民集4巻7号316頁等）、㋒第三者の刑事上罰すべき行為によって自白した場合（民訴法338条1項5号参照）に限り、自白の取消し（撤回）が認められる。）。

　なお、訴訟提起前の時点では不利益事実を認めていたのに、訴訟提起後に従前の態度を翻した場合には、訴訟が係属していない以上、裁判上の自白（民訴法179条）は成立しない。

　不貞慰謝料請求訴訟においては、ＡやＹが不貞行為の事実自体は認めているが、不貞行為の開始時期については争うということもある。すなわち、❿最高裁判所第三小法廷平成8年3月26日は、不貞行為開始時点においてＸＡ間の夫婦関係が破綻していれば原則として不法行為は成立しないという立場をとっているため、不貞行為の開始時期が不法行為の成否自体に関わることがあるし、また、不貞行為の期間の長短が、認められる慰謝料の金額の多寡にも影響することがあるからである。

第3章　民事訴訟における事実認定

　この点に関連して、㉒東京地方裁判所平成16年3月2日は、AとYがオーストラリア旅行に行ったという事案において、その旅行に行った時点から不貞行為が始まったと考えるのは不自然であり、それよりも前から不貞行為は始まっていたと推認するのが相当である旨判示しており、妥当である。

　㊱東京地方裁判所平成22年3月25日においても、AY間の不貞行為の開始時期が問題となり、同裁判例は、「平成20年夏ころ、Yは、Aの勤務する○○英会話学校の生徒として、Aと知り合った（Aはアメリカ合衆国アラスカ州出身）。同年12月18日、Yは、Aに対し、Aが婚姻していることを認識していながら、チャットにて『私、Aが好きだと思う。』とのメッセージを送信し、これに対してAは、『僕も君が好きだ。』との返信をしたことから、両名の交際が始まった。」と判示した。

　不貞慰謝料請求訴訟において、訴訟提起前に不貞の事実を認めた文書（手紙、メール、FAX、日記及びメモ等）が残っている場合には、仮に訴訟において不貞行為の存在を否認したとしても、その否認主張の信用性には大きな疑問が生じるものと思われる。仮にそのような文書の存在が確認された場合、訴訟代理人としては同文書の作成経緯等について詳細に検討する必要があるものと思われる[21]。

(2)　**間接事実・補助事実の自白**

　判例上、間接事実の自白は裁判所を拘束せず（最高裁判所第二小法廷判決昭

---

[21]　この点に関連して、㉕広島高等裁判所岡山支部平成16年6月18日は、XがAと夫婦喧嘩をした挙げ句、Yに電話したところ不貞関係があることを認めた旨の事実認定をしている。㉙東京地方裁判所平成19年2月21日は、「Xは、平成17年12月9日、飲み会があると言っていたAの帰りが遅く、電話も通じなかったため、上野駅まで出向いたところ、YとAが手を繋いで歩いている現場を発見し、3人で話をすることとなった。Xは、Yに対し、Yの非常識な行動をとがめ、今後はAと会うのをやめるよう強く申入れをしたが、Yは、自分の行動が法律上許されないことは認識しているが好きになってしまったので仕方がないとか、Aに嫌われたら身を引くが自分からは引けないとか、金は払うし法的に処理してもらってかまわないなどと述べ、Xの話を聞こうとはしなかった。」と認定し、不貞行為の存在を認めた。㉖東京地方裁判所平成19年3月30日は、「Xは、平成16年5月ころ、Aの携帯電話を見たところ、YとAのメールのやりとりを発見した。Xは、同月30日、調査会社に対し、Aの素行調査を依頼し、同調査会社は、同年7月まで調査し、AとYとが交際している現場を撮影し、また、AがY宅に夜入室したことを確認し、Xに報告した。Xは同年7月ころ、Aを問い詰めたところ、以前からYと交際していることを認めた。」と判示し、AY間の不貞行為があったことを認定している。

和31年5月25日民集10巻577号)、また自白した当事者を拘束するものではないとされている(最高裁判所第一小法廷判決昭和41年9月22日民集20巻7号1392頁)。

　これに対しては、間接事実であっても、重要な間接事実については自白の対象になるし、その撤回には反真実等の要件の具備が必要であるとする説や、自白した当事者は、禁反言の作用によって自白に反する主張は許されなくなるとする説も有力である。

　間接事実と同様に、補助事実は自白の対象とならないとするのが通説である。

　特に問題となるのは、文書の成立の真正についての自白であるが、判例は、代理権授与の白紙委任状の成立の真正についての自白の当事者及び裁判所に対する拘束力を否定しており(最高裁判所判決昭和52年4月15日民集31巻3号371頁)、これが実務上の通説となっている。

　不貞慰謝料請求訴訟においては、主要事実(性交渉の事実等)を直接立証する証拠がある場合にはそもそも訴訟以前の段階で話合いにより解決する割合が多いのではないかと思われるが、実際の訴訟においては性交渉・肉体関係の事実を直接立証する証拠がなく、同事実を推認させる間接事実の有無やその評価が争点になることも多い。

　訴訟代理人としては、さまざまな間接事実の位置付けや主要事実を推認する強さ等を十分に吟味したうえで訴訟追行をしなければならず、事案によっては訴訟提起自体を見合わせるべき場合もあり得るものと思われる。

⑶　権利自白

　訴訟物たる権利関係の前提をなす権利・法律関係を認める旨の陳述を権利自白という。自白の対象が訴訟物たる権利関係そのものであるときは、請求の放棄又は認諾となる(民訴法266条)。

　権利自白にも裁判上の自白と同様に、裁判所及び当事者に対する拘束力を認めるべきか否かについては争いがある。

　不貞慰謝料請求訴訟における権利自白は、Ｙが不貞関係を認める場合であり、決してそれは珍しくはない。なぜなら、ＸからＡＹ間の不貞行為を裏付ける証拠が出ていれば、Ｙが不貞行為の存在について争うことは無益であ

第3章　民事訴訟における事実認定

るし、その場合でも別途慰謝料の額が争点となるからである。

(4)　欠席裁判と不貞慰謝料の額

民事訴訟法159条第1項本文は、「当事者が口頭弁論において相手方の主張した事実を争うことを明らかにしない場合には、その事実を自白したものとみなす。」と定め、同条3項本文は、「第1項の規定は、当事者が口頭弁論の期日に出頭しない場合について準用する。」と規定しているので、XのYに対する不貞慰謝料請求訴訟の口頭弁論期日において、被告たるYが出頭せず、かつ、何らの書面も提出しない場合には、上記のとおり、Yに自白が成立したことになる（擬制自白）。

例えば、XがYに対して、不貞慰謝料として500万円の支払いを求めるための訴訟を提起したのに対し、Yが欠席し何らの書面も提出しないという事例を考える。

この場合、自白の対象は主要事実、すなわち、不貞行為があったという事実に限られ、慰謝料の額にまでは及ばないことになるので、裁判所は上記500万円には拘束されずに判決を下すことができることになる。

この点に関連して、13東京地方裁判所平成27年1月9日は、Xが不貞慰謝料として500万円の支払いを求めるための訴訟を提起し、Yが欠席したという事案において、慰謝料300万円を認容した。同様に15東京地方裁判所平成27年1月13日は、300万円の不貞慰謝料請求訴訟の欠席裁判において、200万円の慰謝料を認容した。24東京地方裁判所平成27年2月12日では、2000万円の請求に対し300万円、49東京地方裁判所平成27年3月24日では、400万円の請求に対し、100万円がそれぞれ認容されている。

4　顕著事実

裁判所に顕著な事実も証明の対象とはならない（民訴法179条）。

顕著な事実は、世間一般に知れ渡っている公知の事実（大事故や歴史上の事実等）と裁判官としての職務の遂行上当然に知り得た事実を含むものである[22]。

---

[22] イギリスの法諺にも「自明の真理は立証の必要がない。」（Plain truths need not be proved.）とか「明白な事実は証明を要しない。」（Manifest things require no proof.）というのがある。

これらの事実について証明が不要とされるのは、証拠調べを経ずに判決の基礎にしても、裁判所の判断の公正さが疑われないほどに客観的に明らかな事実といえるためである。
　なお、顕著事実はその証明が不要とされるだけであり、それが主要事実である限り、弁論主義の下では、判決の基礎とするには当事者の主張を要する（主張責任）ことに留意すべきである。
　不貞慰謝料請求訴訟においては、例えば被告側において、消滅時効の抗弁（民法724条）における期間経過の事実は、（起算点に関する議論は別として）顕著な事実として特段の証明を要しないものと考えられる。

第3節　誰が証拠収集をするのか
　　　　──職権証拠調べの禁止──

　このようにして証明するべき「事実」の範囲が明らかになったとして、誰がその事実の有無を調査・確認することとなるのか。
　民事訴訟においては、前記のとおり、原則として弁論主義が採用されている。
　弁論主義とは、訴訟物たる権利関係の基礎をなす事実の確定に必要な裁判資料の収集、すなわち事実と証拠の収集を当事者の権能と責任に委ねる原則をいう。民事訴訟法159条、同179条、人事訴訟法19条、同20条、行政事件訴訟法24条などの規定は、民事訴訟の一般原則としての弁論主義を前提としたものである。
　その結果、事実認定の基礎となる証拠資料は、原則として当事者が提出したものに限られる（例外：調査の嘱託（民訴法186条）、鑑定の嘱託（同218条）、当事者尋問（同207条）など）。
　職権証拠調べが禁止されており、また攻撃防御方法に関する適時提出主義（民訴法156条）や集中証拠調べ（同182条）の規定を背景として、民事訴訟規則においても、「当事者は、主張及び立証を尽くすため、あらかじめ、証人その他の証拠について事実関係を詳細に調査しなければならない。」と規定されている（民訴規則85条）。

このように、裁判所ではなく当事者自らが証拠を収集する責任を負うが、当事者のいずれが証拠を収集しなければならないかは、前記のとおり、証明責任の所在（ないし証明責任を背景とする主張責任の所在）により、当該事実が不存在となった場合に不利益を被る当事者が、その事実を立証するための証拠を収集することとなる。

訴訟代理人としては、訴え提起以前から、迅速かつ的確に証拠を収集し、想定される判決内容について慎重に推測したうえで、主張・立証の方針を検討すべきであるし、また受任の際に依頼者に十分な説明をしておくべきである。

以上より、XにおいてAY間の不貞行為の立証ができなければ、XのYに対する不貞慰謝料請求は認められないことになる。

例えば、❽東京地方裁判所平成15年8月29日は、「A（妻）は、X（夫）と婚姻後、Q専務夫人と共にバー○○に客として行った際に、Yと一緒になって食事をしたり、歌舞伎町を連れ立って歩いたことがあったが、AがYと不貞行為をしたことを裏付ける客観的な証拠はない。」と判示した。この判示部分を前提とする限り、不貞行為を立証するには「客観的な証拠」が重視されているということになろう。

第4節　証拠にはどのような種類があるか
——書証と人証——

証拠とは、認定の対象となる事実についての裁判所の判断資料を意味する。

判断資料は、証拠の取調べという訴訟行為を通じて形成されるが、取調べの対象となる有形物を証拠方法と呼ぶ。これに対して、取調べの結果として得られる判断資料を証拠資料と呼び、さらに、証拠資料の中で、当該事実についての裁判官の心証形成の原因となるものを証拠原因と呼ぶ。

証拠方法の種類は、次項の図5に示すとおり証人、鑑定人、当事者本人、文書、検証物の5つに法定されている。前三者はいずれも人が証拠方法となっているため「人証」と呼ばれ、後二者は、いずれも物が証拠方法となっ

図5 証拠方法の種類

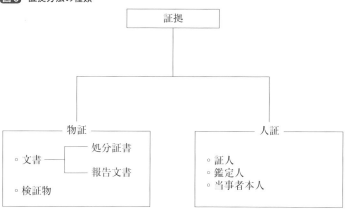

ているため、「物証」と呼ばれる。

各証拠方法の証拠価値の評価について民事訴訟法は何らの定めも置いておらず、専ら裁判官の自由心証に委ねられるべきものとされている（民訴法247条）。

なお、他の証拠の分類方法として、「客観的な証拠」（客観証拠）と「主観的な証拠」（主観証拠）という分類もあり得る。この分類に従うならば、書証（物証）は前者に属し、人証は後者に属することになる。一般的に、書面には口がないので嘘をつかないのに対し（ただし、偽造の可能性はある。）、人証は人間であるため、口があり、容易に嘘をつくし誤解もすることから、一般的には、前者の方が後者よりも信用性が高いと言える[23]。したがって、実際の民事裁判手続においても、証拠調べの順番としては、前者に属する証拠調を先に行う傾向にあり、人証調（尋問）は後回しになることが多い[24]。

そして、この点に関連して、❷⓪東京地方裁判所平成20年10月3日は、「本件においては、YとAが不貞関係にあったことを裏付ける客観的証拠が

---

[23] 以前筆者が依頼者に対して証拠の種類や信用性について上記のような説明をしたところ、その依頼者が、「書面には口がないですが、裁判で『最後にものを言う』のは書面なのですね。」と言ったのを聞いて感心した覚えがある。正に「証文がものを言う。」という諺のとおりである。
[24] イギリスの法諺に、「口先の言葉は消え失せ、書き留めたことは後に残る。」というのがある（Words of mouth flies away, things written remain.)。

第3章　民事訴訟における事実認定

ないため、上記不貞関係が認定できるか否かは、Aの陳述ないし証言及びYの陳述ないし供述の信用性いかんにかかる」と判示した上で、不貞関係を認めるAの供述とそれを否認するYの供述の信用性とを比較した結果、Aの供述を信用できるとして不貞行為を認定した。

㉚東京地方裁判所平成21年6月3日は、「Xは、AとYが男女の関係を開始したのは、互いに知り合った平成18年10月ころからであると主張するが、その事実を認めるべき客観的な証拠は存在しない（下線は筆者）。他方、AとYは、同年12月29日に交際を開始したと主張し、当事者尋問に際しても、その旨を供述するところ、かかる主張ないし供述を排斥するのに十分な証拠は存在しない。したがって、AとYが男女の関係を開始した時期については、AとYが主張し供述するとおりに認めるのが相当であり、これに反するXの主張は、採用することができない。」と判示した。このことからも、客観的な証拠が裁判では重視されていることが分かる。

以下、不貞慰謝料請求訴訟において特に重要な位置づけとなる書証と人証に焦点を絞って概説する。

1　書証
(1)　処分証書と報告文書

書証は、一般に、「処分証書」（立証命題である意思表示その他の法律行為が記載されている文書であり、契約書、手形、遺言書など）と「報告文書」（作成者の見聞、判断、感想などが記載されている文書であり、領収証、商業帳簿、日記、手紙、陳述書など）に整理される。

認定の対象となる事実が法律行為である場合において、その法律行為を記載した文書（＝処分証書）があれば、それは極めて重要な直接証拠であり、当該法律行為が認定できるか否かは、その処分証書を中心に置いて判断されることになる。

これに対して、不貞慰謝料請求訴訟においては、立証命題である「不貞行為」（性交渉の事実等）が売買契約等の法律行為ではなく事実行為であることから、事件としての性質上、特に主要事実との関係では処分証書（売買契約書）の有無・内容が問題となり得ることは通常考え難く、したがって書証としては報告文書が中心となるものと思われる。

(2) 書証の証拠力（形式的証拠力・実質的証拠力）

　文書の意味内容を証拠とするためには、まず、その形式的証拠力（その文書が作成名義人の意思に基づいて作成されたこと）が認められる必要がある。文書の成立に争いがなければ、それだけで文書の形式的証拠力が認められるが、成立に争いがあるときは、成立の真正を認定しなければ、形式的証拠力を認めることはできない（民訴法228条1項）。

　そして、形式的証拠力が認められても、当然にその文書の内容が真実であるということにはならない。その文書は作成名義人の意思に基づいて作成された（すなわち、形式的証拠力がある）が、記載された内容は虚偽のものであるということは、十分にあり得ることだからである。

　訴訟代理人としては、書証の実質的証拠力（文書の記載内容が立証事項の証明に役立つ効果）の有無の検討をする際には、①当該書証の内容が客観的事実や当事者間に争いがない事実と矛盾しないかどうか、②当該書証の内容そのものに不自然・不合理な点が含まれているかどうか、③虚偽文書が作成される動機・誘因がないかどうか、④当該書証の提出の経緯等に不自然な点がないかどうか（例えば、当該証拠の提出された時期が不自然に遷延しているにもかかわらず、そのことに関する合理的な説明がされていないこと等）等の諸点を十分に吟味すべきである。

(3) 書証申出の手続

　書証申出は、証拠申出の一種であり、裁判所に対し、文書という証拠方法について、その文書に表示されている思想内容を証拠資料とするための取調べを要求する申立てである[25]。

　当事者自らが所持する文書について書証の申出をするに当たっては、口頭弁論期日、準備的口頭弁論期日又は弁論準備手続期日において、原則として、裁判所に原本、正本又は認証のある謄本を提出してしなければならない（民訴法219条、民訴規則143条）。

　書証申出について、民事訴訟法は、上記文書の提出のほか、文書提出命

---

[25] 書証に関するイギリスの法諺に「読まれないものは信じられない。」というのがある（What is not read is not believed.）。

第3章　民事訴訟における事実認定

令の申立て（219条）、文書送付嘱託の申立て（226条）について規定している。

2　人証

(1)　はじめに

証人と当事者本人とを合わせて「人証（「にんしょう」とも言う。）」と呼び、証人尋問と当事者尋問とを合わせて「人証調べ」と呼ぶ。

書証と比較して、人証の供述（証人の証言・当事者本人の供述）の最大の特徴は、内容が固定していないことである。

すなわち、人の供述内容は、尋問者の発問の仕方や、証人の性格・能力等に左右されやすく、また供述内容が隅から隅まで正確無比であるとか、逆に、最初から最後まで一つ残らず虚偽であるという事態は、ほとんど考えられない。むしろ、一連の供述の中に、正確な部分と、虚偽の部分、誇張された部分、不正確な部分等が混在しているのが通常であると思われる。

また、如何なる趣旨・意味でその供述をしたのか、一聴して判断し難く、その意味内容を解釈する必要が生じる場合も少なくない。

したがって、供述の信用性の判断は、往々にして容易ではないケースが多いものと思われる。

なお、民事訴訟法上、証人尋問と当事者尋問とは、職権で尋問することの可否、尋問の順序、不出頭等の効果、虚偽の供述に対する制裁等の点で相違点もあるが（民訴法207条ないし209条等）、基本的には、証拠としての特質に大きな差異はないと言える。

そのため、供述の信用性を判断するに当たっても、信用性判断の手法や留意点等に証人尋問と当事者尋問とで大きな差異はないと考えてよいものと思われる。

(2)　供述の信用性判断

供述の信用性を判断する際には、以下の点に留意するべきである。なお、供述の信用性の吟味の必要性は訴訟手続における尋問の場に限られるものではない。訴訟代理人としては、事件の処理方針を定めるべく、当事者は勿論のこと、関係者からの事情聴取等の際に以下の諸点を踏まえて供述の信用性を十分に吟味し、当事者が重要な事実について偽ったり隠蔽したりしていな

いか、関係者を人証として証拠申出するべきか否かを、可能な限り早期に見極める必要があると思われる。

① 利害関係（虚偽供述の動機等）があるかどうか

一般に、訴訟の結果や当事者との人的関係上、何らかの利害関係がある人証の供述であることは、その供述が信用できない根拠としてクローズアップされることが多いと思われる。

確かに、その訴訟に対して利害関係を有する人証は、虚偽の供述をする利益があり、動機があるという側面があることは否定できない。

しかし、一般的に関心の度合いが高い出来事についての方が、そうでない出来事と比較して記憶への定着の程度が高いという経験則を踏まえると、当該人証は、利害関係があるからこそ関心の度合いが高く正確に認識記憶しているという側面があることも看過されるべきではない。

そもそも、「利害関係がある人証の供述は信用できない」のであれば、そのような人証を尋問しても意味がないのであって、人証として採用すること自体がおかしい、ということになるはずである。実際にも、利害関係がある人証が採用されないこととなれば、ほとんどの訴訟で人証が採用されず、その結果として書証のみによって結論が出されるということになりかねない。

したがって、一般論としては、利害関係のある人証の供述の信用性が高いとか低いという判断をすることはできないというべきである。ただ、利害関係が供述の信用性に影響を与える可能性があることにも十分に留意しておく必要がある。

そこで、まず「利害関係」の具体的内容（虚偽供述を維持するだけの動機、理由、利益の有無）を確認する必要があるであろう。

それでは現実の不貞慰謝料請求訴訟における人証、例えば、Ｘ（夫）がＡＹ間の不貞行為を立証するためにＡ（妻）を証人として申請し、法廷においてＡがＡＹ間の不貞行為があったと証言した場合、このＡの証言の信用性をいかに解すべきであろうか。

この点に関連する裁判例として、㊷東京地方裁判所平成19年9月10日は、次のように判示して、Ａの証言の信用性が認められないと判示した。「本件訴訟は、ＹがＡの不貞行為の相手方となったことを理由として、Ａの

第3章　民事訴訟における事実認定

夫であるXが、Yに対し損害賠償請求を行うものである。そして、Aは、Yとの関係を否定すると、Xから、激烈な威圧を受けていた……。したがって、Aには、現在の生活を維持し、Xからの非難を避けるため、Xに迎合した行動を取ることについての十分な動機があるものと考えられる。」

② 事実認識が正確であるかどうか

ある出来事を目撃したとの供述がされた場合に、その出来事をきちんと見ることが可能な状況であったか否かは、信用性判断に当たって重要なポイントになる。

その出来事がその人証にとって興味・関心や専門知識のある場合とそうでない場合とでは、事実認識の正確性に差が生じ得ることにも留意すべきである。

目撃供述の信用性判断のポイントとしては、㋐現場の照度、㋑目撃者の視力、㋒目撃者と対象者との距離・角度、㋓その間の障害物の有無、㋔観察時間の長短、㋕目撃者の目撃時における心理状態（注意深く見ていたか、冷静であったか、驚愕・狼狽・困惑等の感情を伴っていたか等）、㋖目撃者と対象者の関係（既知であったか、親しい関係にあったか等）、㋗目撃供述中に対象者の顕著な特徴が挙げられているか、㋘目撃から供述までの期間の長短等があり、それらを総合的に考慮することになると思われる。

③ 記憶の喪失・変容を合理的に説明できるか

古い出来事であればあるほど、当然のことながら、記憶が失われたり、変容したりする可能性が高い。

もっとも、その人証にとって関心の高い出来事であれば、時間が経っても比較的正確に記憶している可能性があるし、逆に、日常的な出来事であったり、職業上、同種の出来事を大量に経験している場合は、それほど古いことでなくても、記憶が残っていない可能性が高くなる。

したがって、記憶の喪失や変容があるという一事をもって一概にその信用性に疑問を持つことには慎重であるべきである。

④ 供述者の性格・傾向

「十人寄れば気は十色」（「十人十色」）という諺があるように、人には、さまざまな性格がある。一例をあげれば、知らないことでも尋ねられると「知

らない」と言えないために適当なことを憶測で話してしまう、知ったかぶりの人、「違う」と言うことに抵抗があり本当は正しくないことでも尋ねられると「そうです」と答えてしまいがちな、他人に迎合しやすい人、おおざっぱな性格で不正確な言い方でも気にならない人、大げさな言い方をしがちな人、気が短くて質問を最後まで聞かずに早合点して答えてしまう早とちりの人、間違いを指摘されているのにそれをなかなか認めようとしない強情な人、思い込みが強く、一旦勘違いして思い込んでしまうとそこから抜け出すことができない人、などである[26]。

訴訟代理人としては、依頼者については打合せを重ねる中で自然と性格の把握をすることが可能であるが、相手方と直接接触する機会がない場合には法廷での尋問の際に初めてその人物に相対することとなる。主尋問を注意深く聴くことや、事前に提出された陳述書の内容や主張・証拠を通じて、その背景にあるその人物の性格の把握をすることも重要である。

⑤ 供述の仕方そのものに留意すべき点がないか

言葉の意味を取り違えてしまう可能性にも留意する必要がある。いわゆる同音異義語のほか、不明瞭な発音、方言、世代や職業によって意味が異なる言葉、抽象度の高い言葉などの場合には特に注意すべきである。また、尋問者が難解な用語を用いて尋問し、人証がその意味を正しく理解しないまま答えてしまうことがある。また、尋問者の発音が不明瞭であったとか、尋問者の使った方言が人証にとって馴染みのないものであったために、人証が聞き間違えたまま答えてしまう可能性もある。

⑥ 動かし難い事実（客観的証拠等）と整合しているか否か

動かし難い事実（客観的証拠から推認される事実や当事者間に争いのない事実）を説明できない供述は、原則として信用がないというべきである。

したがって、供述の中で、動かし難い事実との間に整合性のない部分が

---

[26] 江戸時代に完成したとされる古典落語を聴くと、世の中にはこのような様々な性格の人間がいるということを各演目を通じて聴き手に対して教えていることがよく分かる。例えば、知ったかぶりの人であれば「ちはやぶる」、気の短い人・長い人であれば「長短」、強情な人であれば「強情灸」、言葉遣いが丁寧な人であれば「たらちね」、思い込みの強い人であれば「粗忽長屋」、乱暴な人であれば「二十四孝」、正直な人であれば「井戸の茶碗」等といった類である。

第3章　民事訴訟における事実認定

あるか否かを確認する作業が、供述内容の信用性判断において極めて重要である。

ただし、実際には客観的証拠等との整合性は程度問題であり、ある部分は整合するが、ある部分は矛盾するということが少なくないものと思われる。そのような場合には、ある部分の矛盾がその供述の核心部分の信用性を左右するか否かを、経験則等を用いて慎重に見極める必要があるであろう。

⑦　経験則に反しないか

供述内容それ自体として経験則（第7節　心証形成のポイント②――経験則――81頁参照）に符合しない場合、その信用性には疑問が生じる。

ただし、経験則に反する供述も、そのことからのみ当然に信用できないことになるわけではない。この点は、留意を要する。経験則は、ほとんどの場合、例外を伴う。「通常は」しないことでも、何か特別な事情があれば「例外的に」することがある。したがって、そのような特別の事情はない、と言えて初めて、信用性を否定できる。

⑧　推測や評価が混入しているか

人証が自ら体験した事柄を供述しているのか、それとも推測・評価を交えて供述しているのかによって、信用性判断は異なってくる。一見、自ら体験した事柄を供述しているかのように見えて、実は推測・評価を交えて供述している場合があるから、注意を要する。訴訟代理人としては、尋問の際に、推測・評価の前提となる事実を供述してもらうように努めることが肝要である。

⑨　伝聞供述か否か

伝聞供述とは、反対当事者の反対尋問の機会にさらされていない供述証拠、いわゆる「又聞き」の供述であるから、一般論としては信用性が弱いと言われる[27]。

例えば、Aが「Bが『××』と言っていました。」と供述した場合、このAの供述が信用できるものであったとしても、この供述によって認定できる

---

[27] この事を示すイギリスの法諺に「1人の目撃証人は、10人の伝聞証人にまさる。」というのがある（One eye-witness is better than ten ear-witnesses.）。

のは「Bが『××』と言っていた」という事実であり、この事実から「××」という事実を認定できるかどうかは、別途検討を要する。

もっとも、「Bが『××』と言っていた」という事実から「××」という事実を認定できる場合もあるから、「伝聞供述は信用できない」というような単純な判断をするべきではない[28]。

⑩ **供述内容が一貫しているか（変遷・矛盾の有無）**

供述内容が一貫しているか、それとも変遷・矛盾があるかは、信用性判断において重要なポイントである。ただし、事前に虚偽の供述内容を十分に練り上げ、よく暗記してきてなされた供述は、おそらく詳細で具体的であり、一貫している。他方、人間の記憶力には限界があることを考えると、あいまいで具体性に乏しい部分のある供述をする人証こそが誠実であるという場合もあり得る以上、多少の変遷・矛盾があっても、信用性がないとはいえない場合もある。したがって、検討のポイントとなるのは、供述の矛盾・変遷がどのような点について存在するのか、である。

供述自体の中に矛盾を含む供述には注意を要する。ある部分で述べた内容と別の部分で述べた内容が矛盾していれば、虚偽又は誤った供述である可能性が高い。ただし、留意すべきなのは、枝葉末節の部分で矛盾した供述をしていても、そのことを理由に信用性を否定すべきではないということである。

人間の記憶力には限界がある。また、法廷で尋問を受けるというのは、ほとんどの人にとって、極度の緊張を強いられることである。このようなことを考えると、枝葉の部分で矛盾した供述をしてしまうのは、むしろ自然であるとさえ言い得る。逆に、事前に虚偽の供述内容をしっかりと頭に入れてきた人証が何の矛盾もなく理路整然とした供述をすることもあり得る。したがって、見逃してはならないのは、供述の重要な部分（本質的部分）におけ

---

28 ㉘東京地方裁判所平成19年2月15日は、XがAYの不貞行為を立証するため、Xが同行した証人の尋問を行ったという事案において、同証人の証言は「伝聞」であることを指摘した上で、結論としてその得られた証言を証拠として認めなかった。㉙東京地方裁判所平成21年7月16日も、XがAから聞いたとされるYとの交際状況について、これは「伝聞」であって裏付けがあるとはいえないとして、証拠と認めなかった。

第 3 章　民事訴訟における事実認定

る矛盾である。このような本質的部分での供述が虚偽であると、裁判所からその証言のみならず証人自体の信用性にも疑いを持たれてしまうので要注意である。この点に関連して、イギリスの法諺には、「一事を偽る者は万事を偽る。」というのがある（False in one thing false in all.）。

同様に、供述内容に変遷があるのか、一貫しているのか、供述の変遷に合理的な理由があるか否かも重要な判断基準である。供述者が真実を述べているのであれば、同一の事項についての供述内容が何らの合理的理由もなく変遷するなどということはあり得ないはずだからである。ただし、実際には供述の一部が変遷している場合が多く、そのような場合には、その変遷が供述の核心部分の信用性を左右するか否かを慎重に判断しなければならない。

そのほか、供述が曖昧であるとその信用性に疑義が生じることもあろう。特に、当然知っている、覚えているはずと思われる事柄について、「知らない」とか「覚えていない」（「記憶にありません」）との供述をすると、当該供述はもちろんのことその供述者の供述全体の信用性に疑いをかけられることになる。この点に関連して、⑲東京地方裁判所平成 27 年 1 月 30 日は、Ａが「ホテルにＹと宿泊した」と述べているのに対し、Ｙが「ホテルに誰と宿泊したか記憶にない」と供述したという事案であるが、結論としてＡＹ間の不貞行為が認定されている。

(3)　人証申請の手続

①　証人尋問

証人尋問の申出は、証明すべき事実及びこれと証拠の関係（民訴法 180 条 1 項、民訴規則 99 条 1 項）のほか、証人を指定し、かつ尋問に要する見込み時間を明示してしなければならない（民訴法 106 条）。

申出は、期日において口頭によっても可能ではあるが、証拠申出書を提出する方法によるのが一般的である。証拠申出書は直送しなければならない（民訴規則 99 条、83 条）。

証人尋問の申出をするときは、原則として同時に、尋問事項書 2 通を提出しなければならない（民訴規則 107 条 1 項本文）。同時に提出することができないやむを得ない事由があるときは、裁判長が定める期間内に提出すれば足りる（民訴規則 107 条 1 項ただし書）。多くは、証拠申出書に尋問事項書が

添付されているが、規定上は両者は別個に提出しても差し支えない。
　尋問事項書についても直送しなければならない（民訴規則107条3項）。
　この尋問事項書は、できる限り、個別的かつ具体的に記載しなければならない（民訴規則107条2項）。これは呼出状に添付することによってどのような事項について尋問するかを示し、その記憶を喚起させ、証言拒絶事由（民訴法196条、197条）の有無について判断させるとともに、裁判所や相手方の準備のために用いられる。
　証人及び当事者尋問の申出は、できる限り、争点及び証拠の整理が終了した後に集中して行わなければならない（民訴法182条（集中証拠調べ））。一定の場合には、審理を迅速化し訴訟経済を図るために、証人に対する口頭尋問に代えて、尋問事項に対する回答書の提出を命じることができる（同205条）。また、証人が遠隔地に居住する場合には、テレビ会議の方法による証人尋問を実施することも可能である（同204条）。
　②　**当事者尋問**
　証人及び当事者本人の尋問を行うときは、まず、証人の尋問を行うものとし、適当と認めるときに、当事者の意見を聴いて、当事者本人尋問を行うことができる（民訴法207条2項（当事者尋問の緩やかな補充性））。
　当事者本人尋問は、申出又は職権によって行う（民訴法207条1項）。当事者は、自己の尋問を申し出ることはもちろん、相手方当事者の尋問を申し出ることもできる。申出の手続は、証人尋問のそれに準ずる[29]。
3　**書証と人証——証拠としての価値——**
　証人尋問や当事者本人尋問は、特有の派手さがあり、直接主義、口頭主義に適合する証拠調べといえることから、これらの尋問が民事訴訟法上の重要な手続であることに異論はないであろう。
　特に、当事者本人尋問については、当事者も自らの口で事件について語

---

[29] この証人尋問と当事者尋問のいずれを行う場合にも、事前に虚偽を述べない旨の宣誓をすることになる（民訴法201条1項、同207条1項）。これは、イギリスの法諺「宣誓をする人は、裁判において信じられる。」（He who makes oath is to be believed in judgement.）等に由来すると考えられるが、現実にこの宣誓が証言の信用性をどれほど担保しているのかは疑問に感じることも多い。

第3章　民事訴訟における事実認定

り、争点に関する事実認識を供述することを通じて訴訟手続に参加する意識が醸成されるので、機能的にみても重要な地位を占める。

もっとも、証拠としての価値的な観点からみれば、書証と人証は等価値であるとされる。

すなわち、証拠方法の種類・態様、証拠調べ手続によってその証拠価値が異なるとは考えられず、裁判官の心証形成プロセスにおいても、証人尋問によって得られた証言は、その証言内容の自然さや合理性、具体性、迫真性などという供述そのものから得られる補助事実を総合することによってなされる信用性判断だけでなく、書証手続を通じて証拠価値が高いと判断された書証の記載内容とよく符合するかどうか、それらの書証を自然かつ合理的に説明できるかなどのテストを経て証言の証拠価値が判断される。

他方、書証は証言による攻撃・弾劾に耐えうるかどうかテストされることによって、事実の存否に関する心証が形成されていく。かかる書証と証言との相互補完関係に着目すると、書証と人証の証拠としての価値に特段の差はないと考えられている。

第5節　裁判官はどのようにして心証形成するか
　　　　──自由心証主義──

1　自由心証主義

裁判所は、当事者の立証活動によって提出された証拠から感得される証拠資料の価値（信用性）を吟味しながら、心証を形成して事実認定を行う。この心証形成の方法に用いることができる証拠や経験則を特に法が制限せず、裁判官の自由な選択に委ねる法原理を自由心証主義という[30]。

ここで経験則とは、個別的経験の蓄積によって得られた因果の関係等について表現された法則ないし命題のことをいう。

この経験則には、例えば、①「甲があれば必ず乙がある」という《必然

---

[30] この自由心証に関するイギリスの法諺に「自由裁量にできるだけ少なく期待をかける裁判官は、最良の裁判官である。」というのがある（He is the best judge who relies as little as possible on his own discretion.）。

性の関係》を示すもの、②「甲があれば乙があるのが通常である」という《蓋然性の関係》を示すもの、③「甲があれば乙があり得る」という《可能性の関係》を示すものなどがあるとされており、これらの多様な経験則等が適用されて事実認定が行われる。

　不貞慰謝料請求訴訟の場合には、例えば、親子のDNA鑑定の結果、不倫相手の子の親であることが明らかとなった場合には、「性交渉が必ずある」という必然性の関係が認められるであろう。これに対して、ホテルに入るところを撮影した写真等が存在する場合には、通常性交渉があるという蓋然性の関係があるといえるに留まる。また、親密な内容のメールのやりとりがあるような場合は、性交渉がありうるという可能性の関係を示唆するに留まるであろう。

2　事実認定の基礎

　自由心証主義の下では、裁判所は、適法に弁論に顕出されたすべての「資料」を事実認定の基礎として用いることができる。

　ここにいう「資料」は、証拠調べの結果として得られる証拠資料と弁論の全趣旨に大別される。

(1)　証拠調べの結果

　証拠方法、すなわち裁判所の証拠調べの対象となりうる証拠の種類は、現行法上、証人・鑑定人・文書・当事者・検証物の5つであるところ、当事者から申出がなされた証拠方法について裁判所が証拠調べを行い、その結果として証言または文書の内容などの証拠資料が得られる。

　裁判所は、証拠資料がもつ証明力（証拠が裁判官の心証を動かす力。証拠資料が証明の対象となった事実の認定に役立つ程度。）を基礎として、事実の存否について確信を形成するが、確信の基礎を形成するに足る証明力をもつ証拠資料を証拠原因と呼ぶ。

　自由心証主義は、証拠方法の内容、すなわち、いかなる証拠方法を証拠調べの対象とするかについて特別な制限を加えず、証明力の有無・程度も裁判官の自由な判断に委ねられる。

　また、何をもって証拠原因とするのかという判断も、裁判官の自由な心証に基づいて行われる。

第 3 章 民事訴訟における事実認定

もっとも、この原則に対しては、以下のような例外がある。
① 証拠方法・証拠能力の制限

法は、一定の事項に関して証拠方法を制限する。例えば、法定代理権または訴訟代理権の書面による証明（民訴規則 15 条、23 条 1 項）、口頭弁論の方式遵守に関する調書による証明（民訴法 160 条 3 項）、疎明のための証拠方法の制限（同 188 条）、手形訴訟における証拠方法の制限（同 352 条 1 項）、少額訴訟における証拠方法の制限（同 371 条）などがこれに属する。

また、弁論主義の下では証拠制限契約も有効とされるので、それによって証拠方法が制限されることもあり得る。

これらの制限が課される場合には、それ以外の証拠方法は、証拠方法たり得る資格、すなわち証拠能力を欠くことになる。

② 伝聞証言

証人が自ら見聞した事実ではなく、第三者が見聞した事実について第三者の認識を陳述する証言を伝聞証言と呼ぶ。なお、同一の事実について他の裁判所がその判決において行った事実認定も伝聞証拠の一種である

当該事実を争おうとする相手方当事者は、それを直接見聞した第三者に対する反対尋問を行うことができないままに、伝聞証言が証拠資料となるとの理由から、手続保障の視点にもとづいて伝聞証言の証拠能力が問題とされる。

現行民事訴訟法の下では、刑事訴訟法とは異なり、一律に伝聞証言の証拠能力を否定する明確な根拠規定は存在しない。

もっとも、伝聞証言は、直接には、第三者の見聞という事実に関する証拠資料にすぎず、見聞された事実そのものについては間接的な証明力しかもたないという特質があり、当事者に対する手続保障および裁判官独立の原則に照らして疑問があることを根拠として、立証主題たる事実に対する関係では証拠能力を否定すべきとする考え方もある。

しかし、判例は、証拠力の評価が裁判官の自由心証に委ねられるという理由から、証拠能力を否定する理由はないとする。

③ 証拠能力——違法収集証拠かどうかの検討——

証拠資料を事実認定のために利用し得る資格を「証拠能力」という。

証拠能力の有無を判断する際には、当該証拠が違法収集証拠かどうかを検討する必要がある。
　ここで、違法収集証拠とは、例えば、離婚請求訴訟において不貞行為の事実を立証するためAの日記をXが持ち出して証拠としたり、特許権侵害の事実を立証するため産業スパイを使って被告会社の文書を盗んで証拠とするといったような、窃取した書類、盗聴録音テープ等がその典型例である（判タ1004号260頁参照）。
　刑事裁判手続においては、刑事訴訟法が証拠能力について詳細な規定を設けているのに対して（刑事訴訟法319条以下等）、民事訴訟法においては、原則として、証拠能力に制限はないとされている[31]。
　もっとも、民事訴訟法においても、例外的に違法収集証拠として証拠能力が否定される場合もあり得ることから、特に書証については違法収集証拠か否かの検討を要する。
　伝聞証拠の場合には、自由心証によって裁判所がその証拠価値を決定すれば足りるのに対して、違法に収集された事実は、証拠価値と直接の関係をもつものではなく、自由心証による評価に委ねれば足りるという理由に基づいて証拠能力を肯定するという考え方もありうる。
　しかしながら、違法に収集された証拠を裁判所が事実認定の資料として用いることは、国民が民事訴訟に期待する公正さを損なうことになるし、また、裁判所が違法行為を是認したり助長したりするとの誤解も与えかねない。
　したがって、違法収集証拠については、一定の場合にはその証拠能力を否定すべきであると解されている[32]。
　不貞行為に基づく慰謝料請求訴訟においても、不貞行為の裏付けとなる証拠として他方配偶者のメールや手紙などを勝手に見て書面化することや、調査会社の報告書などが提出されることがあるが、違法収集証拠として排除された裁判例も存在する（証拠採用されなかった例として、㊴東京地方裁判所

---

[31] かつては、証拠方法を不法に入手したことと証拠調べ手続の違法とは別物であるとして、証拠能力の制限を認めない証拠能力肯定説（大審院判決昭和18年7月2日民集22巻574頁）もあったが、違法行為を助長することになり、民事訴訟の公正な手続イメージを損なうことになるから、現在では少数説であるとされる。

第3章 民事訴訟における事実認定

判決平成21年12月16日、⑰東京地方裁判所判決平成10年5月29日（判タ1004号260頁）など。違法収集証拠か否かについて判断を示した例として、㉛大阪高等裁判所判決平成21年11月10日（家月62巻10号67頁）、⓯名古屋地方裁判所判決平成3年8月9日（判時1408号105頁）、⑱東京地方裁判所判決平成25年10月9日等がある。)。

このうち、⑰東京地方裁判所平成10年5月29日では、Xが証拠として提出していた陳述書に基づくXの本人尋問において、Y訴訟代理人がその反対尋問で使用しようとした大学ノートの証拠能力の有無が問題となり、同裁判例では、一般論として次のように判示した。

> わが民事訴訟法は、刑事訴訟法と異なり、証拠能力については規定しておらず、すべての証拠は証拠能力を付与されるかのごとくであるが、当該証拠の収集の仕方に社会的にみて相当性を欠くなどの反社会性が高い事情がある場合には、民事訴訟法第2条の趣旨に徴し、当該証拠の申出は却下すべきものと解するのが相当である。

その上で、本件大学ノートの証拠申出の許否については、この規範を次のように当てはめて否定した。

> これを大学ノートについて見ると、同文書の記載内容・体裁・Xの陳述書の記載内容との比較対照の結果、X本人の供述を総合すると、この

---

[32] 違法収集証拠の証拠能力の制限の根拠とその規律方法に関しては、前掲判タ1004号260頁によれば、主に次の5つの説があるとされる。すなわち、①単なる違法行為により収集された証拠（例えば、単に話者の同意を得ないでした無断録音テープ等）については証拠能力を認めるが、人格権侵害に当たる場合（例えば、話者の精神的・肉体的自由を拘束してされた会話のテープ、家屋に侵入して盗聴工作を設置して録音したテープ）は証拠能力は否定され、例外的に、違法性阻却事由が挙証者により証明されたときに限り、証拠能力が認められるとする違法性二段階説、②社会的に容認されない違法な方法によりある法規の要件を充足させた者が自己の利益にその法規の適用を求めるのは信義則違背であるから、信義則違背の有無によって証拠能力の有無を決すべきであるとする信義則説、③裁判における真実発言・手続の公正・法秩序の統一性・証拠の違法収集証拠誘発防止の諸要請を調整するという観点から、当該証拠の重要性、必要性、審理の対象、収集行為の態様及び被侵害利益などの要素を総合的に比較衡量して、証拠能力の有無を決すべきであるとする利益衡量説、④当事者間で妥当する論争ルールからみて当該証拠収集行為が許容されるか否かにより証拠能力の有無を決すべきであるとする第三の波説、⑤当事者権の一部としての証明権を当事者の証明活動の法的根拠であるとし、当事者はあえて他人の権利・利益を違法に侵害してまで証明する権利を有しないとする証明権内在的制約説などがあるとされる。

> 大学ノートは、X本人が陳述書の原稿として弁護士に対して差し出したものか又はその手元控えであることが明らかであり、そのような文書は、依頼者と弁護士との間でのみ交わされる文書であり、第三者の目に触れないことを旨とするものである。この大学ノートは、おそらくA（妻）がXと別居後にX宅に入り、これを密に入手して、Yを介して、Y訴訟代理人に預託したものと推認される。そうすると、この大学ノートは、その文書の密行性という性質及び入手の方法において、書証として提出することに強い反社会性があり、民事訴訟法第2条の掲げる信義誠実の原則に反するものであり、そのような証拠の申出は違法であり、却下を免れないというべきである。特に、この大学ノートには、これを子細にみると、Yに有利な点もあれば、不利な点もあり、Yは、突然として、後出の書証として、提示し、そのうち有利な点をあげつらって、反対尋問を行おうとしたものであって、許容し難い行為である。

この事案では、X本人の反対尋問の際、Y訴訟代理人が何度か、X本人の作成した大学ノートに書かれてあった内容を引き合いに出して質問を行ったので、このことに対して裁判所が疑問を抱き、Y訴訟代理人に対して「その大学ノートは何か」と質問したことがきっかけとなり、その大学ノートの証拠申出の許否という問題が顕在化したのであった。

したがって、X訴訟代理人としても、Y訴訟代理人の反対尋問において上記のような不審な点が感じられた場合にはその旨を積極的に指摘すべきであろうと思われる。

〔GPS機能付き携帯電話〕

他方、(98)東京地方裁判所平成25年10月9日では、Xが写真の隠し撮りや車両にGPS機能の付いた携帯電話を設置しAの居場所を探索した結果得られた証拠について次のように判示し、結論としてその証拠能力を認めている。

> 民事訴訟法は、いわゆる証拠能力に関して規定を置かず、当事者が挙証の用に供する証拠については、一般的に証拠価値はともかくとしても、その証拠能力についてはこれを肯定すべきものと解されている。しかし、その証拠が、著しく反社会的な手段を用い、人の精神的、肉体的自由を

第3章　民事訴訟における事実認定

拘束する等の人格権侵害を伴う方法によって収集されたものであるなど、それ自体違法の評価を受ける場合は、その証拠能力も否定されるものと解すべきである。そこで、本件についてみるに、確かに、Xは、友人にAを尾行させ、Aや同人と一緒にいる者らの写真を隠し撮りしたり、所有者の許諾を得ることなく、車両にGPS機能の付いた携帯電話を設置して、Aの居場所を探索したりしたものである。このように、上記の各証拠はAらに無断で収集されたものであるが、当時のAらの精神的、肉体的自由を拘束するものではなく、その方法が著しく反社会的であるとまではいうことが困難であるから、証拠能力を欠くということはできない。

〔GPSの履歴〕

㊴東京地方裁判所平成27年3月17日は、XがＡＹ間の不貞行為の証拠として提出した写真やGPSの履歴について、Yがそれらはａの同意なく収集、使用されたもので、同人のプライバシーを侵害するものであるから、いずれも違法収集証拠であり、それらの証拠能力が否定されると主張した事案である。これに対して、同裁判例は次のとおり判示して証拠能力を肯定した。

　　民事訴訟法においては、自由心証主義が採用され、一般的に証拠能力を制限する規定も設けられていない以上、違法収集証拠とみられるものについても、原則として証拠能力を認め、問題となる証拠を訴訟において利用することが訴訟法上の信義則（民事訴訟法第2条）に反することとなる場合に限り、当該証拠の証拠能力が否定されるものと解すべきである。本件においては、そもそも、訴訟の当事者ではないAの意思に反するか否か、同人のプライバシーを侵害するか否かが問題となっている上、証拠及び弁論の全趣旨によれば、Aは、Y訴訟代理人弁護士から「お問合せ」と題する書面により、Xが、本件写真、本件メール及び本件GPSの履歴を入手し、本件訴訟において、それらによってYとAの不貞行為を知ったと主張している旨知らされたにもかかわらず、それに対する回答文書において、Xが本件写真、本件メール及び本件GPSの履歴を本件訴訟で利用していることにつき、何ら異議を申し立てていないばかりか、Xを非難してもいないことが認められる。上記の事情を前

提に検討すれば、本件全証拠によっても、Xが、本件訴訟において、YとAの不貞行為の立証のため、上記各書証を利用することにつき、訴訟上の信義則に反すると認めることはできないというべきであり、Yの上記主張を採用することはできない。さらに、Yは、本件GPSのデータが容易に修正可能であるから、本件GPSの履歴に係る書証の証拠価値が著しく低い旨主張するが、実際に修正がされたことについて何ら具体的に立証するものではないから、Yの上記主張を直ちに採用することはできない。

〔ボイスレコーダー〕

❸❹❸ 東京地方裁判所平成21年11月17日では、XがAが浮気をしていると疑い、Aが運転する自動車内にボイスレコーダーを取り付け、車内でのAとYとの会話を録音した結果得られた音声会話（CD）及びその反訳書の証拠能力が争われ、同裁判例は、これを認めた。

　　その方法が著しく反社会的な手段を用いてYやAの人格権等の侵害を伴う方法によって得られたとまではいえないので、その証拠能力はあるというべきである。

〔ポストからはみ出ていた葉書：証拠能力肯定〕

❷❹❶ 東京地方裁判所平成19年2月27日では、Xがキッチンに置いてあったAの携帯電話を開いてみてメールのやりとりを発見し、これをAに問い詰め、証拠保全のために持ち去ったこと、及び、XがY方の様子を見に行った際に、ポストからはみ出ていた年賀葉書（高級化粧品の取扱店からYの住所にA宛に送付されたもの）を発見したという事案において、いずれも「証拠排除しなければならないほどの違法性を認めることはできない」として、結論としてそれらの証拠能力を認めている。

〔携帯電話からメールを送信：証拠能力肯定〕

❸❷❾ 東京地方裁判所平成21年7月22日では、次のような事案においてXがAの携帯電話に残っていたメールをAに無断で数通ずつ二女のパソコンのメールアドレスに送信したことなどが問題となった。

　　Xは、平成18年2月ころから、AがYと不貞行為をしているのではないかと疑い始め、Aに問い質したこともあったが、Aは、Xの被害妄

第3章　民事訴訟における事実認定

> 想であるなどとしてYとの不貞行為を認めなかった。そのため、Xは、自分で不貞行為の証拠を集めるしかないとの思いを強くし、Aの携帯電話を確認してみたところ、AとYがメールのやり取りをしていることが分かったので、二女の協力を得て、Aが入浴しているときや携帯電話を持たずに外出したときなどを見計らって、Aの携帯電話に残っていたメールを数通ずつ二女のパソコンのメールアドレスに送信した。また、Xは、AのパソコンにYを被写体とする写真のデータが保存されていることを知り、二女に頼んでこれをプリントアウトしてもらった。

　この事案において、このメールと写真が違法収集証拠として証拠能力の有無が問題となり、同裁判例は次のように述べていずれもその証拠能力を認めた。

> 　Aは、Xは、Aとの離婚を有利に進めるため、Aの携帯電話とパソコンから私的な情報（メール及び写真）を盗み出したもので、Xの行為は、Aのプライバシーを侵害する重大な違法行為であって、夫婦間であっても許されるものではなく、また、Aの携帯電話から大量のメールを盗み出すことやパスワードを設定していたAのパソコンから情報を盗み出すことは、通常考え得る社会的に相当な方法では不可能であるから、A・Y間で送受信されたメール及びAが撮影したYの写真は、著しく反社会的な手段を用いて収集された証拠であって、その証拠能力は排除されなければならないと主張する。しかしながら、Xが上記メール及び写真を取得した動機及び方法・態様は前記のとおりであって、その取得の方法・態様は、上記メール及び写真の民事訴訟における証拠能力を排除しなければならないほどに著しく反社会的なものであるとは認め難く、したがって、Aの主張は採用できない。

　この裁判例の考え方を前提にするならば、XがＡＹ間の不貞行為を疑うについて相当の理由があり、それをAに問い質してもAがそれを認めない場合には、Aに無断でその携帯電話から情報を移したとしても違法収集証拠にはならないということになるが、あくまでも下級審における事例判例であるから一般化するには慎重を要するであろう。

〔携帯電話のデータをパソコンにコピーした：証拠能力否定〕
　これとは逆に、X（夫）がA（妻）に無断でAの携帯電話のチップを外し、Xのパソコンに差し込んでそのデータ全部をコピーしたことによって得られたメールの証拠能力を否定した裁判例として❸⓭東京地方裁判所平成21年12月16日があり、次のとおり判示した。これを読むと、本裁判例がこの論点について極めて詳細に論じていることが分かるであろう。

　　Yは、本件メールは、XがそのデータをAの意思に反していわば窃取して作成したものであり、違法収集証拠として排除されるべきである（証拠能力がない。）と主張する。これに対し、Xは、平成19年3月18日（日曜日）、Xの実家に面接交渉で来ていた長男がおもちゃ代わりに持っていた本件携帯電話機をXが操作したところ、たまたまただならぬ内容の本件メールの一部が出てきたので、本件電話機のチップを外しXのパソコンに差し込んでそのデータ全部をコピーしたもので、このようなデータの入手方法等に違法はない（著しい反社会的手段による入手ではなく、それが書証として採用されても人格権の侵害に匹敵すべき重大な法益の被害を惹起するものでもない。）などと主張する（なお、データ入手日に関するXの主張は変遷している。）。ところで、刑法133条の信書開封罪、235条の窃盗罪及び254条の遺失物横領罪は、封をしてある信書の開封、他人の財物の窃取及び占有を離れた他人の財物を横領する行為を犯罪としているが、本件電話機においてAとYとの間で受送信されたメール文及びそのデータは、信書あるいは財物ということはできず、刑法上の上記犯罪行為を構成しない。しかし、<u>携帯電話機により個人間で受送信されたメール文は、信書（特定人がその意思を他の特定人に伝達する文書）と同様の実質を有するものであり、信書と同様に正当な理由なく第三者に開示されるべきものではない。また、そうであれば、このようなメール文及びそのデータも、正当な理由なく第三者がこれを入手したり、利用したりすることは許されないというべきである</u>。Aは、Xとの別居後まもなく離婚を求めて調停を申し立て、X主張の本件メールのデータ入手時には2度目の調停事件が係属中であった。また、Xの主張によれば、Xは、たまたま本件電話機の操作中に本件メールの一部

第3章 民事訴訟における事実認定

を見たため、そのデータを自分のパソコンにコピーし、これを入手するまで知らなかったYの存在及びAとYとの交際の一部を知り、探偵社に依頼してAの行動を調査した上、Aに対し、平成19年4月29日のY宅訪問の件についての調査報告書及び本件メールを見せて説明を求めたところ、Aの態度が一変し、結局、2度目の調停も不成立で終了したというのであって、このような本件メール及びデータの入手や利用がAあるいはYの承諾その他これを正当とする理由に基づくものでないことは明らかであり、その入手や利用は違法であるというべきであり、その入手方法の違法性は刑事上罰すべき行為と実質的に同等に重大なものであるといえる。このことは、Aが長男に本件電話機をおもちゃ代わりに使わせていたこと、Xが本件電話機を操作したのはメールを探索するためではなく、メールはたまたま発見されたにすぎないこと、その際、メールはパスワード等によって保護されていなかったこと（Xはかつてはパスワードがあったと主張している。）、Xがチップをデータのコピー後速やかに本件電話機に戻したことなどによって正当化されるものではない。一般に、一方配偶者の不貞行為の相手方となることが他方配偶者に対する不法行為を構成し得ること、不貞行為の多くは一方配偶者が他方配偶者に秘密裏に密室等で行い、他方配偶者が不貞行為の存在を立証する証拠を入手するには困難があることなどは、直ちに上記判断を左右するものではない。すなわち、他方配偶者が一方配偶者に不貞行為があるとの疑いを抱いた場合に、他方配偶者の信書や携帯電話機等のメールを見たり、その内容を自ら保存すること等が一般的に許されるとはいえない（疑いを抱くことに客観的で合理的な根拠があるときは、それに基づいて不貞行為を立証すれば足りるであろうし、それがないときは、不貞行為の疑いを抱くこと自体が他方当事者の単なる主観ないし思い込みにすぎないことも多く、その証拠を一方当事者のメール等から得ようとすること自体が相当ではない。）。したがって、本件メールは、Xの主張によっても、違法に入手されたデータに基づくものといわざるを得ず、本件訴訟においてはいわゆる違法収集証拠として証拠能力を否定し、証拠から排除するべきである。以上に関し、Xは、著しい反社会的手段による

入手ではなく、本件メールが書証として採用されても人格権の侵害に匹敵すべき重大な法益の被害を惹起するものでもないと主張する。しかし、上記のとおり、Xが主張するような手段による本件メールのデータには重大な違法性があるところ、このようにして得られた証拠は排除されるべきであり、著しい反社会的手段が用いられた場合に限って排除されるとすべき根拠はなく、上記主張は採用することはできない（Xの主張は必ずしも明らかではないが、それが強取や喝取等の凶暴な手段をいうのであれば、窃取や詐取等は容認されることになるが、違法行為を助長することになり、不当である。）。なお、Xは、チップのデータをパソコンに移す際、本件メールのデータだけではなくチップに保存されていたデータを全部コピーし、その結果、Xのパソコンには本件メール以外のAと第三者とのメール文に関するデータも現に保存されている（Xの供述）。このようなデータのコピーは、法的保護に値するAとY及び第三者のプライバシーをも侵害する行為というべきである。また、本件メールが……順次提出されていることからすれば、Xは、AとYとの間で受送信された他のメール文のデータをも保有している可能性があり、その一部のみを恣意的に選んで本件メールとして提出することがあれば、それは真実の発見を阻害することになる（Xは、提出されていないメールはYにおいて提出すれば足りる旨の主張もするが、Yに本件不貞行為の不存在の立証責任はないし、Yが他のメールのデータを保存しているかも不明である。）。

〔結論を異にする両裁判例の対比〕

　このように、この裁判例は、XがAに無断でAの携帯電話からデータをコピーすることによって得られたメールの証拠能力を否定した。そして、この結論は、先に紹介した㉝東京地方裁判所平成21年7月22日とは全く逆の結論になっている。この差異はどこから生じるのかは筆者にも良く分からないところではあるが、筆者としては、不貞行為を原則として民事上の違法行為と理解するのであれば、その違法行為を行っているAとYのプライバシー権というのは、Xの有する慰謝料請求権と比較衡量した場合、その要保護性において若干劣るのではないかと思うし、また、一般的に不貞行為の裏付

第3章　民事訴訟における事実認定

けとなる証拠を入手することには困難が伴うことが多いことからすると、上記❷❷東京地方裁判所平成21年7月22日が採った結論の方が基本的に支持されるべきではないかと考えられる。いずれにせよ、不貞慰謝料請求訴訟において、ＡＹ間のメールを証拠として提出する場合には、このような問題点があることは訴訟代理人として知っておいた方がよいし、受任前の法律相談の段階においてもその旨を依頼者にも説明した方が望ましいと思われる。

　また、Ｘから訴訟委任を受ける前提としての法律相談の際に、Ｘから「Ａの携帯電話の中にあるメールを証拠としてコピーしても良いでしょうか」と問われた場合の回答にも十分注意しておくべきだろうと思う。

〔張り込みの適法性〕

　これは違法収集証拠の証拠能力の問題ではないが、❷❸❽東京地方裁判所平成19年2月15日では、ＸがＡＹ間の不貞行為を突き止めるために、平成16年12月10日以降、繰り返し、Ｙの居住するアパートの周囲で張り込みをしていたという行為について、これが不法行為を構成するのかが争われたという事案である。この事案において、同裁判例は次のように判示し、不法行為の成立を否定した。

> （これらの張り込み行為は、）Ｘが、当初はＡとの離婚訴訟、後には本訴の準備のために行ったものと認められ、ＹとＡとの間の以前からの不貞行為を疑っていたＸが、離婚訴訟の応訴及び……本訴の準備のために上記の程度の調査活動を行ったことをもって、直ちにＹのプライバシー侵害として不法行為を構成するとは解しがたい。

❷❺❸東京地方裁判所平成19年5月10日では、Ｘが探偵社をしてＹ宅の周辺の調査等を行わせたこと等が不法行為に該当するとＹが主張したという事案において、次のように判示し、Ｙの主張を排斥した。

> Ｙ宅が探偵社による調査対象となったのは、ＸがＡの行動調査を依頼したところ、Ａが深夜にＹ宅に赴いたことによるものであり、また、探偵社による調査は、Ｙ宅があるマンションの共用部分に立ち入り、Ｙ宅の玄関の外側から写真撮影するなどの方法で行われている。そうすると、Ｘが調査を依頼したことには相応の理由があったということができるし（この点に関し、Ｙは、Ｘが離婚に有利な証拠を獲得するために調査を

依頼したと主張するが、……調査開始の時点でXが離婚を決意していたとはいえないから、Xに不当な目的があったと認めることはできない。)、調査の方法も格別不相当なものとは認められない。これに加え、YがY宅に連日のようにAを招き入れるなど親密な関係になったことがXに対する不法行為と評価されることを考慮すると、Xの上記行為に違法性があるということはできないと解するのが相当である。

〔メールアカウント等の不正入手〕
　やや珍しい裁判例として、㉟東京地方裁判所平成21年12月25日があり、これは、Xが提出したＡＹ間の不貞行為を裏付けるメールについて、Yが、これらのメールはXがAのメールアカウントやパスワード等を入手して不正に受信したものであるから違法収集証拠であると主張したのに対し、この裁判例はこの点について何らの判断を示さなかったのである。その理由としては、そのメールを証拠として採用すると否とにかかわらずＡＹ間の不貞行為が認定できたからではないかと思われる。

(2) **弁論の全趣旨**
　証拠調べの結果とともに、事実認定の基礎となる「弁論の全趣旨」（民訴法247条）とは、口頭弁論に顕れた一切の資料から証拠調べの結果を除いたものである。
　ここに言う資料の中には、口頭弁論期日における陳述、行為などだけではなく、準備手続期日における陳述、釈明処分（民訴法151条）に基づく資料の提出などが含まれる（大審院判決昭和3年10月20日民集7巻815頁）。
　しかし、単に準備書面に記載されただけの主張などは含まれない。
　また、当事者本人尋問や証人尋問に対する陳述態度なども弁論の全趣旨に含ませる考え方もあるが、これらは証拠調べの結果たる証拠資料の一部をなすものと整理されている。
　このように、弁論の全趣旨には、当事者の陳述の内容、攻撃防御方法の提出態様・態度など、口頭弁論における訴訟行為およびこれに付随する事情が含まれる。
　訴訟資料と証拠資料を峻別するのが法の原則であるが、訴訟資料といえども、当事者の訴訟行為を通じて裁判所に提出されるのであり、裁判所が当

第3章　民事訴訟における事実認定

事者の行為自体に対する評価を事実認定の資料として用いることを認めるのが、民事訴訟法247条の規定の趣旨である。

　通常、弁論の全趣旨は、証拠調べの結果を補充するものとして事実認定のための資料として用いられるが、弁論の全趣旨のみをもって事実認定の資料とすることも許されると解されている（最高裁判所第三小法廷判決昭和27年10月21日民集6巻9号841頁）。

　もっとも、このような取扱いは、補助事実や軽微な間接事実に限って行われるべきであり、裁判所としては、重要な間接事実や主要事実について証拠調べを経ることなく弁論の全趣旨に基づいて認定を行うべきではないと解すべきであろう。

　訴訟代理人としては、準備書面や証拠の内容、尋問の結果のみならず、およそ裁判期日中のあらゆる訴訟追行態度に細心の注意を怠るべきではない。

(3)　証拠契約

　証拠契約とは、広義では、判決の基礎となる事実の確定方法に関する当事者間の合意を指し、狭義では、証拠方法の提出に関する合意を指す。

　自白契約（一定の事実を争わないことを約する契約）、証明責任を変更する合意、事実の確定を第三者の判断に委ねる仲裁鑑定契約などは、前者の例であり、証拠制限契約（証拠を一定のものに限定する契約）は後者の例である。

　これらはいずれも、訴訟上の効果発生を目的とする意味で訴訟契約としての性質をもつところ、その効力についても、原則として肯定されている。

　すなわち、自白契約は、裁判上の自白の対象となりうる事実に関するものであれば、その効力を認めることが弁論主義の趣旨に副うこととなる。

　したがって、裁判所は自白事実に拘束されるし、また、当該事実に関する当事者の証拠申出は却下される。証明責任を変更する合意についても、証明責任の分配が当事者間の公平などを考慮して法によって定められることを考えれば、当事者の意思によってその変更をなすことを排斥する理由に乏しい。

　さらに、仲裁鑑定契約についても、主要事実について当事者の自白が認められている以上、同じ事実を第三者の判定に委ねることを排斥する理由に乏しいから、その効力が認められると解されている。

証拠制限契約に関しては、裁判所の自由心証を侵害するとの批判が考えられるが、いかなる証拠方法を提出するかは、本来当事者の判断に委ねられ、また、仮に契約締結などの事実に関して、証拠方法を書証に限るとの合意がなされ、その効力が認められたとしても、提出された文書を評価して当該事実について確信を形成するかどうかは裁判所の判断に委ねられるものであるから、これが自由心証主義に違背するものとはいえない。

　証拠制限契約に反する証拠方法の申出は、証拠能力に欠けるものとして却下される。

(4) 損害額の認定

　金銭債権たる損害賠償請求権の存在を認めるためには、裁判所は、その発生原因たる損害の発生とともに、損害額を認定しなければならず、それについての証明責任は損害賠償請求権の存在を主張する当事者が負う。

　したがって、たとえ損害の発生そのものについては、証明がなされたとしても、損害額についての立証が証明度に達していなければ、損害賠償請求権は認められないのが原則である。

　しかし、このような場合に請求棄却判決をなすことは、当事者間の公平にも合致せず、また社会の納得を得られない。

　そこで立法者は、証明度の特例として、確信に達していないときであっても、相当な損害額を裁判所が認定できることとした（民訴法248条）。

　ただし、損害の性質上その額の立証が極めて困難であるときでなければならない。すでに旧法下でも、損害額の証明が困難な場合において一定の条件の下に証明度を軽減する考え方が有力であったが、立法者は、損害発生自体の証明がなされたこと、および損害の性質上その額の立証が極めて困難なことを要件として、この考え方を立法化したものである。もっとも、証明度軽減法理は、証明度にこそ到達していないものの、要証事実についての一定程度の心証が形成されることを前提とするが、民事訴訟法248条の適用は、その場合に限らず、損害額について一定程度の心証が形成されない場合でも、なお、裁判所の自由な判断によって相当な損害額の認定が許される。この意味で、同条は、証明度の軽減、および裁判所の自由裁量判断双方の趣旨で、自由心証主義（同247条）の例外を認めるものといえる。

第3章　民事訴訟における事実認定

　しかしながら、慰謝料の算定についても民事訴訟法248条が適用されるか否かについては、一考を要すべき点である。

　慰謝料は、精神的苦痛そのものの填補ではなく、精神的苦痛を和らげるための金銭給付である以上、慰謝料の算定が、認定された損害を証拠に基づいて金銭的価値に転換するものではなく、慰謝料の算定が裁判所の自由裁量に基づくものとされてきたのは、このことを意味するものである（大審院判決明治24年12月20日刑録7輯11号105頁、大審院判決明治36年5月11日刑録9輯745頁、最高裁判所判決昭和47年6月22日判時673号41頁等）。

　そこで、民事訴訟法248条は、慰謝料の算定については、本来の事実認定の領域に属するものではないから、その適用の対象外とせざるをえないとする考え方がある。

　これに対して、「本条に基づく損害の算定方法が認められるのは、不法行為その他の類似の請求（例えば、製造物責任法に基づく損害賠償請求等）についても、また、債務不履行に基づく損害賠償請求についても適用される。損害賠償は、単に財産的損害に対する物的損害に限られず、精神的損害に対する慰謝料請求権（債権）についても、適用される。」とする見解もある（賀集唱・松本博之・加藤新太郎編『基本法コンメンタール民事訴訟法2〔第3版〕補訂版』（日本評論社、2012）278頁参照）。

　本書では「不貞行為」を基礎付ける事実の立証に焦点を当てていることから、具体的な慰謝料金額に影響を及ぼすべき事情の立証には深く立ち入らないが、訴訟代理人としては、不貞慰謝料の金額について事実認定の対象とならないことをも想定した上で、可能な限り多くの適切な参考裁判例を収集のうえ、きちんと証拠化し、かつ準備書面や証拠説明書により詳細な説明を心がけるべきである。

3　証拠共通の原則

　自由心証主義によると、裁判官は提出された証拠がどの程度事実認定に役立つのかを自由に評価することができる。換言すれば、裁判官は、当該証拠を提出者の有利にも不利にも評価することができる。これを「証拠共通の原則」という。これは、証拠調べの結果を総合的に評価して合理的で落ち着きのよい事実認定をすることを可能にする趣旨である。

なお、証拠共通の原則は、弁論主義の考え方とは抵触するものではない。弁論主義は訴訟資料の収集提出に関し、裁判所の役割とするか当事者の役割とするかという作業分担を規律するものであって、当事者間における分担を問題とするものではなく、そもそも弁論主義は証拠の申出までを当事者の権能かつ責任とするものであるのに対して、ここでの問題は当事者の申出に基づいて取調べられた結果をどのように評価するかというところにあり、弁論主義とは別次元の問題である。

訴訟代理人としては、上記の原則を十分認識したうえで、収集した証拠の提出について、自身の依頼者のみならず、相手方の立場に立った主張や立証の具体的なシミュレーションを行うなど、多面的な検討を常に念頭に置くべきである。

4 推定

推定とは、事実認定の主体が、ある事実に基づいて別の事実について確信を形成することを言うが、その根拠や効果等によりいくつかの種類に分けられる。

(1) 事実上の推定

間接事実から経験則によって事実を認定すること（推認）を事実上の推定という。事実上の推定は、間接事実と経験則を用いた事実認定の過程そのものであり、これによって証明責任の転換は生じない。

したがって、要件事実について証明責任を負う当事者は、裁判官の確信を形成しない限り、法規不適用の危険を免れ得ず、反対に相手方としては、当該事実についての心証を真偽不明に追い込むだけで法規適用による法律効果の発生を防ぐことができる[33]。

次頁の図6は、不貞慰謝料請求訴訟における事実の推定の過程の一例を視覚化したものである。この図から明らかなとおり、訴訟代理人としては、どの事実や証拠が他のどの事実をどの程度推認させるのか、その推認を覆すために最も効果的な反証活動は何か、を緻密に検討し続ける必要がある。よ

---

[33] この点に関連するイギリスの法諺に「推定は、反対の立証のあるまで効力を持つ。」というのがある（A presumption will stand good till the contrary.）。

第3章　民事訴訟における事実認定

図6 事実上の推定イメージ図

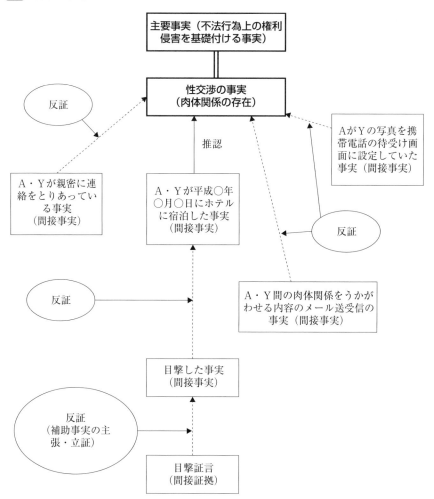

り複雑な事実関係の場合には、図6のように視覚化することも一つの効果的な方法ではないかと思われる。

(2) 事実上の推定以外の推定について

一定の事実を認定する際に根拠とすべき事実が法定されることがある（民訴法228条2項、4項）。これを法定証拠法則という。

法定証拠法則は、実体法の法律要件事実を推定するものではない。したがって、証明責任の転換は生じない。

また、法が、甲事実（前提事実）あるときは乙事実（推定事実）があると推定するとの規定を設けている場合がある（民訴法186条2項等）。これを法律上の事実推定という。法律上の事実推定がされると、証明責任の転換を生じる。

また、法が、甲事実あるときは乙権利があると推定するとの規定を設けている場合がある（民訴法188条、229条等）。これを法律上の権利推定という。

法律上の権利推定が働く場合、乙権利の発生原因事実の不存在、乙権利の発生障害事実又は乙権利の消滅原因事実について、相手方当事者が証明責任を負うことになる。また、法が、意思表示について一定の内容を推定するとの規定を設けている場合がある（民訴法136条1項、420条3項、569条、573条等）。これを解釈規定という。意思表示の解釈に関する規定であり、前提事実から推定事実を推定するものではないから、「推定」との文言が用いられていても、法律上の推定ではない。解釈規定が働く場合、推定と矛盾する意思表示がされたことについて、相手方当事者が証明責任を負うことになる。

この点に関連して、⓭東京高等裁判所平成7年1月30日は民法772条のいわゆる嫡出推定を覆すための反証の程度について次のように述べており、参考になる。

> 民法772条は、要は婚姻中に懐胎した子は夫の子と推定し、この推定を覆すには民法775条による嫡出否認の訴えによるほかなく、この訴えは夫のみに許されたものであり（民法774条）、夫が子の出生を知った時から1年以内に提起しなければならないとされている（民法777条）。以上が民法における嫡出性の推定の制度であり、これは、第三者が他の夫婦間の性生活といった秘事に立ち入って子の嫡出性を争う手段を封じて家庭の平和を維持すること、出訴期間を定めて早期に法律上の父子関係を安定させ、子の養育環境を確立することを目的としているものと解される。右の立法趣旨からすると、法律上の婚姻関係が継続しているが、

第 3 章　民事訴訟における事実認定

> 事実上の離婚状態で夫婦の実態が完全に失われているような場合や、夫の長期間の不在の場合など妻が夫の子を懐胎する可能性がないことが外観上明白な事情があるときは右の嫡出推定が排除されるという解釈が可能である（最高裁判所第一小法廷昭和 44 年 5 月 29 日判決民集 23 巻 6 号 1064 頁参照）。さらに、右のような場合に限らず、生殖能力の欠如、血液型の背馳がある場合であるとか、人類学的にみて父子関係があり得ない場合のように、客観的かつ明白に父子関係を否定することができ、かつ、懐胎した母親と夫との家庭が崩壊し、その家庭の平穏を保護する必要がない場合にも、嫡出推定を排除することが可能であると解することができる。しかし、右の客観的かつ明白に父子関係を否定することができるというのは、何人も疑いを差し挟まないような信頼するに足りる科学的証拠によって立証されることが必要であって、供述証拠等を含む諸般の証拠による推認を要する場合には、たとえその証明が証拠の優越の程度ではなく確信に至る程度のものであっても、嫡出推定を排除することができないといわなければならない。なぜならば、嫡出性の推定の有無という身分関係にかかわる事項は、単にその訴訟の当事者の利害に関係するにとどまらず、それ以外の者の利害にも影響することがあり得る事柄であり、また、父子関係の安定という子の福祉にかかわる事柄でもあるから、何人にも納得がいく証拠によって証明することが要求され、虚偽の可能性が絶無ではない供述証拠等を基礎に判断することはできないというべきである。

　また、甲事実、乙事実がともにある法律効果の発生要件とされている場合（例えば民法 162 条）において、甲事実があるときは乙事実があると推定するとの規定が設けられていることがある（例えば民法 186 条 1 項）。この場合、甲事実はその法律効果の発生要件事実となるが、乙事実は発生要件事実ではなく、乙事実の不存在がその法律効果の発生障害要件事実となる（すなわち、乙事実の証明責任が転換される）。このような場合を暫定真実という。

第6節　心証形成のポイント①
────動かし難い事実と仮説の合理性────

1　事実認定における基本的な考え方

　このように主張するべき事実を主張し、その立証活動が尽くされることにより、事実認定の材料が揃うことになるところ、事実認定の主体はあくまでも裁判所である。

　しかし、裁判官が事実の存否について心証形成をする過程において、如何なる点を重視しているか、如何なる点がポイントとなるのかについて深い理解がなければ、訴訟代理人として十分な訴訟追行が可能とはならないというべきであろう。

　訴訟代理人としては、裁判官がある事実の存否について心証形成をする際に重視するべきポイントを押さえたうえで主張・立証活動を尽くすべきであり、更に遡って事件を受任する際に、その点を十分検討したうえで方針を決するべきである。

　では、個々の証拠の評価以外に、心証形成の際にポイントとなるのはどのような点であろうか。

　事実認定の際に基本となる考え方は、①まず「動かし難い事実」を確認し、②それら「動かし難い事実」相互を経験則等を梃子にして有機的に関連付けて一定の仮説を構築し、③②において構築した仮説では合理的に説明し難い証拠の存在が明らかになった場合には、当該仮説を破棄し、その証拠をも説明し得る別の仮説を構築し、④上記過程を繰り返すことである。

　「動かし難い事実」としてまず挙げられるのが書証である。

　前記の処分証書や重要な報告文書は、「動かし難い事実」として、判断の前提に置く必要がある。

　争いのない事実も、その存在に疑いを生じさせるような特別な事情が見当たらない限り、「動かし難い事実」として扱うことができる。

　原告側・被告側双方の人証が一致して供述した事実や、人証が供述した自らに不利な事実も同様である。

第 3 章　民事訴訟における事実認定

2　仮説の構築と合理性の判断

「動かし難い事実」を整理すると、次に、それらをつなぐ仮説の合理性を検討することになる。

「動かし難い事実」は、比喩的には「点」であり、「仮説」（ストーリー）は、それらの点をつなぐ「線」である。

原告も被告も、それぞれ自己の立場からの仮説を構築して（「主張」や「人証の供述」という形で）裁判官に提示する。

裁判官は、双方の仮説を対比して、どこかに不自然・不合理な点がないか、動かし難い事実の中にその仮説では説明できないものがないか、どの仮説がより合理的かを判断していく。

その際に用いられるのが「経験則」である（経験則については第 7 節において詳述する）。

仮説が「不合理」かどうかの判断は、「あり得ない」かどうかの判断とは異なる。仮説の内容が「あり得ないことではないけれども、普通はそんなことはしない」というものであった場合は、なぜそのような「普通でないこと」をしたのかについて納得できる説明がなされない限り、その仮説は「不合理」なものと取り扱われるであろう。

主張の段階で、当事者のどちらか一方の仮説が合理的で他方の仮説が不合理なら（実際にはそういう場合も多い）、事実上、合理的な方の仮説に沿った事実認定がされることになる可能性が高いと予想できる。

そして、人証の尋問をしても、その予想が覆ることは少ないから、人証調べをする前の段階で、予想される結論をもとに和解交渉がされることも多い。

主張だけではいずれの仮説にも不合理な点が見当たらない場合もある。その場合は、通常は人証の尋問をすることになる。

そして、尋問の中でどこかにほころびが出ないかを見るのである。いずれか一方にだけほころびが出れば（多くの場合はそうである。）、通常は、ほころびの出なかった方の仮説に沿った事実が認定される[34]。

どちらもほころびを出さなかったときは、処分証書等があればそれに従うのが通常であるし、それもなければ、最後の方法として、証明責任に従っ

て判決をすることになる。

　これとは逆に、当事者いずれの仮説にも不合理な点がある場合もあり、その場合、裁判所が構築した第三の仮説に沿った事実が認定されることもある。

第7節　心証形成のポイント②——経験則——

1　経験則

　経験則とは、経験から帰納して得られる事物の性状や因果関係等についての知識や法則をいう。例えば、「このような場合には、必ずこのようなことが生ずる」(必然性)、「このような場合には、通常、このようなことが生ずる」(蓋然性)、「このような場合には、このようなことが生ずることがある」(可能性)というようなことである。

　不貞慰謝料請求訴訟において多く用いられる経験則も、人間の行動についてのものであり、「人間は、このような場合、通常、このような行動をする」、「人間は、このような場合、通常、このような行動をしない」、「人間は、このような場合、このような行動をすることがある」といった経験則が登場する。

　ほとんどの経験則は、必然的な法則ではなく、例外を伴う。「経験則とは、人間行動についての科学法則などではなく、単なる蓋然性の原則にすぎないことを理解し、経験則による推認は蓋然性を伴うことを自覚した上で、どうすれば蓋然性を高めることができるかについて検討しなければならない」というべきであろう(吉川慎一「事実認定の構造と訴訟運営」(自由と正義50巻9号) 67頁)。

　こういった経験則をうまく使いこなすことが、正確な事実認定をするた

---

[34] 須藤典明元裁判官は、「事実認定に役立つ5つのヒント」として、(1)事件の全体像を把握し、時系列で経過を確認すること、(2)動かし難い事実は些細な事実にあらわれること、(3)文書は、その内容だけではなく、その物の形状や材質などもよく確認すること、(4)証人や本人の個性に惑わされないこと、(5)なぜ事実認定に迷っているのかを自覚すること、の5つを挙げている(判タ1419号19頁)。

めに必要不可欠なことであり、訴訟代理人としては、経験則の評価について「独りよがり」にならないように常に留意するべきである。

2 書証の重要性と経験則との関係

一般的には、書証が重要な証拠であることには疑いの余地はないといってよいであろう[35]。そもそも、なぜ「書証は大事」なのであろうか。

例えば、不動産の売買契約の成立（締結）が主張されているものの、売買契約書がない場合、一般的には、売買契約締結の事実を認定することは困難であることが多いであろう。

それは、「不動産の売買をするとき、通常は、契約書を作成する」という経験則が適用されるためである。作成しておかないと、後日、契約締結の有無や契約の内容について争いが生じたときに困るからである。

上記経験則を踏まえると、「売買契約を締結したけれども、契約書は作成しなかった」という事態は、あり得ない話ではないが、「よくあること」とはいえない。

こうして、「契約書が作成されなかった」という間接事実に、「不動産の売買契約を締結する際は、通常は、契約書を作成する」という経験則を組み合わせると、売買契約締結の事実を疑わせる方向に働く、という仕組みになっているのである。

これに対して、不貞行為を基礎付ける肉体関係の有無が争点となっている場面では、「不貞行為」が事実行為である以上、不貞行為それ自体について文書が作成されることは通常考えられないし、「不貞行為」の事実は通常秘密にしておくことから、その痕跡が書証として存在しないとしても、存在しないことの方が「よくあること」とさえ言い得る。重要なことは、事案に即した経験則を用いるということであり、書証の評価は適切な経験則を組み合わせて初めて可能になるということである。

3 経験則の証明

日常的な経験則は、裁判官も当然に知っているものと考えられるから、証明する必要はないと考えられている（最高裁判所第二小法廷判決昭和36年4

---

[35] フランスの法諺には、「書面は証人を凌ぐ。」というのがある（Letters passent témoins.）。

月28日民集15巻4号1115頁)。

　これに対して、専門的な経験則は、裁判官が知っていることは期待できないから、証明される必要があるとされている。

　もっとも、日常的な経験則であっても、経験則の内容について争いが生じることがある。

　例えば、原告は「○○の場合には、人間は、通常、××との行動をする。」と主張する（不貞慰謝料請求訴訟を例にとれば、「男女がラブホテルに入れば通常性交渉をする」との主張が典型的であろう。これに対して、ＡがＹの自宅に行ったという事実だけからＡＹ間の不貞行為を認定することは困難であろう。後者の裁判例として㉙東京地方裁判所平成21年1月16日があり「本件会社の経営者であるＡがその従業員であるＹの自宅を訪問することは、情交関係と必ずしも結びつくものとはいえず、むしろ、病状を懸念して見舞う目的であったというべきである」と判示した。)。逆に、被告は「○○の場合には、人間は、通常、××との行動をしない。」と主張する、といったことがないではない[36]。

　また、当事者の一方と裁判所との間でこのような認識の相違が生じることもある。

　訴訟代理人としては、経験則に関するこのような認識の相違を放置したまま、漫然と審理を進め、判決に至ることは避ける必要がある。

　では、どうすればよいのであろうか。

　まず、上記のようなリスクを回避する出発点として、特定の経験則に関し、認識の相違があること自体を、双方当事者と裁判所の三者が認識しなければならない。

　そのためには、三者とも、当該訴訟で問題となり得る経験則は、（極めて当然のものを除き）相互に明示することが有益である。

　そして、経験則の内容について意見の相違があることが判明し、裁判所

---

[36] この点に関連して、「前婚の経験から男性と性交渉ができない、Ａとラブホテルに行ったが、マッサージしかしていない。」とのＹの反論を排斥した裁判例として㉜東京地方裁判所平成21年3月11日がある。他方、㉛東京地方裁判所平成21年3月26日は、ＹとＡだけで食事をしたことが数回あったこと、その後ＹとＡが東京都内や近郊で会ったり、国内外へ旅行に行くことがあった等という事実認定のもとでＡＹ間の不貞行為を認めている。

としても、どのような経験則によるべきかを自信を持って決めることができない場合には、経験則の証明が必要になる。

　日常的な経験則についてもこのように考えるべきことからすると、専門的な経験則を裁判官がたまたま知っていたような場合においては、なおさら、裁判官はその内容を明確に述べ、当事者に反論・反証の機会を与えなければならないであろう。

　反対に、裁判官が知っている経験則を述べたのに対し、当事者から特に反論・反証がされないのであれば、それが日常的な経験則である場合にも、専門的な経験則である場合にも、そのまま用いて問題ないことが多いと思われる（ただし、経験則に関する自白が成立するということではない。大審院判決昭和8年1月31日民集12巻51頁）。

第8節　心証形成のポイント③
――直接証拠による認定と間接事実による認定――

　直接に主要事実（の存否）を証明するための証拠を直接証拠という（主要事実の「存在」を証明するための証拠に限るか、それとも主要事実の「不存在」を証明するための証拠も含むかについては、考え方が分かれる）。

　不貞訴訟において、性交又は性交類似行為が要証事実である場合を例にとると、一応、次のようなものが直接証拠となることが想定できる。

　ア　性交又は性交類似行為そのものを撮影した写真、ビデオ等
　イ　A（不倫配偶者）やY（不倫相手）が当事者尋問において性交又は性交類似行為を認める供述をした場合のその供述
　ウ　AやYの陳述書に性交又は性交類似行為を認める旨記載されている場合のその陳述書
　エ　AやYのメールに性交又は性交類似行為それ自体を認める旨記載されている場合のそのメール

　これに対して、AとYとの旅行写真やホテルの領収証、AやYの性交又は性交類似行為を認める旨の発言を別の機会に聞いたという人物によるその旨の証言などは、間接証拠であって、直接証拠ではない。

ところで、間接証拠によって事実を認定する場合は、間接証拠から間接事実を認定した上で、その間接事実に経験則を当てはめて推認していく過程が不可欠であるのに対し、直接証拠によって認定する場合は、そのような過程はない。しかし、だからといって、一般論として、間接証拠による認定よりも直接証拠による認定の方が心証の程度が高いということになるわけではない。

　訴訟において真剣に争われている中心的な争点については、直接証拠があっても、安易にそれに頼るのは危険である。直接証拠によって認定する場合は、間接事実から主要事実への推認の過程は不要であるが、その代わり、当該直接証拠が信用できるか否か、また、（書証の成立が争われている場合には）真正に成立したと認めることができるか否かを判断する必要があり、その判断の際に、間接事実から主要事実への推認と類似の判断過程を経る必要がある。このように考えると、「直接証拠の有無」という観点をむやみに重視するべきではないであろう[37]。

　このような観点から、不貞慰謝料請求訴訟においても、直接証拠の有無に関連して、以下の点に留意しなければならない。

　第1は、成立の認められる性交渉を認める旨のメール等がある場合は、特段の事情がない限り、一応、その記載どおりの事実を認めるべきであることである。

　第2は、間接証拠から認定する場合は、間接証拠による間接事実の認定と、その間接事実から主要事実への推認という二つの過程を経なければなら

---

[37] 須藤典明元裁判官は、「高裁から見た民事訴訟の現状と課題――自由平等社会における民事裁判の役割」（判タ1419号20頁）において、次のように述べている。「性的な関係の有無は、その行為の性質上、通常は密室で行われるのであり、直接証拠がないことに特徴がある。したがって、どのような間接事実があれば性的関係の存在を推認できるかという問題であるが、例えば、①仕事帰りに2人で待ち合わせて食事し、腕を組んで電車に乗り、彼のマンションに入って、翌朝まで出てこなかった場合、②2人でラブホテルに入って、約45分後に出てきた場合、③大型トラックの運転席で着衣のまま抱き合っていた場合、④夜間に女性の近くのスーパーに2人で普段着で出かけて仲良く食料品等の買い物をしていた場合などはどうであろうか。行為の社会的評価（経験則とまではいえなくても）をどう考えるかという問題でもあり、②の場合であれば、大人の男女が2人でラブホテルに入っていて、社会的に何もなかったといえるのか、③の場合であれば、男女が密室で抱き合っていて、着衣だったから何もなかったといえるのかが問われている。」

ないことである。
　第3は、間接事実から主要事実への推認は、経験則を用いて行うものであるが、経験則は常に例外を伴うものであり、推認を妨げる事情の有無を慎重に判断する必要があることである。
　そして、この推認の結果、ＡＹ間において不貞行為があっただろうと考えられる場合においても、現実の不貞慰謝料請求訴訟においては、Ｙの側から弁解がなされることが多いので、このことについても触れておく。
　一般的に言って、法律上不利益を受ける当事者に対して弁解の機会を与えることは手続を重んじる法律の世界では極めて重要である。例えば、刑事訴訟法203条1項は、「司法警察員は、逮捕状により被疑者を逮捕したとき、又は逮捕状により逮捕された被疑者を受け取ったときは、直ちに犯罪事実の要旨及び弁護人を選任することができる旨を告げた上、<u>弁解の機会を与え</u>、留置の必要がないと思料するときは直ちにこれを釈放し、留置の必要があると思料するときは被疑者が身体を拘束された時から48時間以内に書類及び証拠物とともにこれを検察官に送致する手続をしなければならない。」と定めており、逮捕手続とそれに引き続く検察官送致（いわゆる身柄送検手続）との間に被疑者に対して弁解の機会を与えることを要求しているのである。
　そして、これは日常生活においても同様であり、例えば、親が何か悪いことをした子供を叱る場合であっても、その子供を問答無用とばかりにいきなり叱りつけるのと、「なぜそれをしたのか」等と問うなど、一度その子供に弁解の機会を与えてから叱るのとでは、手続的正義の観点において相当の差異があるように思われるのである[38]。
　これを不貞慰謝料請求訴訟の民事裁判に置き換えてみると、ある証拠に基づいて、ＸからＡとの間で不貞行為があったのではないかと主張されたＹは、当然それに対して弁解の機会が与えられるべきであるし、現実の裁判においてもＹからそのような弁解（反論）がなされることが極めて多い。
　そこで問題はＹからの弁解（反論）に合理性・信用性があるか否かという

---

[38] この点に関連して、イギリスの法諺にも「法の方式は守られるべきである。」(The solemnities of law are to be observed.) とか、「一方のみを聞いて双方を裁判してはならない。」(Don't hear one and judge two.) というのがある。

点であるが、実際の裁判例を検討してみると、Yからの弁解（反論）に合理性・信用性が認められる場合はむしろ稀であり、そのほとんどはその弁解（反論）が荒唐無稽と思われるようなものばかりである。

〔談笑の弁解〕

例えば、❶東京地方裁判所平成10年5月29日では、XがYが居住するアパートの前で深夜から早朝にかけて見張っていたところ、YとAが一緒にそのアパートから出てきたことを目撃したという事案であった。同裁判例は、Yの行ったこれに対する弁解とその弁解の内容について次のように判示した。

> Yは、Yが前日深夜からY方でAのほかいつもの飲み友達と談笑するなどした後、Aを送るためアパートから出てきたにすぎないと主張するが、Yの右主張の真否を判断するためには、物証がない以上、汚染された証人から真実の供述を得るには、Yの主張する関係者全員一堂に喚問し、各自隔離のうえ、尋問をする必要があるが、Yは、そのうち女性のみ証人として申出しているにすぎず、不十分である。仮に、Yの主張するとおりであるとすると、Y及びAは、狭いワンルームのマンションにおいて、男女4人が、深夜から明け方まで、数時間にわたって、酒を飲み、談笑していたというのであるから、隣室等の住民に多大な迷惑をかけているはずであり、分別盛りの40歳前後の社会人の行為としては極めて非常識で、あまりにも考えにくい愚行である。2人が早朝連れ立って出てきたその直前に、YとAとの間に情交関係があったか否かについて、当裁判所としては、これをいずれとも決すること避けるが、いずれにしても、YとAとの不倫行為の存在を推認させる間接事実であることに変わりはない。

〔登山の弁解〕

❷東京高等裁判所平成12年11月30日は、X（夫）が作成した写真撮影報告書（これには、平成11年11月23日午前6時10分ころと同年12月7日午前6時25分ころにYが仕事で使う車がA（妻）の引っ越し前の家の近くに止まっていたという内容が記載されている。）を証拠として提出したところ、Yが「両日とも火曜日で会社が休みであったので、自宅を午前3時ころに出て、そこに車を止めて、安針山に登った。」と弁解したという事案であった。同

第3章　民事訴訟における事実認定

裁判所は「季節は晩秋から初冬にかけての午前3時ころであって、その時刻に自宅を出て山に登ることは特段の事情のない限りまずあり得ないことであり、そして他にYから納得のできる説明はされていない。」と判示して、Yの上記弁解は信用できないとした。

〔修理の弁解〕

❷⓼東京地方裁判所平成16年9月28日では、AがY宅を訪問した事実について、Aが「Yに頼まれその自宅の修理をするためにY方を訪れた」などと弁解した事案について次のように判示した。

> Aが、その部下であるYと2人だけでYの自宅付近にある若洲海浜公園で時を過ごし、また、複数回にわたり、夜間に、……Y方にしばらくとどまったことはAの自認するところであり、Aが夜間Y方を訪問した際、その出入りに当たり腰をかがめて辺りをうかがうような姿勢をとっていた姿がXが調査を依頼した調査会社の調査員のカメラで撮影されている……。Aは、AがY方を訪れたこと等について、Aにおいて経理に通じたYに経理についてのアドバイスを受けたり、また、Y方に不審な人物が現れたことからYに頼まれて様子を見に行き、あるいはYに頼まれその自宅の修理をするためにY方を訪れたりしたものである旨主張する。しかしながら、AがYから会社の経理についてのアドバイスを受けるためというのであれば、わざわざ一緒に若洲海浜公園に出向いて行かなくとも会社の施設において行えば足りることであり、事柄の性質上そのようにすべきものである。また、不審者の監視やYの自宅の修理のためというのであれば、他に方法があり得るところであり、Yが上司にあたるAにこれを頼むというのも極めて不自然であって（夜間に一人住まいのYの自宅の修理をすること自体が不自然である。）、Aが夜間等にY方を訪れた理由としては到底首肯しうるものとは言い難く、むしろ、AがYの自宅の出入りの際、腰をかがめて辺りをうかがう姿勢をとるなどしていたこと等をかんがみると、AがY方に出入りしていることを他人に知られたくない特別の事情、すなわち男女の関係を含めた特別の関係にあったことを強く推認させるものといわざるを得ない。そして、仮に、AがYの自宅を訪問した際、男女の関係を持たないことがあったとして

も、前叙の点からすると、Aの指摘する点はその理由として不十分であることは前判示のとおりであり、また、そうである以上、Yの自宅という外からうかがい知ることのできない閉ざされた場所でYとAが二人だけで夜の時間を過ごしたという事実それ自体、AのXに対する背信行為といわざるを得ない。

〔介抱の弁解〕

❷㊱東京地方裁判所平成19年2月1日は、Aと抱き合っているところをビデオで撮影されたYが「酒に酔ったAを介抱したに過ぎない」と弁解した事案において次のとおり判示した。

　　Yは、平成18年2月17日には、酒に酔ったAを介抱していたに過ぎないと陳述するが、Aには酔いも見えるが、介抱を要するようなものでないことは、Aが、Yに介護されることなく、かつ、酷く酔った様子も見られない足取りで、Y宅から階段を降りてきたことや、Yとじゃれ合うような交渉の後、自転車に乗って帰宅するAの乗車の様子を見れば明らかである。また、なによりもビデオに映された両名の様子は……親密な男女間のものであり、泥酔したAがYに介抱されている様なものではなく、YとAの行動は、酔いが回り他人の目を忘れてしまい、男女間の関係をはしなくも露呈してしまうようなものであったということができる。

〔常連客宿泊の弁解〕

❷㊵東京地方裁判所平成19年2月26日では、A（夫）が居酒屋を経営するYと不貞関係にあるとしてXに訴えられたYが、Aとの関係は「常連客にすぎない」との反論をしたが、同裁判例は次のように判示して、Yのその反論を認めなかった。

　　Yは、Aは、Yが経営する居酒屋の常連客にすぎず、Aとの間で不貞関係はないと主張し、Y作成の陳述書及び同人の供述中にはこれに沿う部分がある。しかし、居酒屋の女性店主がいくら常連客とはいえ酔客たる男性客を頻繁に店に宿泊させるということは通常考え難いし、……少なくとも、平成18年7月28日、AはYの居住するマンションから早朝出てきて前日、同マンションに宿泊し、同日、Y経営の居酒屋が閉店し

第3章　民事訴訟における事実認定

た後、Yと連れだって同マンションに入って、同マンションのYの自室に宿泊していて、既にこのころには、Aは同マンションの自室に頻繁に宿泊していたものと推認される……。

〔偶然の弁解〕

❷❺❼東京地方裁判所平成19年5月31日は、調査会社の調査によりAとYが同じホテルから一緒に出てきたことを指摘されたYが「一緒に出てきたのは偶然であり、別々の部屋に宿泊した」と弁解したという事案であったが、同裁判例は次のとおり判示してYの主張を認めなかった。

　　Yは、平成17年12月21日に○○ホテルに宿泊したが、その際はAが泊まったという3436号室とは別の3438号室に1人で宿泊したものであり、チェックアウトのときに、フロントでAと偶然にあったものである旨を供述し、○○ホテルから発行を受けたという宿泊証明書（平成17年12月21日にYが○○ホテルの3438号室に宿泊した旨が記載されている。）を提出している。しかしながら、YとAが、同一のホテルに同日、別々の室に偶然宿泊し、かつ、翌日の午後2時すぎころたまたま出会ったというのはあまりにも不自然であると言わざるを得ない。そして、……宿泊証明書は、その体裁や、上部に記載された○○ホテルの郵便番号（〒104－○○○○）は、Yの住所地のものであり、○○ホテルの郵便番号（〒105－○○○○）と異なっていることに照らして、作成経緯に疑問がある……。

〔パソコンを教えていたとの弁解〕

❷❾❼東京地方裁判所平成20年12月26日は、AがYの自宅に合い鍵を使って入り、Yの自宅に一晩滞在したという事案において、次のとおり判示した。

　　平成19年8月22日午前0時20分ころ、AがYの自宅に合いかぎを使って入り、Yも帰宅した後、Yの自宅に同日午後3時22分まで滞在したことが探偵社の者に現認されているところ、Yは、AがYの自宅に一晩滞在した理由について、Aからパソコンを教えてもらうためであると弁解するが、到底法理的な弁解とはいえないこと、Yは、同月31日、Aに対し、「別れたくないです。セックスフレンドでいましょう。」と記載したメールを送信していることなどに照らせば、YがAと肉体関係を

持っていたことは明らかというべく、これを一切否定するYの供述は到底採用できるものでない。

〔ホテルで休憩の弁解〕

㉛ 東京地方裁判所平成21年4月15日は、AとYが二人でホテルから出てきたことをその写真とともに指摘されたYが「人混みで気分が悪くなったAが休養するためであった。」と弁解したという事案であり、同裁判所は当然ながらYの弁解を認めず、次のとおり判示した。

　　Yは、平成20年1月5日にAと2人でホテルに入ったことを認めながら、それは人混みで気分が悪くなったAが休養するためであったと主張し、供述する。しかし、飲食店の経営者が客と一緒に初詣に行くことがままあるとしても、一緒にホテルに入り、約2時間を過ごすようなことが経営者と客との通常の行動であるとは考え難い。しかも、Yの供述によっても、休養のためにホテルに入る必然性を認めることはできず（Yは、Aの住居にはタクシーで5分程度で帰れることを否定せず、Yも最初は帰宅を説得したが、Aが夕方に予定されていた用事のために化粧をし直して出てくるのも大変だと言ったので、ホテルに入ることにした旨供述するが、自宅よりホテルの方が化粧をし直しやすいとも考えられず、上記供述は十数分かけて探すまでしてホテルに入ったことの合理的な説明とならない。）、また、YとAとがYの供述どおりの関係にすぎないのであれば、専らAの事情でホテルに入ったのにその利用料金をYが支払うことが当然（Yは、支払は「もちろん私です。」と供述する。）とも考えられない。Yの供述は不合理であって信用することはでき……ない。

〔話し合いの弁解〕

㉝ 東京地方裁判所平成21年8月31日は、AとYが渋谷等のホテルに入ったことについて、Yが「話し合いをしたにすぎない」などという弁解をした事案であったが、同裁判例はこの弁解を認めず、次のように判示した。

　　Yの陳述書中には、渋谷でAとホテルに行ったのは、Aが憔悴して突然泣き出しそうになり、具合も悪そうなので、他人に聞かれないようにホテルに入り、話合いをしたに過ぎず、春日部のホテルに行ったのも、

ファミリーレストランが開店していなかったので、人目に付かないようにホテルに入って話をしたに過ぎない旨の記載部分があり、Aもほぼ同様の証言をしており、いずれも不倫関係を否定するものである。しかしながら、Aが休息したり、Yと話をするためだけであるならば、ホテルに入るまでの必要はないことを勘案すると、前記陳述書の記載部分ないし証言中の供述部分はにわかに採用できないものであり、YとAには2回不貞関係があったと推認するのが相当である。

❸❹❻東京地方裁判所平成21年11月26日もほぼ同様であり、次のように判示した。

　　Yは、平成20年12月4日、Aと共に東京都内のウィークリーマンションに宿泊しているところ、この際、YはAとの間で性交渉をもったものと推認するのが相当である。この点、Yは、Aが泥酔状態であったためにやむなく宿泊することにしたなどと弁解するが、その際の写真からうかがわれるYとAの様子等からすると、にわかに信用することができず、上記のようなYの弁解は、かえってAとの関係に関するYの陳述や主張の信用性を減殺するものということができる。

〔世間話の弁解等〕

❸❺❻東京地方裁判所平成22年1月14日では、Yが「ラブホテルでは世間話をしただけ」という弁解をしたが、当然ながら認められなかった。

❸❼❸東京地方裁判所平成22年3月12日では、Aと韓国旅行やディズニーランドに行き、同棲もしていることを指摘されたYが、Aとの関係は単なる仕事上のパートナーであり、家でも仕事をする関係からAと同居しているにすぎず、韓国旅行及びディズニーランドは日頃の労をねぎらうための社員旅行であると弁解したという事案であったが、同裁判例はこれを認めなかった。

❸❼❶東京地方裁判所平成22年3月23日は、YがAのマンション（Aが経営する歯科医院が入居しているマンションであり、Yはその歯科医院に勤務する歯科医師であった。）に泊まり、翌朝、Xに下着姿でいるところを発見されたのに対し、Yが、当日の行動について、残業で終電がなくなり、Aからマンションに泊まっていくように助言され、仮眠室代わりに同マンションに泊まったと弁解したという事案であった。同裁判例は、Yの当日の退勤時間が午後

10時37分であったことからYの弁解は信用できないとした。
〔容認の弁解〕
㊳東京地方裁判所平成22年4月5日は、やや珍しい事案であり、ＡＹ間の不貞行為をＸが容認していたのだから自らには責任はないという趣旨の反論をＹが行ったものである。例えば、暴行を受けた被害者が予め殴られることを承諾（容認）していたのであれば、加害者には暴行罪は成立しない。被害者が自らの法益を放棄しているからである。これを刑法の世界では講学上「被害者の承諾」というが、本事案では、不貞慰謝料請求訴訟（民事裁判）において加害者たるＹがこれを主張したのである。しかしながら、同裁判例は、このＹの主張を認めず、次のように判示した。

> そもそも、およそ現代社会において、夫が、単に浮気をしていたのみならず、その不貞の相手との間に二人もの子供をもうけていた事実を突如知らされ、その子らを連れて見せられた妻が、夫やその不貞の相手と相対した場合に、特段これを責めたり、抗議することを一切しないなどということ自体が、余りに不自然、不合理なことであるし、ましてや既に夫との関係が破綻している夫婦間であればともかく、その後も夫との共同生活を維持したいと考えている妻において、夫婦としての関係を維持する一方で、夫が不貞相手やその子らとも共同生活をすることを容認するとか、夫の不貞相手と仲良く付き合って行くなどということは、通常では考えがたいほど異様なことである。

この判旨を読む限り、裁判所は至極当然のことを述べているだけであると感じるであろうが、むしろここで重要なことは、Ｘから不貞慰謝料請求訴訟を提起されたＹは、Ｘにとって事前に想定できないような、ありとあらゆる反論を行い、逆にＸはＹからのそれらの反論すべてを乗り越えなければならないということなのである。この一事をもってしても、裁判というものは結論が出るまでに時間が掛かることが多く、当事者にとって大きな心理的な負担となり得るものだということが理解できる。

第3章　民事訴訟における事実認定

第9節　どのような状態となったときに事実が認定されるか——証明度——

　事実の存否について裁判官に確信を抱かせる作用又はその結果を「証明」という。

　これが事実認定のゴールとなるが、はたして如何なる状態になったときに、事実の存在が「証明」されたといえるか。この命題が、「証明度」の問題である。

　証明の程度について存在する概念は、大別して、①論理必然的証明・自然科学的証明（一定の疑義も許されない自然科学的証明を要するとする考え方）、②合理的な疑いを容れない程度の証明・高度の蓋然性の証明（通常人なら誰でも疑いを差し挟まない程度に真実らしいとの確信を得ることを要するとする考え方)[39]、③証拠の優越（証拠上いずれの側の証明度が優越しているかを基準とする考え方）ないし優越的蓋然性の証明（証明責任を負う当事者の主張事実が相手方の主張事実と比較してより真実らしいという程度で足りるとする考え方）に整理される。

　刑事事件においては、②の程度までを要するとする最高裁判所判例があり（最高裁判所第一小法廷決昭和23年8月5日刑集2巻9号1123頁）、民事事件についても同様に、②の程度までを要するとする最高裁判所判例があるが（最高裁判所第二小法廷決昭和50年10月24日民集29巻9号1417頁、最高裁判所第三小法廷判決平成12年7月18日判時1724号29頁）、特に民事事件については③の程度で足りるとする考え方も存在し、学説は分かれている。

　もっとも、②と③の相違を具体的な事案毎に明確に把握することは極めて困難であるし、特に訴訟代理人としては、②の程度を目指して真摯に立証活動を尽くすことに専念するべきである[40]。

　この点に関連して、Xが主張するAYの不貞行為が行われたという時期に、Yがその場にいなかったと反論し（いわゆるアリバイの主張）、そのYの

---

[39] この点に関するイギリスの法諺に「刑事事件においては、証拠は光明以上により明白でなければならない。」というのがある（In criminal cases, the proofs ought to be clearer than light.）。

主張が認められた裁判例として㉒東京地方裁判所平成19年9月10日があり、次のように判示した。

> 証拠……によれば、Aは、Y宅において初めて肉体関係をもったというのと同時間帯である平成17年12月5日午後0時17分41秒から1時間21分48秒にわたり、Yに電話をしていることが認められるところ、Y宅において、Yに電話をすることはないことは、Aも証言するとおりである。したがって、Aは、その当時、Y宅にいなかったものと認められるから、Aが、その頃、Yの自宅において、Yに誘われて関係を持ったとは、認められない。

ただ、この判旨を読んでも、証明の程度としてどこまで必要なのかということは不明である。

なお、「証明」に対する概念として、「疎明」（事実の存在が一応確からしいといった、確信よりも低い心証で足りる場合、あるいは、それを得させるために証拠を提出する当事者の行為そのものをいう）という概念がある（民訴法188条）。疎明は、証明度を引き下げることを内容とするものであることから、原則として疎明で足りる旨明文で定められている場合に限定される（同44条1項（補助参加の理由）、198条（証言拒絶理由）等）。

不貞慰謝料請求訴訟においては、例えば不貞慰謝料を被保全権利として民事保全手続（例えば、預金の仮差押等）を行う場合に、被保全権利及び保全の必要性について疎明で足りるとされている点は留意しておくべきである（民事保全法13条2項）。

---

[40] なお、この点に関連して、須藤典明元裁判官は前掲注37判タ1419号23頁において、「高度の蓋然性という証明度は多くの消極的誤判を生み出す原因となっていますし、実際に多くの場合には証明度の軽減が図られているうえ、双方の当事者は対等で平等に扱われるべきであるので、双方の証明の程度に優劣差があると認められるのであれば、優越した当事者を勝たせるべきなのです。そこで、実務的にどの程度の優劣差があれば証明の優越があると認められるのかということが問題となりますが、多くの裁判官（もちろん代理人の弁護士も含めて）にとって、例えば6対4程度の優劣差があれば、そこには明らかな立証の差があるものとして、十分に認識することが可能ではないでしょうか。」と言う。

第3章　民事訴訟における事実認定

第10節　当事者の立証活動によっても事実が真偽不明となった場合──証明責任──

　例えば、不貞行為を基礎付ける証拠が存在しないとか、証拠があってもその証明力が十分ではない（偽造文書である疑いがある場合、証人の証言が客観的事実や他の証拠と符合せず十分に信用することができない場合等）など、自由心証主義の下、審理を尽くしても裁判官に確信を抱かせるまでには至らない場合がある。このような場合には、法規に定める要件に該当する事実の存在について、立証が尽くされていないこととなるため、その法律効果を享受することができないこととなる。訴訟の最終的な局面において、当事者の一方が負うべきこの不利益ないし危険を、「証明責任」（立証責任）という。

　この証明責任は、原則として、当該法律効果の発生によって利益を受ける当事者に帰属するものと解されている（法律要件分類説）。

　不貞慰謝料請求訴訟においては、権利の根拠規定である民法709条を根拠として損害賠償請求権という利益を受ける原告に、証明責任が課されることとなる。

　したがって、不貞慰謝料請求訴訟において、証拠調べの結果、不貞行為の存否について裁判所が真偽不明という心証に至った場合には、証明責任を負っている原告が敗訴することになる[41]。

　なお、裁判例上、上記法律要件分類説に基づく証明責任の分配を修正すべきか否かが問題となった例があるが（最高裁判所第一小法廷判決昭和34年9月17日民集13巻11号1412頁、最高裁判所判決昭和43年2月16日民集22巻2号217頁、最高裁判所第一小法廷判決昭和41年1月27日民集20巻1号136頁等）、不貞慰謝料請求訴訟に直接に関連するものではないことから、本書では立ち入らない。

---

[41] この点を表現したイギリスの法諺として「被告は、原告よりむしろ恵まれた地位にある。」というのがある（Defendants are rather to be favored than plaintiffs.）。

第11節 「事実」と「法的評価」の区別

　以上のプロセスを経て事実認定がなされるところ、民事訴訟における結論は、単に事実を認定するだけではなく、認定された事実に法規を適用することによって初めて出される。

　もっとも、実際には、純粋な「事実」だけではなく、事実と法的評価・判断とが入り交じったものが認定の対象となっていることが多いであろう。訴訟において認定の対象となる「事実」には、ほとんどの場合、多かれ少なかれ、「評価」の要素が混入しているからである。

　訴訟代理人としては、概念的に「事実」と「評価」が区別されるべきことを念頭に置いた上で、可能な限り当該事案における「事実」と「評価」を峻別し、立証活動を通じて認定されるべき「事実」を十分に活かすべく、経験則や裁判例・文献等を十分に活用して「評価」についての主張・立証も疎かにするべきではない。

　不貞慰謝料請求訴訟においては、「不貞行為」は純粋な事実ではなく、一定の法的評価を含んだ概念であることから、訴訟代理人としては、例えば準備書面を作成する際においても、不貞を推認させる基礎となる事実と、その評価及び評価を踏まえた結論については明確に区別して記載することが望ましい。特に尋問手続においては、往々にして事実ではなく評価（意見）を尋ねる質問が見受けられるところ、原則として意見の陳述を求める質問は制限されている以上（民訴規則15条2項5号）、「事実」と「評価」の区別を意識した尋問を心がけることが望ましい。

　この点に関連して、古代ローマ法の格言にも「汝は事実を語るべし。余は法律を語らん」というのがあり、これは「当事者は事実を語りなさい。ならば私（裁判官）がその事実に法律を適用して判断します。」という意味である。

　このように「事実」と「評価」を区別することは、裁判において非常に重要である。

第3章　民事訴訟における事実認定

第12節　上級審での事実認定

　民事訴訟法298条1項は、「第一審においてした訴訟行為は、控訴審においてもその効力を有する。」と規定し、同296条2項において、「当事者は、第一審における口頭弁論の結果を陳述しなければならない。」と規定しており、これらの規定から、民事控訴審は続審制（第一審の審理を基礎としながら、控訴審においても新たな訴訟資料の提出を認めて原判決の当否を審理する控訴審の構造）を採用しているとされている。

　しかしながら、実際には、第一審判決の当否を、控訴審において一般的・客観的な形で検討するのではなく、第一審判決に対して控訴した控訴人が不服とする特定の要件事実の認定判断の当否に控訴審の審理を集中しようとする「事後審的審理」がなされているのが現状である。

　東京高等裁判所における民事通常控訴事件について、「平成8年ころから第1回結審（第1回口頭弁論期日に口頭弁論を終結して終局に至る控訴審の運用を「第1回結審」という。）の割合が増加し始め、新民訴法が施行された平成10年以降には一段と第1回結審割合が増加して、最近では新受事件の約70％が第1回結審で終了している状況にある。」と報告されている（井上繁規『民事控訴審の判決と審理〔第2版〕』（326頁））。

　そして、また、新たな人証の取調べは、第一審判決の取消し又は変更の可能性が認められない場合には、原則として行われない運用であるとも報告されている。

　また、上告審は事後審としての法律審の性格をもつものであり、上告人は法律判断の誤りのみを主張することができる。上告審としても、職権調査事項にかかわるものを除き、自ら事実認定することはできない。

　したがって、訴訟代理人としては、上級審に移るまで（第一審の口頭弁論終結時まで）に事実の主張・立証活動に漏れがなかったかに細心の注意を払う必要がある。特に、当事者の中には三審制であることに安心して上級審に至るまで敢えて事実や証拠を隠していることすらあり得ることから、このような点にも配慮が必要であろう。

第13節　訴訟代理人の立証活動

1　はじめに

　訴訟代理人としては、前記の民事訴訟の構造を踏まえて立証活動を行うこととなる。そこで留意するべき点は前記各プロセスにおいて述べたとおりであるが、以下に、訴訟代理人の立証活動において留意すべき点を何点か指摘することとしたい。
　原告訴訟代理人の立証活動は、当事者（依頼者）から相談を受けたときから始まる。

(1)　**依頼者の提供する情報の吟味**

　当事者（依頼者）の話の中に矛盾する点や不明瞭な点がある場合には、それについて明確にしておく必要があるし、依頼者が保管する証拠のすべてを把握し、それらの証拠としての価値には十分な吟味が必要となる。往々にして、人間には誰しも防衛本能があるため、意図的か否かにかかわらず、人は自己にとって不利なことを弁護士に言わないことが多いものである。

(2)　**想定される反論の検討**

　また、予め相手方の反論を想定して、これを分析する必要もある。原告の訴訟上の請求が一応成り立ち得ると判断した場合には、早急に手持ち証拠以外の証拠を収集しなければならない。
　訴訟代理人は証拠収集方法（どのような証拠がどこにあるのか、それを収集するにはどのような方法をとればよいか）を正確に把握し、立証課題に関する適切な証拠を収集する技術を持たなければならない。

(3)　**証拠の収集**

　訴訟代理人の民事訴訟手続における立証活動は、刑事訴訟手続における強制権限を有する捜査機関等とは異なり、弁護士法23条の2が規定する弁護士会照会以外には、訴訟外における証拠収集に関して特段の権能を与えられていない。そこで、もっぱら当事者と代理人弁護士個々人の証拠収集に関する知識、力量、努力にほぼすべてを依存することになる。
　特に、訴訟の最終段階に実施される集中証拠調べにおける証人や当事者本人に対する尋問技術は、訴訟代理人にとっての基本的な技能として極めて

第3章　民事訴訟における事実認定

重要であり、その巧拙は訴訟の勝敗を決しかねないから、その技能の修得・向上に常に務めなければならない。

2　証拠収集の方法

以下において不貞慰謝料請求訴訟における各証拠の収集方法について述べるが、訴訟代理人としては、証拠収集に有益な制度として、①文書送付嘱託の申立て（民訴法226条）、②調査嘱託の利用（同186条）、③弁護士法23条の2による照会、④文書提出命令の申立て（民訴法220条）、⑤訴訟記録の取寄せ申請（記録提示の申出）、⑥証拠保全の申立て（同234条）等の利用も積極的に検討するべきである。

これらのうち、①②④⑤は提訴後の利用が多いが、①②については提訴前の段階でも証拠収集としても認められている（民訴法132条の2以下）。

弁護士会照会、文書送付嘱託及び調査嘱託についての概要は以下のとおりである。

(1)　弁護士会照会

弁護士会照会制度とは、裁判外で、弁護士が所属弁護士会に対し、弁護士会から特定の公務所または公私の団体に対して必要な事項の報告を求める照会を発すべきことを求め、弁護士会がその適否を判断したうえで照会を行い、照会を受けた団体等が弁護士会に対して照会事項について報告し、弁護士会が照会を申し出た弁護士に報告を通知する手続である（弁護士法23条の2）。

具体的には、交通事故の実況見分調書、金融機関に対する取引履歴の照会等があるが、金融機関等は、裁判外での照会に対してはプライバシー保護を理由に拒絶することも多いものと思われる。

不貞慰謝料請求訴訟においては、例えば不貞の相手方（不倫相手）の携帯電話の電話番号は判明しているが住所が分からないという場合に、携帯電話会社に契約者の氏名・住所等について照会したり、AとYがホテルに同泊したか否かを当該ホテルに照会したりすること等が考えられる。但し、照会に対して応じるか否かは各携帯電話会社等によって対応が異なることもあり得る。

裁判外で弁護士法23条の2に基づく照会によって収集した証拠は、改め

て訴訟において書証申出手続を行う。

なお、巻末に不貞慰謝料請求事件において想定される弁護士会照会手続を利用する場合の書式を資料として掲げた（資料12、13、14参照）。

(2) 文書送付嘱託

文書送付嘱託（民訴法226条）とは、裁判所が文書の所持者に対してその文書の送付を嘱託し、これに応じて送付されてきた文書を証拠とするもので、現在の裁判実務において広く利用されている手続である。

具体的には、交通事故の損害賠償請求事件において後遺障害の症状につき反証するために病院にカルテの送付を求めたり、遺産の預貯金を相続人の一部が勝手に払い戻したか否かが争点となっている事案において郵便貯金や銀行預金の取引履歴の送付を求めたりする場合等がある。

不貞慰謝料請求訴訟においては、例えば不貞相手との間に子がいる場合には、その子の血液型を証する文書について、また堕胎していることが判明した場合には、堕胎の事実を証する文書について、病院を嘱託先として文書送付嘱託の申立てを検討するべき場合もあり得るものと思われる。

文書送付嘱託の申立ては、任意で文書の提出を求めるもので、実務上は証拠提出の準備行為として取り扱われる。そのため、送付された文書は当然に証拠となるものではなく、大部の書類一式が送付されてきた場合でも、当事者がそのうち必要なものを選択したうえで甲号証又は乙号証等の書証として提出する必要がある。

もっとも、仮に文書送付嘱託申立が裁判所に採用された場合であっても、嘱託先である官公庁には秘密保持義務のある場合（郵便法8条2項、刑法134条、国家公務員法100条等）、捜査の秘密や私人の名誉、プライバシーを保護すべき場合には嘱託を拒絶することもできるとされており（東京地方裁判所昭和50年2月24日判時789号61頁、京都地方裁判所昭和40年3月30日訟月11巻6号877頁等）、またそもそも私人は送付嘱託に応じる義務はなく、制裁規定がなく文書の提出を強制することはできない。

さらに、不貞慰謝料請求訴訟を提起する場合には、事前に十分に不貞の証拠を揃えてから提訴するのが原則である以上、仮に文書送付嘱託申立を活用するとしても、その場面は限定的な場合にとどまるのではないかと思われ

第3章　民事訴訟における事実認定

る。
　なお、不貞慰謝料請求訴訟において考え得る文書送付嘱託申立の書式を本書の巻末に掲げた（資料9参照）。

(3)　調査嘱託

　調査嘱託（民訴法186条）とは、公私の団体に対して、調査事項に対する調査報告を求めるもので、自然人に対してはすることができない。
　具体的には、気象台に対する気象状況の調査、商品取引所に対する取引価格の調査や、商工会議所に対する取引慣行の調査の嘱託等が考えられる。
　不貞慰謝料請求訴訟においては、そのほか例えば不貞行為のあったとされる日時や場所が具体的に特定できる場合には、宿泊先に対して宿泊の事実について調査嘱託の申立てを検討すべき場合もあり得るものと思われる。
　調査嘱託による調査結果を証拠資料とするためには、前記文書送付嘱託の場合とは異なり、調査結果を口頭弁論に顕出すれば足りるとされている（最高裁判所第一小法廷判決昭和45年3月26日民集24巻3号165頁）。
　この調査嘱託の申立書についても巻末に書式を掲げた（資料10、11参照）。

3　証拠説明書

　書証の顕出方法についても一考する必要がある。
　民事訴訟規則においては、文書を提出して書証の申出をするときは、当該申出をするときまでに、文書の記載から明らかな場合を除き、文書の趣旨、作成者及び立証趣旨を明らかにした証拠説明書を提出しなければならないと規定されている（民訴法規則137条1項）。
　証拠説明書はいわば書証の目次である。当事者の主張する主要事実や間接事実の位置付けを意識して整理され、立証趣旨が的確に説明されている証拠説明書は、主張に説得力を持たせる重要な機能も持っている。
　換言すれば、訴訟代理人にとっては、裁判所にその主張を理解してもらい、また説得するうえで非常に重要なツールであるといえよう。
　書証の中には、どの部分をどのような観点から読むべきなのかが一見して明らかではなく、説明されて初めて証拠としての意味が判明するものもある。そのような書証を提出する際には、その証拠としての意味の説明（解読）は不可欠であり、意味のある部分にラインマーカーで印をつけるなどの

工夫も有用であろう。

訴訟代理人としては、受け取る側(裁判所)の客観的な目線を常に意識して、証拠説明書の取扱いを決して安易に考えるべきではない。

4 証拠提出の時期——適時提出主義——

民事訴訟法においては、弁論の開始から終結までの口頭弁論が複数の期日に亘って開かれる場合であっても、口頭弁論一体性の原則によって、提出された訴訟資料及び証拠資料は、すべて判決の基礎となる。

もっとも、その資料を収集するための審理の進め方については、適正かつ迅速な審理を実現するために適時提出主義の原則が設けられ(民訴法156条)、その発現として、時機に後れた攻撃防御方法の却下の制度が設けられている(同157条)。諺にも「証文の出し遅れ」というのがあるが、これと同義である。

すなわち、①時機に後れて提出されたものであること、②それが当事者の故意又は重大な過失に基づくものであること、③それについての審理によって訴訟の完結が遅延することの3つの要件を充足する場合には、事実主張、証拠申出のほか、否認、自白の撤回などの訴訟行為も許されないこととなる。

訴訟代理人としては、せっかく収集した証拠の提出の時期を逸することがないように十分留意すべきである。

この点に関連して、㊱東京地方裁判所平成22年1月14日は、Xが訴訟提起後1年以上が経過した第11回弁論準備手続期日、あるいは証拠調期日以降において提出した書証について、Yが時機に遅れたものとして却下を求めたという事案であった。同裁判例は、これらの書証の提出がYらにとって全くの不意打ちになるとまではいえないこと、本件訴訟の完結が遅延したとはいえないことを理由に、Yの主張を採用しなかった。

5 価値の乏しい書証

価値の乏しい書証を提出するべきかどうかという問題意識に直面する機会があるものと思われるが、裁判所としては、証拠としての意味があまりない書証が大量に提出されることを歓迎しないし、場合によっては心証形成に影響を及ぼす可能性も皆無とは言い切れないであろう。

第 3 章　民事訴訟における事実認定

　この点の判断は事案毎にするほかないが、例えばメール等を大量に書証として提出する場合には、その重要度を裁判所に理解してもらうための工夫をするべきであるし、第一次的には重要度の高いものに限定して書証として提出するなどの工夫をするべきであろう。

　訴訟代理人として避けなければならないのは、証拠提出の機会を逸することであり、重要なのは、上記証拠説明書とともに、証拠の整理の仕方や工夫であると思われる[42]。

---

[42] この点に関連して、イギリスの法諺には、「証拠は秤量されるべきものであって、数えられるべきものではない。」というのがある（Proofs are to be weighed, not numbered.）。すなわち、証拠が必要なのは真実の発見のためであり、この真実発見のために無価値なものがいくら数多くあっても無益である。それよりも信憑すべき証拠なら1つでもよい。言い換えれば、証拠は数ではなく、信憑することができる価値あるもの（重さ）が必要だということであり、訴訟代理人にとっては参考になる法諺と言える。

第4章
不貞行為の証拠の入手方法と裁判例

第1節　はじめに

　「不貞行為」の概念は一義的ではなく、肉体関係がない（またはそれが証明されない）場合についても、責任を肯定した例（**❾❸**東京高等裁判所判決昭和47年11月30日判時688号60頁[43]）と否定した例（**❿❶**東京地方裁判所判決昭和49年3月19日判時749号82頁[44]）があり、不法行為と評価されるべき「不貞行為」とは、①性交又は性交類似行為、②同棲[45]、③その他Xの立場に置かれた通常人を基準として、X・A間の婚姻を破綻に至らせる蓋然性のある異性との交流・接触をいうと整理する文献もある（安西二郎「不貞慰謝料請求事件に関する実務上の諸問題」判タ1278号46頁）。本書では、上記①性交又は性交類似行為、及び②同棲の立証に焦点を当て、以下その証拠収集方法や、特に留意すべき書証手続等について検討するとともに、関連する裁判例を紹介していきたい。

　なお、証拠提出の一般的な手続については前記のとおりであるが、特に

---

[43] 情交関係（肉体関係）の確証はないが、一定の程度を超え（AのY宅への出入り）、これが夫婦の婚姻関係破綻の要因となったことを理由に、X（妻）からY（不倫相手の女性）に対する慰謝料請求が認容された。

[44] X（夫）の不在の昼間、YがA（妻）のもとにかなり足しげく訪れ、Aが家出する際、運送店にトラックの手配をし、荷物の積み込みを手伝い、一時自己所有の居宅に住まわせ、生活資金として10万円を貸与するなどした行為に不法行為が成立しないとした。

[45] AとYが同棲している事案において不貞行為に基づく不法行為の成立を否定した珍しい裁判例として**❷❺**東京地方裁判所平成19年3月30日がある。同裁判例は、X（妻）がA（夫）及びAと同棲しているYに対して、不貞行為に基づく慰謝料請求訴訟を提起したという事案において、Yは、特に異性であることを意識することなくAに自宅の一室（間貸し部屋）を使用させ、AもYの好意に甘えて間貸し部屋を賃借していたものと推認するのが相当であり、AとYとの関係は、単に間貸し部屋の賃貸借関係にとどまるものとみられるから、AとYとの間に不貞行為があったとみるのは極めて困難であるとして、Xの請求を棄却した。

補足すべき点がある場合には個別の証拠毎に補足する。

第2節　不貞行為の証拠及びその収集方法等

1　写真
(1) 不貞行為の証拠としての「写真」

　自宅、ホテル、旅館や車の中等の密室内で性交渉ないし性交渉類似行為そのものを撮影した写真（直接証拠）が存在することは通常考えにくいが、例えば携帯電話のカメラで写したA又はYの裸体写真がA又はYの所持する携帯電話、パソコン、デジタルカメラ等に保存されていることはあり得る。このような写真は、不貞行為の事実を強く推認する証拠になるものと思われる。

　また、XがAを尾行してホテルやYの自宅に2人で入る場面や、ホテルやYの自宅から2人で出てきた場面を撮影した写真は不貞行為の事実を強く推認させるものといえる。重要な点は、①AとYの顔が明確に撮影されていること、②入った時点と出た時点の2点の写真を揃えることである[46]。

　もっとも、上記のような写真を撮影するには、現実には困難なことが多いものと思われる。

---

[46]　この点に関連して、Xが不貞行為（ないしはそれに準ずる行為）を目撃したとの証言ないしはその報告書が証拠となることもある。例えば、❹浦和地方裁判所昭和59年3月5日では、X（夫）がA（妻）を自動車で尾行して、○○工業団地の農道付近でYの乗っている自動車が長時間停車していたので同車に近づいて車内を見たところ、AとYが抱き合っていたのを目撃したことが認められている。また、❿東京地方裁判所昭和61年3月24日、X（妻）と長女が、A（夫）がYと手をつないで電車に乗っているところをたまたま目撃したという事案において、結論として不法行為の成立を認めている。これとは逆に、❹東京地方裁判所平成21年12月16日は、「Y宅内でAとYが2人だけで約2時間半を過ごし、Y宅を出てからYと手をつないで歩いていた事実をもって、Xの主張するようにY宅内でYとAが肉体関係を結んだこと及びその余韻を表しているなどと即断することはできない（上記事実はX主張のような疑念を抱かせるものではあるが、YがY宅内でAの資格取得のための質問に答え、愚痴を聞いていたなどとするYの主張及び供述が虚偽であると判断するに足りる証拠等はない。）」と判示している。また、❿東京地方裁判所平成10年5月29日は「Xは、水道料金の領収書からYの氏名を知り、その住所を捜し出し、平成9年8月10日の深夜から早朝にかけて、Yのアパートの前で見張っていたことが認められ、午前5時ころ、YとAが一緒にYのアパートから出てきたことは当事者間に争いがない。」と判示している。

その他、仮に以下のような写真があった場合にも不貞の事実が強く推認されるものと思われる。

〔浮気相手との旅行写真〕
　ただし、写真の鮮明度等によっては人物の同一性を争われる可能性もある。
　また、2人が写っている写真中に、場所を特定できるものが写っているかも重要な点である。

〔旅館などで同室に宿泊し一夜を共にしたことがわかる写真や映像〕
　同室に宿泊したことを窺わせる写真や映像は、特段の事情がない限り、性交渉の存在を相当程度推認するものと言って差し支えないものと思われる。
　これに対して、AがYの自宅に出入りしている場面を撮影した写真（「入室」と「退室」のいずれかしか写っていないもの、短時間の滞在しか確認できないもの等）自体では、不貞の立証として不十分と判断される可能性があるものと思われる。

〔プリントシール機（写真シール機）の写真シール〕
　また、いわゆる「プリクラ」をはじめとするプリントシール機による写真中に、AとYが一緒に写っているだけであれば、両者がある程度親密であることが窺われるが、それを超えて肉体関係の存在をも推認させるためには、特段の事情を要すると思われる。例えば、Aが出張等外泊が予定されている日時に撮影された場合には、外泊の事実と相俟って不貞の事実を相当程度推認させるものといえよう。

〔デジカメ画像の注意点〕
　なお、「フィルムカメラ」ではなく「デジタルカメラ」を使用した場合には、画像編集ソフト等を使用して修正・編集した可能性を指摘されることもあり得るので、その旨念頭に置いておく必要がある。

(2) 準文書たる「写真」の書証手続
写真は準文書であることから、その書証申出の手続は原則として文書についての手続によることとなる。但し、以下の点に留意する必要がある。

第4章　不貞行為の証拠の入手方法と裁判例

① 申出にあたっての特定事項の明示

写真について書証申出をするには、事前に、その複製物（文書の写しに相当）を裁判所に提出し、相手方に交付する（民訴規則147条、137条）。立証趣旨のほか、特定事項として、①撮影対象、②撮影時期及び③撮影場所を明示する。これは挙証者が口頭によって特定事項を陳述することも可能であるものの、証拠説明書に記載して行うべきである（同148条）。

② 特定事項についての相手方の陳述

相手方は、挙証者が主張した特定事項について、それを真実と認めるか否かの陳述を行う。否認する場合には、その理由を明示しなければならない（民訴規則147条、145条）。

ＡＹ間の不貞行為を裏付ける証拠として写真が提出された事案として、例えば、❷❺東京地方裁判所平成20年12月5日は、Ｙが風呂に入っている写真をＡが所持していたという事案において、「風呂の写真については、その撮影日時が不明瞭であるほか、正確な日付がなされたのかどうかの点についても不明であ（る）。」と指摘し、Ｘの主張を認めなかった。この裁判例を前提にする限り、写真を証拠として提出する場合には、その撮影日時は明確にしておくべきであろう。

これに対して、39東京地方裁判所平成27年3月17日は、「Ａは、平成22年9月頃の時点で、自己の使用する携帯電話に装着していたSDカード内に、平成19年7月30日から平成20年3月25日までの間に撮影されたＹの上半身が写った写真6枚を保存しており、そのなかには、Ｙがバスローブを着た写真や上半身裸の写真等もあった。」と判示し、ＡＹ間の不貞行為を認めている。

2　録音テープ・ビデオテープ

(1)　不貞の証拠としての録音テープ・ビデオテープ

録音・録画機器は比較的安価で入手可能である。また、現在はスマートフォンに録音機能・録画機能があるものが多数である。

このうち、ビデオテープについては不貞の立証方法としての価値は高いと思われるものの、撮影自体が困難を伴うことが予想される。

これに対して、録音テープについては、例えば後述のGPS同様に、小型

の録音機器をAの鞄の中や車に予め忍ばせる方法が考えられるが、前述した違法収集証拠の問題がある。もっとも、違法収集証拠の問題は訴訟手続において判決に影響を及ぼしうるものであるものの、示談交渉の段階で交渉材料が乏しい場合には積極的に録音機器の活用をするケースもありうると思われる。

　また、録音テープは、自宅室内の夫婦の会話の中で、配偶者が不貞の事実を認める旨の発言をした場合、それをアナログ方式のテープに録音することで証拠となり得る。もっとも、デジタルカメラ同様にICレコーダー等デジタル系の録音機は編集・捏造が容易に可能であるため、証拠力が弱いと判断される可能性がある。そのため、各録音機器の利用を考える場合には、事後的に編集が可能であるかどうかを予め確認しておくことも必要であると思われる。

　また、電話盗聴テープは、場合により録音の手段・方法が著しく反社会的と判断され、証拠能力が否定される可能性があることに留意すべきである。

　参考となる裁判例として、❷❻❻東京地方裁判所平成19年8月22日があり、次のように判示して、ビデオテープを不貞行為の証拠として認めた。

> 　Xは、平成17年4月から5月にかけて、Aの財布に入っていたレシート類が上野毛の地名であったことから、同年4月末ころAの勤務先である○○会社の上司であるEが自宅を訪ねてきた際に、Aが浮気をしているらしいので、上野毛に住んでいる女性社員を捜してほしい旨依頼した。その後、上野毛に住んでいる女性社員はYだけであることが分かり、Xは、同年9月、××という名称の調査会社に調査を依頼したところ、その会社の調査員が肩書き住所地のYの自宅マンション前で監視していたところ、同月24日午後3時11分ころ、AとYが一緒にマンションの出入口から出て行く現場を目撃し、その様子がビデオカメラに撮影された。

❸❶❺東京地方裁判所平成21年3月25日は、XがAとYが一緒にいるところをビデオカメラで撮影したという事案であり、次のように判示している。

> 　Xは、長男とともに、羽田空港に行き、北海道に帰省するYがAと一緒にいるところをビデオカメラで撮影したり、Yとの間でAのことを話

　　　　したりしたが、Ｙに対し、Ａとの交際を止めるよう求めたりはしなかった。しかし、Ｙは、その後もＡとの交際を続け、春日町住宅を訪れ宿泊したりした。

50 東京地方裁判所平成27年3月25日は、ボイスレコーダーによる録音がＡＹ間の不貞行為の証拠となった事案であり、次のように判示した。

　　　　ＸがＸ宅居室にボイスレコーダーを設置していたところ、Ｙは平成25年9月2日Ｘ宅居室を訪れ、Ａと共に15分くらいいて性交類似行為をし、同宅マンションの非常階段で性行為に及んだ。

⑵　準文書たる「録音テープ・ビデオテープ」の書証手続

　録音テープ・ビデオテープは準文書であることから、その書証申出の手続は原則として文書についての手続によることとなる。但し、以下の点に留意する必要がある。

　①　複製物の事前提出等

　文書の提出と同様に、録音テープ等の複製物を裁判所に提出し、相手方に交付しなければならない（民訴規則147条、137条）。また、立証趣旨のほか①録音、録画等の対象、②その日時、及び③その場所を明らかにした証拠説明書を提出しなければならない（同148条）。

　②　テープ等の内容を説明した書面の提出

　裁判所又は相手方の求めがあるとき、提出者は、録音テープ等の内容を説明した書面（反訳書面を含む）を提出しなければならない（民訴規則149条）。この説明書面は、録音テープ等の内容を理解するための補助的手段であって、それ自体が証拠（書証）となるものではない。

　なお、録音テープ等自体について書証申出をする場合と異なり、録音テープ等の反訳文書を提出して書証の申出をした場合には、申出をした当事者は、相手方にその複製テープを交付しなければならない（民訴規則144条）。この場合、証拠となるのはあくまで反訳文書であり、複製テープは、反訳文書の内容を確認するための手段として交付されるものである。

　実務上、ほとんどの場合において反訳文書について書証申出をするケースが多いと思われる。

③　相手方の意見書の提出
　上記②の説明書面に意見がある相手方は、その意見書を裁判所に提出しなければならない（なお明文の規定はないが、この意見書についても、説明書面と同様に直送されるべきである）。説明書面の内容の正確性について、相手方が意見を述べる方法を定めたものである（民訴規則149条3項）。
④　特定事項についての相手方の陳述
　相手方は、挙証者が主張した特定事項について陳述を行う。
⑤　証拠調べの方法
　裁判所は、当該録音テープを再生し、記録されている思想内容を認識する。テープ等に記録されている思想内容を認識することが目的であれば、検証の方法による必要はない。これに対し、録音テープ等の性状や録音状況等についても証拠資料として収集する必要があるときは、検証によるべきことになろう。

3　興信所・探偵社等の調査報告書

　相手方に「不貞行為」の疑いがあるが確たる証拠がないなどの場合、興信所の利用を検討することがある。これにより決定的な証拠を得られることもある。しかし、調査依頼の仕方によっては数十万円単位の費用がかかり、その結果空振りに終わることもよくある。また一口に興信所といってもさまざまであり、なかには必ずしも信頼のおけない業者もある。依頼者の意向を確認したうえで利用するかどうかを慎重に決定すべきである。
　一般に興信所、探偵社等の調査費用は調査に要した時間・日数および人員を基準として算定されるケースが多いと思われることから、仮に利用する場合であっても、可能であればAがYと接触する日時を特定して、その日だけに限定して調査を依頼することも検討すべきであろう。
　興信所・探偵社の信頼を判断する基準については、①探偵業法の届出をしているか、②ホームページなどで会社の所在地が公開されているか、③探偵業者の協会または団体に加入しているか、④相談内容をあまり聞かずに、すぐに調査料金を言って契約締結を促してこないか、⑤会社・事務所での面談を回避しようとしていないか、⑥調査料金が同業他社に比して異常に安くないか、⑦復縁工作や電話番号からの所有者判明など、違法調査を宣伝して

第4章　不貞行為の証拠の入手方法と裁判例

いないか、⑧契約内容（調査内容とその対価）がはっきりしているか等の事情を元に判断すると良いだろう（元榮太一郎『パートナーの浮気に気づいたら！調査・慰謝料・離婚への最強アドバイス』(中央経済社、2014)）。

　実際の不貞慰謝料請求訴訟の裁判例でも、この調査報告書が不貞行為を裏付けるための証拠として提出されることが多い。

　例えば、❹❹浦和地方裁判所昭和59年3月5日においては、XがA（妻）の行動調査を調査事務所に依頼したところ、AがYの自動車に同乗していた等の内容の調査報告書が証拠となり、同裁判所は「YはAとしばしば性的関係をもっていたことを推認することができる」と判示した。

❷⓪❻東京地方裁判所平成16年8月31日は、Xが依頼したAの行動調査によりAYの不貞行為が発覚したという裁判例であり、次のように判示した。

> 　Xは、平成14年8月ころからAの行動に不貞を疑い、Aを問いただしたが、Aはこれを否定していた。そこで、Xは、同年9月5日、HにAの行動調査を依頼したところ、同月19日に、HがAとYの密会現場を発見した。そして、同日夜、Xからの追及を受けたAが今までの事実を話したことにより、Xに本件不貞行為が発覚した。

❷❶❻東京地方裁判所平成17年11月15日は、「Y方は一間であり、寝具類も一組しかなかった。Xは、興信所にAの素行調査を依頼したが、平成16年5月9日から同月14日までの間、Y方に出入りするA及びYの動向が調査された結果、この間、A及びYがY方に同宿し、その周辺を行き交う際に仲良く体を密着させて手をつないでいたことがあったことが明らかとなり、同年6月4日ころにその旨Xに報告された。」という事実認定をもとに、次のとおり判示した。

> 　Yは、Aと肉体関係はなかった旨主張し、証人A及びY本人は、いずれもこれに沿う供述をするけれども、狭い一室に男女が数日間にわたり同宿し、戸外に出た際には体を密着させて手をつないで歩いていたこと等からして、YとAとの間には肉体関係があったと認めるのが相当であり、証人A及びY本人の各供述は採用することができない。

❷❹⓪東京地方裁判所平成19年2月26日は、次のように判示した。

> 　平成18年7月28日、XがAの動行調査を依頼した先の調査員が、午

前6時ころ、Yが居住するマンション付近で調査を開始したところ、同日、午前7時17分ころ、Aが同マンション玄関から出て行ったが、午前6時から午前7時17分ころまでの間に、Aが同マンションに立ち入った形跡はない。また、同日、午後12時13分ころ、Yが同マンション玄関から出ていき、同日午後8時30分過ぎころには、Aは、Y経営の居酒屋で飲食していて、同日午後11時30分ころ、Y経営の居酒屋ののれんや足ふきマットを店内に移動させ、店の出入り口のシャッターを降ろすなどの閉店の準備をし、同月29日午前0時ころ、YとAは店から出てきて、Aが自転車にYと自分の荷物を積み込んで、自転車を運転し、同日午前0時過ぎころ、まず、Aが同マンションの出入口に設置されている装置にオートロック解除のための暗証番号を打ち込んで、扉を開けて、同マンションへ入り、その直後にYが同マンション出入口で同じ操作をして同マンションに入った。前記事実からすれば、平成18年7月ころ、Yは、頻繁に同マンションの自室にAを宿泊させていたものと推認される。

❷❹❹東京地方裁判所平成19年3月23日は、「Xは、Aの挙動に不信感を抱き、興信所にAの行動調査を依頼し、平成17年5月31日、Yらがホテルに赴いた事実が発覚した。」と判示した。

❷❺❼東京地方裁判所平成19年5月31日は、次のとおり判示した。

Xは、YとAとの不貞関係を疑って、調査会社に、Yの行動の調査を依頼し、その結果、次の事実が判明したことが認められる。Yは、平成17年12月21日15時38分ころ、○○ホテルに宿泊するため、28階のフロントでチェックインの手続を行った。Aは、同日16時45分ころ、○○ホテルに現れた。Aは、フロントの前を素通りして、エレベーターに乗車して客室に向かった。同日17時38分ころ、Aは、○○ホテルの1階から外出し、その地下にあるコンビニエンスストアで飲料水を購入し、再び客室に戻り、3436号室に入った。翌22日14時14分ころ、YとAが連れ立って○○ホテルの出入口に現れ、その傍らにあるエスカレーターで地下に向かった。YとAは、汐留駅から都営大江戸線に乗車し、月島駅に到着した時点で別れて、別々の改札口から出ていった（調

第4章　不貞行為の証拠の入手方法と裁判例

> 査会社の従業員が同日22日朝8時ころから○○ホテルのフロント周辺での監視を行っていたところ、ホテルの従業員に怪しまれて、ホテルの出入口へ移動してYらの動静をうかがうこととなったものである。）。上記の事実に照らせば、YとAは○○ホテルで宿泊して不貞行為を行ったものと強く推認することができる。

いわゆる便利屋による調査結果をAY間の不貞行為を裏付ける証拠として認めた裁判例もある。❷❼❸東京地方裁判所平成19年9月13日がそれであり、次のように述べる。

> Xは、いわゆる便利屋の手を借りてAの所在調査等をしたところ、Aが○○マンション206号室に居住していることが判明した。Xは、その後も調査を続けたところ、Yは、平成15年3月14日及び同月28日、上記マンションに入室した。Aは、平成15年5月6日、茨城県つくば市所在の××マンション601号室を賃借して居住し始めた。Xは、改めて所在調査をしたところ、平成15年5月9日、Aが、××マンション601号室に居住していることが判明した。Xは、その後も調査を続けたところ、Yは、同日、Aと共に××マンションから外出し、同月20日及び同月30日には、××マンションでAと会っていた。

❸❼❷東京地方裁判所平成21年3月11日は、「平成17年7月3日、AとYは、ゴルフクラブで一緒にゴルフをした後、車で「cホテル」に入り、1時間44分後に出てきた。このことは、調査会社による調査により明らかとなった。」と判示し、AY間の不貞行為を認定した。

XがYの素性を明らかにするために探偵社を使った事案として、❷❾❻東京地方裁判所平成20年12月26日があり、次のように判示している。なお、この調査においてXが探偵社に支払った報酬等は125万7605円であった。

> Xは、平成19年7月、Aの帰宅が再び遅くなるなどしたことから、もしかしたら不貞関係が続いているのではないかと思い、Aのかばんを開けてみたところ、コンドームとYの氏名及び自宅の住所が書かれたメモを見つけた。Xが、Aに確認したところ、Aは、別れることができない、それが嫌なら離婚してもしょうがないと述べ、離婚意思があることを明らかにした。Xとしては、Yの氏名が本名かどうかも分からず、ど

のような人であるのか素性も分からなかったことから、その実態を突き止め、Aに証拠を突きつけない限り、Aは本当のことを言わず、Aの目を覚まさせることもできないと考え、そのための行動を起こすこととして、Xの代理人弁護士に相談し、Xにおいて把握していたYの氏名、住所及び電話番号を伝えた。そして、Xは、Yの素性を明らかにするには探偵に依頼するしかないと思っていたところ、Aのかばんから、軽井沢行きのグリーン車の指定席券2枚を発見し、平日で出張はあり得ないことから、Aの行動を探偵に調べてもらうこととした。探偵社から、平成19年8月26日作成の調査報告書が提出され、これにより、Xは、AとYが同月16日に一緒に軽井沢に出掛けた際の状況や、Yの自宅マンションを確認することができた。また、探偵社から、平成19年8月28日作成の調査報告書が提出され、これにより、Xは、Aが、同月21日夕刻、Yの自宅から出てきて、そのすぐ後に出てきたYと行動を共にし、一緒に夕食をとったこと、その後、AとYは、銀座のクラブ「○○」に入ったこと、同日午後11時33分ころ、同クラブを出たAは、Yの自宅に向い、翌22日午前0時20分ころ、Yの自宅に合いかぎを使って入ったこと、同日午前0時49分ころ、Yが帰宅したこと、Aは、同日午前10時39分、Yの自宅から出てきたが、スーパーで買い物をした後、再び、Yの自宅に入り、同日午後3時22分、そこから出て、タクシーに乗車したことなど、AがYの自宅を訪れた際の状況やYの職業等を把握することができた。

❷㊾東京地方裁判所平成21年1月16日は、Xが、A及びYの尾行調査を探偵社に依頼したという事案であり、次のように判示し不貞行為を認定した。

平成11年5月13日、探偵社は、午後7時に本件会社の所在するマンションの敷地内の駐車場の駐車車両の調査を開始し、調査員がYであるとする女性が午後7時46分過ぎに使用車に乗りこんだ後、その使用車を同人の自宅マンションまで追跡し、調査員がAとする男性がマンション内に午後11時59分ころ入り、その男性が翌午前0時5分ころその使用車に乗ったのを追跡し、その男性が中華料理店に入り、その後、上記女性が同中華料理店にきて、食事をともにするのを監視し、午前1時9

第4章 不貞行為の証拠の入手方法と裁判例

> 分ころ、同中華料理店から両人が出てきたところで、調査員は、男性の尾行を中止し、女性のマンションへ行った。その後、調査員は、午前1時18分両名がマンションに入り、同50分消灯を確認し、午前3時監視を中止した。平成11年5月14日、探偵社は、午前7時、上記女性自宅マンションから調査を再開し、上記男性が使用車に乗車して走行するのを追跡し、本件会社の所在するマンションの敷地に至った。その後、上記男性が外出するのを追跡し、また、上記女性が本件会社を出入りするのを見張った。その後、午後2時43分から、上記男性が走行するのを追跡し、午後4時50分に本件会社の所在するマンションの敷地内に上記男性使用車が戻っているのを確認した。午後10時上記女性のマンションから調査を再開したが、女性使用車はあったが、男性使用車はなかった。翌午前3時調査を中止した。

❸⓾東京地方裁判所平成21年4月15日は、AとYが2人でホテルから出てきたことが写真の添付とともに報告されたという事案であり、次のように認定している。

> Xは、Aの言動に不審を感じ、平成20年12月23日に探偵社にAの素行調査を依頼し、同月29日にはAを高山市に連れ帰った。探偵社は、同月25日から平成20年1月5日の間にAの行動等を調査し、同月12日に調査報告書を作成してXに提出した。……上記報告書には、①Aが平成19年12月29日午後1時に丸井○○店前でYと会い、午後1時3分に2人でラーメン屋に入って食事をした後、午後1時25分に足立区千住旭町所在の××ホテルに入ったこと、②Aが平成20年1月5日午後0時59分に京成千住大橋駅でYと会って電車に乗り、銀座線浅草駅で下車し、2人で寿司店や浅草寺に立ち寄った後、午後2時34分からホテルを探して歩き回り、午後2時47分に台東区西浅草所在のホテル△△に入り、午後4時58分に2人でホテルから出てきたことが、それぞれ写真を添付して報告されていた。

❸㉛東京地方裁判所平成21年7月23日は、Aが職場（歯科医院）の飲み会があるとしてしばしば帰宅が遅くなることがあり、さらに、Xに冷淡な態度を取るようになったことから、Xはこれを不審に思い、平成20年7月20

日、探偵社にＡの行動につき調査を依頼したところ、Ａが、平成20年7月20日深夜、自らの荷物を持参してＹの自宅に赴き宿泊したこと、Ａが翌21日、Ｙの自宅から、Ｙと手をつないで外出したこと、Ａが、その後もＹ宅への宿泊を継続したこと、同月30日には、ＹとともにＹの自宅から外出したが、その際、ＡがＹの腰に手を当て、また、Ｙと手をつなぐなどしたこと、以上各事実が発覚し、これらの事実からＡＹ間の不貞行為を推認できるとした。

㊸東京地方裁判所平成21年11月26日は、下記の事実認定のもと、ＡＹ間の不貞行為を認めた。

> 平成19年6月4日、Ｘは、株式会社○○（社団法人日本調査業協会加盟員）に対し、Ａの不貞行為立証の為の証拠収集及び不貞の相手方特定のため、Ａの行動調査を依頼した。その結果、Ｘは、同社から、ＡとＹが、同年6月22日の20時23分ころから23時08分ころまで、台東区上野所在のホテルに滞在していたとの調査報告を得た。

㊺東京地方裁判所平成22年2月1日は、次のように、判示した。

> Ｘは、平成20年3月30日ころ、興信所にＡの行動調査を依頼した。そして、興信所の調査により、平成20年4月4日にＹがＡとホテルに入ったことなどが判明した。

㊽東京地方裁判所平成27年3月24日は、次のように、判示した。

> Ｘは、Ａの帰宅の遅い日が決って火曜日であったことから、探偵事務所に調査を依頼したところ、調査実施当日の平成25年1月29日にＡとＹが一緒に退社してタクシーに乗り込む様子が観察された。同年2月ころ、ＸがＡにＹとの関係を尋ねたところ、激しい口論となり、夫婦関係が悪化し、同年3月9日、Ａが自宅を出て別居に至った。

㊼東京地方裁判所平成27年3月27日は、ＡＹ間の不貞行為を疑ったＸが2つの調査会社にＡの素行調査を依頼したところ、いずれの調査会社もＡとＹがホテル（ひとつはラブホテル）に一緒にいるところ、及びその直後の写真を撮り、Ｘに報告したという事案であり、ＡＹ間の不貞行為が認定されている。

これに対して、探偵社が作成した調査報告書が信用できないとしてＸの

第4章　不貞行為の証拠の入手方法と裁判例

請求を棄却した裁判例もある。❷⓻⓺東京地方裁判所平成19年9月27日がそれであり、次のように判示した。

> Xは、Aが、X及びXの両親らに対し、夜勤務先の社長（Y）から、同社長の愛人になることにして200万円を借り入れ、同社長と何度か性交渉をもち、また、同社長から紹介された男性と性交渉をもったと話をしたこと及び調査を依頼した探偵社の報告書に、X及びAが前記200万円の返済をした後に前記社長が同伴していた女性にAとの性交渉があったことを窺わせる内容の会話をしていたことを根拠に、YとA間に性交渉があったと主張し、これを否定するY及びAの供述は、前記200万円の貸借の経緯、目的等に関する供述が事実に反しあるいは合理的に説明できないものであり、その供述自体に信用性がないと主張する。たしかに、Aも、Xが主張する内容の話をしたことを認める供述をし、前記探偵社の報告書にもXの主張に沿う内容の記載がある。そして、前記200万円の貸借の経緯、目的についても、Yは、神職に就いているというAを信用し、離婚に必要というので、借用書も作成せず、利息も返済期限も定めずに貸したと供述しているが、他方では、Aとは、2年くらい前に、友人である「I」を通じて、二女のアトピーのことで相談を受けたときに初めて会い、その後2、3度会っただけだと供述しており、そのような関係にしかないAに対し、200万円もの金員を前記方法で貸したとのYの供述はにわかに信用し難いものであり、Aも、借用書も作成せず、利息、返済期限の定めなく200万円をYから借り入れたと供述するが、同様にその供述は信用し難い。また、Xは、Aを同伴して、前記200万円の返済のためYと面会し、その席上200万円をYに交付しているが（当事者間に争いがない。）、実際にYがAに200万円を貸していたこと自体にも疑問がある。さらに、「I」という女性を通じてYとAが知り合った経緯、その後のYとAとの関係についての、Y及びAの供述についても、あいまい、不明確な部分が多く、その供述どおりとは認め難いところがあるのは否定できない。しかしながら、Y及びAの供述が信用し難いとしても、YとAとの間に性交渉があったことを裏付ける証拠は、前記探偵社の報告書に記載された内容のほか、前記AがX及びそ

の両親らに対しYとの性交渉があったことを窺わせる内容の話をしたことのみであり、Y及びAとも両者間に性交渉があったことを否定している現時点においては、Aが前記のとおり説明したことのみでは、YとAとの間に性交渉があったと認めるに足りず、また、<u>前記探偵社のYとAとの性交渉を窺わせるYの発言内容の記載は、同発言がどのようにして聴取されたのか明らかでなく、その記載内容そのものの信用性に疑問があり</u>、その記載内容によってもYとA間に性交渉があったと認めるには足りない。その他、Xは、Aが高価なものと思われる多数の下着やAV女優であった「Ｉ」のDVDがあったことも、YとA間に性交渉があったことを窺わせる事情として主張するが、Aがそのような物を持っていることについては、Aの説明をもってしても不自然であるとの感は否めないが、しかし、そのこと自体はYとA間に性交渉があったことを推測させるものではない。その他、YとAとの間に性交渉があったことを認めるに足りる証拠はない。

4　住民票の写し

X・Aが別居している場合には、YがAと同居している場合があり得る。

仮に不貞行為の相手方と同居している場合、AとYの住民票上の住所が同一の住所である場合には、特段の事情がない限り、同棲の事実を推認させるものといえる。

そして、同棲の事実（間接事実）は、同棲カップル間で通常性交又は性交類似行為がなされるとの経験則と相俟って不貞行為（主要事実）を推認させる。

なお、上記は住民票の異動手続を行っていた場合等に限られるものの、夫婦の別居期間中の不貞行為が疑われる場合には上記のような可能性もあることを念頭に置いておくべきであろう。

裁判手続又は裁判外における紛争処理手続の代理の場合等には、弁護士は職務上請求用紙（Ｂ用紙）を使用して、住所地の市区町村役場の住民票係へ直接持参するか、又は郵送にて住民票の写しを請求する。

この住民票に関連する興味深い裁判例として、❷❽❽東京地方裁判所平成20年10月2日があり、この裁判例では、AがYの住所地に住民票を移した事

第4章　不貞行為の証拠の入手方法と裁判例

実をもってＡＹ間の不貞行為を認定できるかということが問題となった。すなわち、Ｘは、「Ａは、平成19年9月18日、Ｙの肩書住所地に住民票上の住所を移した。このことからは、ＡがＹ宅に住んでいるとしか考えられないし、少なくとも、Ａがわざわざ住民票上の住所をＹ宅にするのは、ＡとＹが特別な関係にあるためであると考えざるを得ない。」と主張したのに対し、Ｙは、「Ａが住民票上の住所をＹ方に移したのは、住民票上の住所を引っ越し先に移すとＸにＡの居住場所がわかってしまい、Ｘに押しかけられて迷惑行為を受けるおそれがあったためである。Ａには、住民票上の住所を移せるような適当な場所がなかったため、当時、もっとも身近であったＹとＹの母親に依頼して、Ｙ方に移すことにしたのである。なお、Ａは、Ｙと同居したことはなく、そもそも、Ｙ宅では、Ｙの子供たちや母親と同居しているので、ＹとＡが同居することなどあり得ない。」と反論した。

その上で同裁判例は、「Ｘは、……Ａが住民票上の住所をＹの肩書住所地に移転した点を指摘するが、実際にＹとＡとが不貞関係にあったとすれば、Ｙ及びＡが、ＸがＹとＡの不貞関係を疑っている状況で、ＸとＡの離婚後間もない時期にあえてその裏付けとなるような行動に出るものとはにわかには考え難いし、上記各事実からＹとＡの間に不貞関係があることを裏付けることもできないというべきである。」と判示して、Ｘの請求を認めなかった。

このように、住民票の移動の事実だけではＡＹ間の不貞行為の認定がなされない場合もあることからすると、やはりＡとＹが現実に同居しているという事実の立証が必要ということになろう。

5　戸籍謄本

通常の不貞慰謝料請求訴訟においては、ＸとＡが婚姻していることが前提となるので、ＸとＡの婚姻関係を証明するための証拠としてＸの戸籍謄本を提出する必要がある。

この点に関し、Ｙが、Ａが産んだ子を認知をしていた場合には、不貞の事実を強く推認させるものといえよう。

認知をした場合、任意認知であると、強制認知であるとを問わず、管轄市町村に認知届が提出されることにより、法律上の親子関係が成立する。そして、子を認知した事実が父の戸籍に記載される。そこで、Ｙの本籍地が判

明している場合にはYの戸籍謄本・抄本の交付請求を検討するべきである。

裁判手続又は裁判外における紛争処理手続の代理の場合等には、弁護士は職務上請求用紙（A用紙）を使用して、本籍地の市区町村役場の戸籍係へ直接持参するか、又は郵送にて戸籍謄本・抄本を請求して取り寄せることとなる。

6 妊娠・堕胎の事実を証する文書

Aが女性である場合において、全く性交渉がなかった夫婦関係の場合にAが妊娠・出産した事実は、不貞行為を推認させる。ただし、堕胎せずに出産した場合には、Aの懐胎時期にXとの間で性交渉が「なかったこと」を立証することは困難を伴う（子のDNA鑑定や血液型検査結果によらなければ明らかにならない可能性もある）。

また、堕胎の事実も同様であり、堕胎の事実を証する文書（中絶証明書、中絶同意書等）は、不貞行為を強く推認させるものといえよう。

これら妊娠や堕胎を証する文書については、病院（産婦人科）に対して文書送付嘱託等を活用して入手することが可能な場合もあると思われるが、そもそも病院の特定をする必要があること、また裁判外で病院が記録開示に応じる可能性が高くないこと等は念頭に置いておくべきである。

この点に関連して、YがAの堕胎手術同意書に署名押印した事実等をもってAY間の不貞行為の存在を認めた裁判例として、㉘東京地方裁判所平成19年9月28日があり、次のとおり判示した。

> Yは、Aの妊娠及びその中絶手術に当たり、手術同意書に署名押印し、胎児に名前を付けるなど、通常胎児の父親でなければ取らない行動をしていたものと認められるところ、本件では、真実はそうではないのに、あえてYが上記のような行動を取ったものと肯首できる事情は何ら見当たらない。

7 子のDNA鑑定書

A・Yの交際期間中にA又はYが子を出生した場合、出生した子が不貞行為の相手方との間の子である可能性がある。

上記可能性の真偽を確認するために、出生した子のDNA鑑定を実施することも考えられる。

第4章　不貞行為の証拠の入手方法と裁判例

　裁判所における鑑定では、まず、当事者が鑑定の申出を行うこととなるが（民訴法216条、218条）、最も留意するべきは、鑑定費用は、原則として鑑定の申出をした当事者の負担になるということである。子のDNA鑑定の費用は10万円程度とされているが、事案によってはこれよりも高額になる場合もあり得るし、鑑定結果が申出当事者にとって必ずしも有利なものである保証もない。

　なお、DNA鑑定の場合には通常鑑定結果は書面としての鑑定書が提出されるものと思われるが、この場合、鑑定そのものが証拠となるのであって、鑑定書を書証として取調べるのではない。

　関連する裁判例として、㊾東京地方裁判所平成21年1月14日は、本件訴訟提起以前において、Yの夫（既に離婚）の立ち会いの下、Y、A及び子どものDNA鑑定が実施され、Aと子どもとの間に生物学的な父子関係が存在すると極めて強く推定できるという鑑定結果が出たという事案であった。

　また、㊿東京地方裁判所平成21年1月26日は、「平成17年12月には、子ども、Y及びAの三者を被験者とするDNA鑑定が実施され、同月12日子どもとYとの間の総合父権肯定確率が99.9997であり、その間に生物学的な父子関係が存在すると強く推定できるとの結論が出された。」と判示した。

8　子の血液型

　X・Aの婚姻期間中に出生した子の血液型が、論理的に有り得ない血液型であり、かつ、それが不貞相手の血液型と整合する場合には、他の事実と相俟って不貞の事実を推認させるものといえよう。

　もっとも、Aが同時に複数の浮気相手と性交渉がある可能性があり、前記DNA鑑定と比較すると、その評価は慎重に行われる必要がある。

　一般に、乳幼児の血液型の再検査の時期は、6ヶ月（抗体が産生され始める時期）、1歳（全ての児に抗体が産生される時期）、3歳（赤血球膜上のA抗原、B抗原の強さが成人並みになる時期）である。したがって、正確な血液型の判定を求める場合には、4歳以上、可能であれば小学校への進学時頃に再検査を受ければ確実性が高まると言われていることにも留意すべきである。

9　クレジットカードの利用明細書・領収書等（飲食店、ホテル等の利用記録等）

(1) 宿泊施設についてのクレジットカードの利用明細書

　ホテル、旅館等宿泊施設の領収証、クレジットカードの利用明細書は、その内容如何により、特段の事情のない限り、2人で宿泊した事実（間接事実）が推認される。したがって性交又は性交類似行為の存在（主要事実）を推認させるものといえる。もっとも、Aが所持していた領収証等の場合、同宿した相手方が真にYといえるかについては別途の検討が必要である。

　領収証についてはAの財布、鞄の中から発見されるケースが多く、利用明細書については郵送されるケースが多いと思われる。

　クレジットカードの利用歴などから不貞行為の認定を行った裁判例として、㉔東京地方裁判所平成19年4月16日があり、次のように述べる。

> 　A名義の郵貯セゾンカードの平成17年10月14日作成・同年11月4日支払期限の利用明細書における請求額は15万8167円、同じく三越（VISA）カードの平成18年1月25日発行・同年2月10日支払期限の利用明細書における請求額は21万9503円であり、また、Aの携帯電話料金は、平成17年7月又は8月分が2万4306円、同年10月分が10万7089円、同年11月分が9万1690円であり、平成17年中の東京・宮崎間の航空券購入費やホテル代などがクレジット代金として請求されていて、Yとの交際にかなりの出費をしていたことが推認できる。

㉜東京地方裁判所平成21年6月10日も同様であり、次のように判示した。

> 　Aは、Yと性的関係を持ったことを明確な供述をしているところ、その供述する内容は相当具体的かつ詳細であって、同人のクレジットカードの支払明細やYに宛てたメールの内容とも符合しており、特段不自然な点はみられない。また、Aが、Yと性的関係がないにもかかわらず、敢えてこれがあった旨の虚偽の供述をする動機も考えがたいことに照らすと、同人の供述は信用しうるというべきである。これに対し、Y本人は、Aとは単なる友人に過ぎず、男女の関係はなかった旨供述するが、他方で、同人から総額数百万円にも及ぶ高額のプレゼントを受け取ったこと、その他ネイルサロンの代金等を負担してもらったこと、同人と二人で都内の高級ホテルにチェックインしたこと、同人の賃借したマンシ

第4章　不貞行為の証拠の入手方法と裁判例

ョンに入居する予定であったことを認めており、これらY本人が認める事実に照らしても、Aと男女の関係になかった旨のY供述はにわかに信用しがたい。また、Xが依頼した調査会社の調査報告によれば、YとAが手をつないで歩いている場面が認められるなど、単なる友人関係を超えた親密な様子が窺われる。これらの事情に照らすと、Aとの性的関係を否定するYの供述を採用することはできない。

(2) レシート（領収書）

　Aの財布、鞄の中にあったコンビニエンスストアのレシートも、不貞行為の事実を間接的に推認させる事実（間接事実）を立証する証拠になり得る。自宅や会社とは離れた場所で、普段立ち寄る機会のないコンビニエンスストアのレシートの購入物が、2人で一緒に居た事実を示唆することもあり得る。

　また、同コンビニエンスストアがホテル街に程近い場所にある場合や、避妊具を購入していたような場合も有力な資料となり得る。

　また、レジャー施設やレストランのレシートも、それが2名分のものであれば、同様に、肉体関係があってもおかしくない程度に親密に交際していた事実を立証できる可能性がある。その他ガソリンスタンドの領収書なども、給油所の位置等から証拠となり得る場合もあるものと思われる。

　そのほかクレジットカードの利用明細やレシートから、男性配偶者が女性の下着店を利用していたことが明らかになれば、不貞行為の存在を示唆する証拠となり得る。

　この点に関連して、❷❸東京地方裁判所平成19年3月19日は、「AがYのためにダイヤモンドの婚約指輪を購入し、その販売証明書のお客様氏名欄にはYが署名した事実が認められる。」と認定し、AYの不貞関係のあったことを認めた。

10　メール（パソコン・携帯電話）

　不貞慰謝料請求事件においては、様々な場面においてX、A及びY相互間のパソコン又は携帯電話のメールが重要な意味を持つことが多い[47]。

---

[47] やや珍しい事例として、Aが自己名義で携帯電話を契約し、これをYに貸与して使用させていたことをAY間の不貞行為の認定のための証拠の一つとして認めた裁判例として❷❺❶東京地方裁判所平成19年6月28日がある。

Y、Aそれぞれが友人・知人に宛てたメールも重要である。特に、A・Yの直接のやりとりについては削除されている可能性もあることから、対象の範囲をある程度拡大して調査した方が望ましいことを念頭に置いておくべきであろう。

　もっとも、AY間のメールを不貞の証拠とするためには、メールの文面自体が肉体関係の存在を示しているか（「昨日のホテルまた行きたいね」「奥さんにばれたら大変だね」「気持ちよかった」等）、メールに添付された写真と相俟って肉体関係の存在を示すものである必要があるものと思われる。

　ただし、「メール」を確認する過程で、ロックされている携帯電話のパスワードを同意なく解除してメールを閲覧したりする行為は、プライバシーの侵害と認定されたり、また不正アクセス行為の禁止等に関する法律違反に該当する可能性もある。この場合には、前にも解説したように、入手した証拠が違法収集証拠として排除される場合もあることから、そのことを念頭に置いておくべきであるし、依頼者からそのようにメールを取得して良いかと弁護士が尋ねられた場合には、その回答には十分注意すべきであろう。

　メールを証拠とする具体的方法としては、実務上、①メールを1通ずつそのまま印刷して提出する方法、②メールを表示した画面を撮影した写真を提出する方法、③メールの内容をコピー＆ペーストしたり関係者が書き写したり（抜粋・要約したり）してまとめた書面を提出する方法等が考えられるところ、Aの携帯電話のメール画面を写真撮影するケースが多いと思われ、したがって証拠化の方法としても上記②のケースが多いものと思われる。

　このうち③については、メール内容が正確に再現されているかが問題になり得る。訴訟の相手方当事者又はその協力者が送信又は受信したメールであれば、相手方当事者が争わない限り正確であると推認されるであろう。

　上記①の場合、1通ごとに証拠（枝）番号を付すべきである。上記②の場合、写真1枚ごとに証拠（枝）番号を付するか、「写真撮影報告書」1通として提出し個々の写真にも番号を付するべきである。上記③の場合、証拠の性質・標目は「報告書」等となろう。

　いずれの方法によるにせよ送受信日時を明確にしなければならない。Aが既婚者であることを知った時期、不貞行為と婚姻関係の破綻との先後関係

第4章　不貞行為の証拠の入手方法と裁判例

等時期が問題になる場面が多いからである。

　また、一般的に不貞当事者ＡＹ間のメールというのは不貞行為が継続している間にやりとりされるものであるから、相当の期間（例えば半年間）にわたって存在するはずのものである。したがって、その期間のうちの限られた期間のメールのみを提出し、その他のメールは提出しないというのは不自然である。このことを指摘する裁判例として、例えば、❸㉑東京地方裁判所平成21年6月4日があり、これはＡが自己の主張の裏付けとしてＡＹ間のメールを証拠として提出したが、Ｘが問題としている期間のメールのやりとりについては、Ａが「携帯電話から消去した」と述べて裁判所に提出しなかったという事案であった。そして、同裁判例は、証拠として提出されたメールを過大評価することはできないと判示した。

　ＡＹ間のメールが不貞慰謝料請求訴訟において証拠として提出される例は極めて多く、例えば、❷㊱東京地方裁判所平成19年2月1日は、次のとおり判示し、これらのメールを根拠に不貞行為を認めている。

> 　Ａは平成17年5月ころから、しばしばＹと携帯電話によるメールのやりとりをするようになった。そのうち、平成18年1月午後11時26分ころのメールのやりとりによれば、ＹからＡに対し、Ｙの自宅に来ないかという誘いや、ＡからＹに対し「また、誘ってね」という返事などがされていた。また、Ａは携帯電話をどこでも持ち歩くようになり、布団の中にさえ持ち込むようになった。

❷㊽東京地方裁判所平成19年7月31日は、やや珍しい事案であり、ＸがＡをしてＹに会わない旨のメールを送信させ、Ｙがそのメールに対してＡに返事として送ったメールがＡＹ間の不貞行為の証拠となったという裁判例である。

> 　平成18年4月25日に、Ａが洋服等を取りに自宅に戻った際、Ｘは、Ａに対し、Ｙに会わない旨のメールを送信させた。その後、Ｙは、Ａのパソコンのメール宛に「ボクが何したっていうの。」、「電話して。お願いだよ。中途半端はいやだよ。」などという内容のメッセージを送信し、また、同日26日午前零時36分から47分までの間に11件公衆電話からＡの携帯電話に架電し、同日午前1時36分から3時10分かけて、「理

由は？きちんと説明するまで今回こそ引かないよ。」、「自分でやってきたことなのにね。後始末をちゃんと出来ないならいつまでも続くわね。ばかばかしいなあこの会話。」、「それはキミにいわれることじゃないね。ばかだと思わない？ボクの家に来たのはキミだよ」、「すごいね。都合のいいお言葉。アナタの家族ってヤツを傷つけないように葛藤しながら努力してたよね、私。」など少なくとも５件のメッセージをＡの携帯に送信し、さらに、同日午前３時ころ、ＹはＸ宅に電話し、Ｘ及びＡと話をした。

㉑東京地方裁判所平成20年10月8日は、ＡＹ間の下記のメールによってＡＹ間の不貞行為を認めることができるとした。

　　Ａは、Ｙに対し、次のとおり、メールを送信した。平成19年3月16日「Ｙさんはうちの旦那となんとなく似ています。（笑）何から何まで、ほんと似ています。」、同月22日「ずっと聞こう、聞こうと思っていたのですが聞けずに今日まできました。携帯のアドレスなんて教えてもらえたりしませんか？？」、これに対して、Ｙは、Ａに対し、次のとおり、メールを送信した。平成19年4月14日「は、はなぢが（笑）冗談はさておき、自分もしたいよ。抱きしめたり、チューしたりするとどこか連れ込みたくなる。」、同月17日「とてもとても大切なので、大事にしたいのです。この先、一緒になるまでに苦労かけたり、つらいこともあるかと思うんだけど、決して逃げたり投げたりしないから。一生、今と変わらず大事にしていく。安心して。ずっと愛してるから。」、同年5月8日「Ａちゃんのこと、大好きだからウザイなんてちっとも思わないよ。第一、自分もくっついていたいし。一緒にいて良かったとＡちゃんが思ってくれるような家庭にするよ。約束する。やっと自宅付近まで帰ってきました。ゴムをしっかりケアします（笑）」、同月12日「Ａちゃんと一緒にいたい。泊まってください。」、同月14日「これから先、どんな時でもＡちゃんの支えになるから。近い将来、結婚してください。そして、子どもも欲しい。」、同月19日「そうだね。なかなかないもんね、こういう機会は。ずっと一緒にいられるうえに、朝起きてもＡちゃんが横にいるのがうれしい。」、同月20日「大丈夫、大丈夫。疲れてないか

第4章　不貞行為の証拠の入手方法と裁判例

ら。元気なもんです。けっこうタフだし。もし、できちゃってた時はきっちり現状を嫁に話します。とんでもないことになると思うけど、全て覚悟の上です。Aちゃんの事も全て自分が守ります。」、同日「たぶん、洒落にならない事態になるよね。その責任は自分が取ります。ダンナの前に出ていって、説明したっていい。」、同日「家の方は大丈夫だったのでしょうか。自分が悪かったです。言い訳はしません、自分のミスです。ごめんなさい。離婚を望んでいることは伝えました、今から家をでます。」。Xは、同年5月ころ、Yの妻から、Yとの関係を解消するよう求める電話を受け、YとAとの関係を知った。Aは、同年7月6日、Yに対し、会うことを求めるメールをした。

㉕東京地方裁判所平成20年12月5日は、AY間で次のようなメールのやりとりがあったことを認定した。なお、Yはジャズシンガーである。

> 平成17年3月16日、YからAに対し、「一緒に　いなくてわ　いや　月曜日　夜　まで　一緒　ぜったい　これわ　約束　でした」、同年4月24日、YからAに対し、「わたしお　裏切るつもりなら。今なら。すぐつたえろ」、同日、YからAに対し、「わたしお　だましたの・？じゅんなわたしお。Dさんがいってたとうり。おくびょうで、心の小さい男なのですね。(後略)」。同日、YからAに対し、「わたしを　抱いてほしい　今すぐ　(後略)」。同年5月4日、YからAに対し、「どうしたの。その後の返事、貴方は彼女の所有物ではないのだから。しっかりしてください。それにもう、いっしょの部屋は止めてください、好きな人がいるという、態度を相手に、出してください。」。同日、YからAに対し、「うれしくて胸がいっぱい、少しでも早く話ししてください、相手のほうが名前を言うか、それか黙っているかどちらかです、こちらから先にいわないほうがいいですよ。名前は、あくまでも好きな人がいる、将来いっしょに暮していくつもりだと伝えて、。今は驚いてもそのうちキット良かったと。貴方が正直に話した事。これからは、歌、音楽が、私たちのこどもとして、育てて生きましょう。」。YとAは、その後、次のとおり、メールのやりとりをした。同月20日、AからYに対し、「素敵なYさんと過ごした三日間は、夢の様でした。こんなに愛し合えるなんて、

僕はとても幸せです。約束した様に、頑張ります。それと仕事はちょっと忙しいけど、早くスケジュール決めたいですね！愛している。すぐに会って愛し合いたい。ちゅっ、しょ！」。同月24日、YからAに対し、「(前略)早くいっしょに暮らしたい、早くね。」。

　その上で、同裁判例は、「メールの内容自体のみから、性的肉体的交渉があったと断定することはできず……」としつつも、YがAとの間で、婚姻を約束して交際し、Aに対し、Xとの別居及び離婚を要求したこと等について不法行為が成立することを認めた。

　なお、この裁判において、Yはこれらのメールについて、「メールの表現は、精神的な関係を表現したものに過ぎず、性的な関係はふざけて書いたもの」との反論をしたが、裁判所はこれを認めなかった。

❸⓪❷東京地方裁判所平成21年3月11日は、次のとおり判示し、メールからAY間の不貞行為を認定した。

　　Yは、判明しているだけでも平成17年2月から同年7月末まで、Aに対し、携帯電話を利用したメールを多数送信し、私事にわたる情報を詳細に伝えるとともに、Aを「Aちゃん」と呼んで、「Aちゃんが私の前からいなくなってしまったら～完全に私の人生終わり」、「Aちゃんの写真を枕元において見ながら寝ます」、「奥様とBちゃん（XA夫婦の長女）を目の前にしても私の気持ちは少しも緩まずAちゃんを信じて邪念を捨ててただ付いていくだけです」、その他、会いたい、会えて嬉しいなど、綿々とAを慕う気持ちを言葉にして送っている。

❸⓪❾東京地方裁判所平成21年3月27日も同様であり、次のように判示している。

　　Yは、平成19年12月28日、本件会社の仕事納めの後、Aを含めた本件会社の同僚らと飲みに行ったが、Aとふたりで語り合ううちに感情が高揚し、Aにキスをした。その夜、YとAは、「ねーさん、有り難う。元気出たよ。」（Y）、「そんなボランティアしたみたいないいかたするなょ」（A）、「恋人？になれて嬉しいです。お互い愛情があってのチューだったし、またしたい。」（Y）、「それならいいよ（笑）」（A）と、お互いの気持ちを確認する携帯電話の電子メールを交換した。

第4章　不貞行為の証拠の入手方法と裁判例

❸❸❾東京地方裁判所平成21年10月28日は、Xが、平成20年4月下旬頃、Aの携帯電話のメールをチェックした際、AとYがメールのやりとりをしており、メールにはAとYとの間に性交渉があることを窺わせるものがあることに気づいたこと、Xは、前記メールをAの妹に見せて相談したところ、XとAの父及び妹でAに対して事実確認をすることになったこと、Aはその席上、当初はYとの性交渉の事実を否定していたが、Aの妹が退席した後、Yとの性交渉を認めたこと等を指摘し、AY間の不貞行為を認定した。

❸❹❽東京地方裁判所平成21年12月15日は、次のように判示して、AとY（ホステス）の不貞行為を両者間のメールの内容等から推認できるとした。

> 確かに、AとYとが情交関係にあったことを直接に証明する証拠はない。しかしながら、①……電子メールの内容、とりわけ、平成20年10月4日及び同月14日の電子メールには「〇〇〇」又は「△△△」という表現が使われており、それがAの男性性器を指すことはYも自認していること、したがって同月14日の電子メールの内容は、AがYに自分の性器に噛み傷があるので、いじめないでほしいと送信したのに対し、Yは自分の腕にもAの噛み傷ができていると伝えていると解されること、②Aは、XがAの携帯電話を探し出し、ロックを解除して電子メールを無断で読んだ後の平成20年12月には、Xの父にもXにも、不倫の事実を認めていることからすると、遅くともYとAは平成20年10月ころには、情交関係にあったと推認せざるを得ない。確かにクラブのホステスというYの仕事柄、客の気をひいて来店を促すような、いわゆる営業メールを、店の客に送るのも仕事ということは十分に理解することができるが、それを踏まえても、このようなメールを送る必然性は乏しく、その内容は純粋に営業メールの内容としては、理解することのできない記載が含まれており、結論として、YとAとの情交関係の存在を推認せざるを得ない。

❸❺❻東京地方裁判所平成22年1月14日は、下記の事実認定を元に、これらのメールのやりとり等からAY間の不貞行為の存在を認めた。

> Aは、平成19年9月30日、Yに「Yの本日の予定おしえて」などとメールを送り、Yは「昨日主人の秘密発覚　今日彼に離婚言い渡しまし

た　お会いした時お話しします」などと返信した。Aは、「今どこですか　都合つけばお愛（会い）したい」などとメールを送り、タクシーでYの自宅近くまで行き、ホテルオークラで食事をした。その後、AはYの体の中に指を入れさせてほしいと言い、指を入れるなどした。帰宅後、AはYに対し、「楽しかった」「性欲はありますがごらんの通り口だけのヘナヘナ　安堵されたし。……せっかくのインサート洗うのもったいないな」などのメールを送り、Yは「あなたの身の回りの事が出来ればいい……気持ちだけでいえばあなたの妻になりたい」「世界中で一番愛してる」「あなたが好きで好きでたまらない」「（夫が）好きなようにしていいよ　って（言っている）」などと返信した。

❸❻❷東京地方裁判所平成22年1月28日は、次のとおり判示してＡＹ間の不貞行為を認めた。なお、このＡＹ間のメールの内容を読む限り、この両名はこの種の不貞慰謝料請求訴訟において登場する人物とは異なり、相当の知性の持ち主であることが分かる。

　　Yは、Aに対し、以下のとおり、携帯電話を用いて数回メールを送信した。平成21年2月28日「待ちぼうけも又よし」（メールのタイトル）「きのうはどうも。歯の痛みは落ちつきましたか？　寒いのに大変でした。私もかなり厳しい状況でしたが、もう今日は大丈夫です。Ａさんの判断は結果として賢明だったとおもいますよ。救い主様のビデオはよかったですね。私にしか判らぬ直感ですが、Ａさんは解って下さいましたね。練馬ではいよいよ具体化して嬉しいです。待ち合わせは納得するまで詰めることにしましょうね。後退ではなく前進で行きましょう。」、同年4月9日「幸せな四日間」（メールのタイトル）「そんなにＡさんに不評をかった国でしたが、写真に写っている二人はなんと幸福感を漂わせていることでしょう。ハネムーン旅行での若いカップルには、どこか甘い疲れというものが感じられるものですが、二人にはそんなものはなく、どれもギンギラギンではありませんか。色々ありましたが、感謝をしておりますよ。日が経つに従って思い出されることは幸せなことばかりです。あんなにののしられたこともあるのに、ちっとも苦いものとしては心に止まってはいないことが不思議なほどです。」、同月13日「いつも

第4章　不貞行為の証拠の入手方法と裁判例

傍に」（メールのタイトル）「きのうはどうも、あの混雑では思うようにはいきませんでしたね。Ａさんを残して帰るのははじめてでしたのでバスの中でも空虚感がありました。しばらくは忍耐ですね。18日もひとりですからね。その次まで　ぐるぐると旅行の時の人生最高の思い出を反芻しながらうっとりと過ごしたいと思います。」、「きょうあたり貴女は、ダンスかお歌の指導の日でしたかね。あの旅は本当にステキなものでした。これからもいつも貴女は傍にいてくれますからね。また、お会いした折りお互いのつもる胸中を語り合いましょう。そして響心させましょう。」、同月19日「高杉晋作」（メールのタイトル）「今日も暑かったですね。時々愛する人のことを思い、また、「あいならび　狭き座席に寄り添いて……」という和歌をおもいだしていましたよ。」Ａは、Ｙに対し、以下のようなメールを送信している。平成21年4月14日「私もさびしゅうございました。あいならび　狭き座席に寄り添いて　君が手袋に我の手を入る　これからは日が短くてハグもままなりませんのでせめて　（君の温き手に我の手を重ぬ）　バスにはご一緒に乗りましょうネ。」、同月22日「私はフランス語でボンジュール！残念ながら私でわございません。朝はラジオで語学を聴きますのであまり公園には参りません。こないだの　あいならび　狭き座席……の下のくは君の温き手に我の手を重ぬでございます　私も随分用心深くなりましたね。」……前記認定によれば、Ｙは、Ａに対し、頻繁にメールを送り、Ａからも折々に返信を受けていることが認められるところ、その内容に照らせば、ＹとＡは、相当に深い関係にあったと推認され、Ｙは、本件旅行後に、Ａに対し、「幸せな四日間」、「日が経つに従って思い出されることは幸せなことばかりです。」、「あの旅は本当にステキなものでした。」などと記したメールを送信していること、Ａは、ＸにＹと一緒に旅行することを隠して本件旅行に出発し、旅行先のホテルにはＹと同室で宿泊したことからすると、本件旅行に際し、ＹとＡとの間で不貞行為があったと認めるのが相当であり、これに反するＹの供述は、採用することができない。

❸⓻⓪東京地方裁判所平成22年2月25日は、下記のとおり判示してＡＹ間

のメールのやりとり等から不貞行為を認定した。

　　Yは、平成19年1月31日ころ、Aに対し、「毎日連絡を待っているのに連絡無いから……メールしました。一度だけ飲み友達とボード行ってもいいですか？お酒は抜きで本当にボードだけ」「私からのメールが迷惑だったらごめんなさい」旨のメールを送信した。Aは、平成20年1月25日ころ、Yに対して、「検査の件はそうだね。答え教えて♥♥」「結婚とか将来の事きちんと会って伝えたいと思ってるから今度時間を作って♥♥」旨のメール……を送信した。平成20年4月初めころ、AからYに対して「今日申し込みしてきました。」「入居が5月1日から」「連休中に動こうと思ってます。」「ご招待しますから連休中にも来て♥」旨のメールを、YからAに対して「契約完了したんだぁ。これからまた別な意味で乗り越えないといけない壁があるんだね。」旨、さらに「いざマンションを出て別生活になったら→アパートにXさん来るかもしれないし→そしたら行かない。」旨のメールを送信した。さらに、同じころ、AからYに対して「1ヶ月ぶりになるよね。俺も会えるのが楽しみだ。会ったらいっぱい頭撫でたりお尻触ったりしてやる」旨のメールを、YからAに対して「いっぱい甘えるんだぁ」旨のメール、AからYに対して「いっぱいイチャイチャ♥♥したい。できれば、会った瞬間から抱きしめたい。」旨のメールを送信した。

34 東京地方裁判所平成27年2月27日は、YからA宛のメールを根拠にAY間の不貞行為を認めた。

　　Yは、平成25年2月頃、Aに対し、複数回にわたり、「結婚した～いした～い」、「実現したい」、「家出資金作り！？」、「愛しているAと一緒に暮らしたいよ」、「Aちゃんと泡風呂入り……違うたびにホテルはいやでしょ？」、「今、着いたよ　俺も、楽しかったし愛をいっぱい感じたやっぱり、Aちゃんと居るのが一番楽しい　愛してるよ」などという記載内容のメールを送信した。

㉑ 東京地方裁判所平成19年2月27日では、AがYに宛てたメール（「愛してる」との表現やハートマークが頻繁に用いられている。）とYがAに宛てたメール（「……火曜日はホテルで問題ないけど下馬でもいいよ。電話（絵文

第4章　不貞行為の証拠の入手方法と裁判例

字）まってます。愛してるよ（ハートマーク）」」等が不貞行為を裏付ける証拠となっている。

　そして、この裁判例においては、Yはこれらのメールは改ざんされた可能性がある旨反論したが、裁判所はその反論について次のように判示して認めなかった（なお、本件においてYは弁護士である。）。

> 　携帯電話のやりとりは、平成16年7月18日から同年9月26日までの間であるところ、これはAがX方を出る決意をする前後で、Yが相談に乗っていたという印象に残る時期にされており、Y、Aとも、この時期のメールの授受自体は認めている。……このように早期から問題とされていたメールについて、Y及びAが記憶にないということは考えられず、両名の供述は著しく不合理である。また、メールの内容をみても、改ざんがされたような不自然さはなく、時間帯もばらばらで、その数は50通を超えており、このような大量のメールを不自然さを残さずに偽造・改ざんできるとは考え難い。したがって、これらのメールの真正さを認めることができる。

　この裁判例と同様に、❷❺❻東京地方裁判所平成19年5月28日も、Xが不貞行為の裏付けとしてのメールを証拠として提出したのに対し、Yがそのメールは偽造だと主張した事案において、次のように判示し、Yの主張を排斥した。

> 　およそ、携帯電話に蓄積されたメールの受信日時を偽造することは、絶対に不可能ではないと仮定しても、一般の者に可能であるとは考えられない。……メールが仮に偽造であるとすると、同図面表示の受信日時の時点で、Xなり他の者なりが、Xの携帯電話に上記メールを送信したことになるが、後日であればともかく、同図面表示の受信日時の時点で、刻々と偽造メールを送信して用意しておくなどということをXや他の者が行ったとは到底考えられないし、その内容も、Aの心情を具体的に記したものであって、Xや第三者が偽造したと解することは到底困難である。

　❸❻❻東京地方裁判所平成22年2月1日も、XがAを訴えた事案において、不貞行為の裏付けのためにXが提出したメールについてAがこれを偽造ない

し変造された旨主張したが、同裁判例はその主張を認めなかった。

　これに対して、ＡＹ間の多数の通信履歴のみでは不貞行為とは認められないとした裁判例として㉕東京地方裁判所平成19年3月30日があり、この裁判例を前提にする限り、メールによって不貞行為を立証するには、メールの通数が問題なのではなく、その内容が重要なのである。

> 　　Ｘは、ＡとＹ間における異常とも思える多数回にわたる通信履歴をもって、不貞関係の証左であると主張するが、両者間における多数回にわたる通信が、双方に通話あるいは電子メール等で通信をする必要性が極めて高かった事実は裏付けられるとしても、このことを取り上げて、ＡとＹとの間に不貞行為があったことを裏付ける証左とすること（は）……困難というべきである。

　㉘東京地方裁判所平成21年7月16日は、次のように述べ、ＡがＹ（ホステス）に対して送付した「好きだ」とのメールからではＡＹ間の肉体関係の事実までは推認できないとした。

> 　　Ｙは……、クラブ「△△」のホステスとしてＡと知り合い、複数回にわたり同店を訪れた同人の接客をし、約5か月の間に17回の同伴出勤やアフターを共にしたほか、同人とメールの送受信をしていた中で「好きだ」とのメールを送信されたり、店外で昼食を共にするなどし、同店を退職した後には、同人とともに客として同店を訪れたり、食事を共にした際にキスをされそうになりホテルに誘われるなどした。しかし、これらの事実以外にＹがＡと会って共に過ごしたことを認めるに足りる証拠はなく、ＹがＡからのメールに「私も好きです」と返信したことも認めるに足りず、Ｙが上記クラブ退職後にＡと同店を訪れたことが「愛人のお披露目」であるなどと評価できる根拠もなく、ＹがＡと実際にキスをし、同人から誘われてホテルに入ったことを認めるに足りる証拠もない。そうすると、上記各事実によって、ＡがＹに対し好意ないし恋愛感情を抱いていたこと等を推認することはできるものの、両名が肉体関係を有したことまでは推認するに足りない。

　また、ＡからＹに宛てた、肉体関係を持ちたい旨の願望を仄めかしたメールはあるものの、ＹからＡに対するメールが証拠として提出されていない

ことを理由にＡＹ間の不貞行為を認めなかった裁判例として、⑰東京地方裁判所平成27年1月28日がある。

11　Facebook・ブログ

　例えば、Facebookやブログのアルバムに投稿されたツーショットの写真の日時・場所が判明すれば、証拠になり得る。また、写真に付けられた「タグ」で、ＡがＹと一緒にいたことが判明する場合もあり得る。

　証拠提出の方法としては、前記メールや写真の場合に準ずる。

　ＹのブログがＡＹ間の不貞行為の証拠となったと評価できる裁判例として㉟東京地方裁判所平成21年5月13日があり、次のとおり判示した。

> ①Ｙは、平成15年11月1日の朝、寝入っているＡの姿を写真撮影したこと、②その撮影されたＡの姿は、必ずしも判然としないものの、裸体に近い状態であったものと窺われること、③Ｙは、上記の写真を自分が管理しているインターネットのホームページ上に、平成18年7月16日付で、「愛する人に」及び「3年間の幸せをありがとう！」との各文言を付して掲載していたことが認められ、これらの事情からすると、ＹとＡは、平成15年11月当時において、既に男女関係を有していたものと推認される（なお、Ｙは、本人尋問において、上記の写真の撮影日時の記録は正確でない可能性がある旨供述するが、その供述の信用性を裏付けるに足りる的確な証拠は見当たらず、にわかに信用できない。）。以上に加え、Ｙが、平成17年3月以降も、Ａとの間で男女関係を有していたことを自認していることを考え併せると、ＹとＡは、遅くとも平成15年11月ころから平成17年2月15日頃までの間、継続的に男女関係を有していたものと推認される。

12　電車等の利用履歴

　ＡがＹに会いに行くために、インターネットの乗り換え検索サービスを利用している可能性もある。多くの場合、パソコンや携帯電話に検索した駅名の履歴が残っていることから、見慣れない駅名が出てきて、それがＹの自宅の最寄り駅であった場合には、不貞行為を間接的に推認させる証拠となり得る。また、「Suica」「PASMO」等のICカード方式の公共交通機関共通乗車カード・電子マネーも、市販のカードリーダーやフリーソフト等を利用し

てその利用履歴を確認することにより、例えば、相手自宅の最寄り駅、相手職場の最寄り駅等定期券の区間以外の駅を利用していたことが明らかになれば、それも同様に不貞行為の間接証拠となる可能性がある。

なお、上記は電車の場合であるが、自動車の場合にはETC（電子料金収受システム）の利用履歴を利用照会サービス等を利用して確認することも検討すべきであろう。

この点に関連して、❸❹東京地方裁判所平成21年11月18日は、XがAの使用するSuicaの履歴からAが嘘を言っていたことを確信し不貞行為を疑ったという事案であるが、次のように判示している。

> Xは、Aが外出して連絡がとれなかったり帰宅が深夜になることなどを不審に思っていたが、Aが大田区大森の同僚方を訪ねると言っていた同年8月6日のAが使用するスイカ（Suica。カードによる交通機関の料金自動支払システム）の履歴を同月7日にそっと見たところ、同日は横浜に行っていることが判明し、また、Aが渋谷区恵比寿に飲みに行くと言っていた同年9月6日のスイカの履歴も横浜に行ったことになっていたため、Aは嘘を言っていたと確信した。

❸❻東京地方裁判所平成21年11月26日もこれと類似しており、「Xは、Aの帰宅後の態度、パスネットに記載されている履歴、車のカーナビの履歴、Aの所持品から避妊具を発見したこと等から、次第にAの不貞を確信するようになっていった。」と判示している。

❸❷東京地方裁判所平成27年2月26日は、XがPASMOの履歴を証拠として提出した事案であったが、次のように述べてＡＹ間の不貞行為を否定した。

> Xは、Aが利用していたPASMOの利用明細に、平成25年1月3日に○○駅を出場し、翌4日に同駅を入場した履歴が残っていることから、同月3日時点でも、AがY宅に宿泊する関係が続いていた旨指摘する。他方、Yは、（ア）平成25年1月3日、Aと○○駅で落ち合い、レンタカーでYの実家に挨拶に行った後、同日中に○○に戻り、レンタカーを返却後、Aは帰宅する予定であったが、○○に着いたのが予定より遅くなってしまったことから、Aは予定を変更して弟の自宅に泊まることに

第4章　不貞行為の証拠の入手方法と裁判例

なった、（イ）ところが、Aが弟の自宅に移動している途中に、XからAに連絡があり、Aは、XからYがZ（YとはAの別の交際相手）のところに乗り込む計画を立てている旨を聞いて激昂し、Y宅に戻ってYに暴行を働き、Yから連絡を受けたYの友人が警察に通報したことから警察が介入する事態となった、（ウ）Aは、駆けつけた警察官の説得を受けて、Y宅を出て○○のネットカフェに宿泊し、翌4日に○○駅から帰宅した旨主張し、同旨の供述をしている。そこで検討すると、上記PASMOの履歴からは、Aが平成25年1月3日に○○駅を出場し、翌4日に同駅を入場した事実が認められるにとどまる。Yの供述する内容は、想像で語られたとはいい難いほどの具体性があること、Yが平成25年1月2日にB（Aの弟の交際相手の女性）に送信したメールには、「泊まって欲しくないし、嫌悪を感じてるから」という記載（があることなどを）考えると、Aが同年1月3日にY宅に宿泊していない旨のYの供述の信用性を否定することはできない。以上によれば、Yが平成25年1月3日にY宅に宿泊した事実は認められず、同日時点でも、AがY宅に宿泊する関係が続いていたとはいえない。

13　手紙・贈答品

AとYが手紙のやりとりをしていた場合にも、その内容によっては不貞行為の証拠になり得る。

特に、携帯電話やスマートフォンによるコミュニケーションが主流となっている現在では、「手紙」という連絡手段を採ること自体が、AとYが特別な関係にあることを示唆するという評価もあり得るであろう。

例えば、❷❸❾東京地方裁判所平成19年2月21日は、「Yは、Aと共に、平成17年12月24日、東京ディズニーランドに出掛け、その際、Aに対し、自分の思いを伝える内容の手紙を渡した。」という事実認定のもと、不貞行為の存在を認めた。

❷❾❺東京地方裁判所平成20年12月5日では、AがYと連名で、両親に宛て、Xとの離婚成立を願っているとの内容の年賀状を送付したことが不貞行為を認定するための証拠の一つとなっている。

AY間の不貞行為の裏付けとして、訴訟提起前にYがXに宛てて送付し

た書簡が証拠になった裁判例として、❷⓼⓪東京地方裁判所平成19年9月28日があり、次のとおり判示した。

> Yは、本訴訟提起前は、YとAとの性交渉を含む交際によりAが妊娠中絶するに至ったとのXの主張を明確には否定しなかったばかりか、「不倫は強姦ではなく、お互いの同意による交際である」との記載のある平成18年7月3日付け書簡をXに送付するなどしており、これらによれば、Yは、本訴訟提起前には、AとYとの交際がいわゆる「不倫」の交際であり、「不倫」とは男女相互の同意に基づく性交渉を伴う交際であるとの前提で、Xと交渉していたものと認められる。

❸⓶⓷東京地方裁判所平成21年6月17日は、次のとおり判示して、置き手紙をAY間の不貞行為を推認するための証拠の一つとして評価している。

> XとAは、平成17年12月8日から同月15日にかけてハワイを訪れ、その間にAはホノルルマラソンに参加したところ、Xは、同月末から平成18年年初にかけてのころにAに隠れてマンション（XとAの共有）を訪れ、その際、室内で「A様へ　お疲れ様でした！初めてのフルマラソンはいかがでしたか？またゆっくりお話を聞かせて下さい。パルファン（グリーン）とハミガキ粉使ってみて下さい。お借りしていたDVDもお返しします。どうもありがとうございました」などと記載されたYが書いた平成17年12月9日付けの置き手紙を発見した。

YからAに宛てた手紙を不貞行為の認定の証拠として認めた裁判例として、❸⓺⓼東京地方裁判所平成22年2月9日があり、次のとおり判示した。

> Aは、Xに不貞関係を知られた後も、Yとの不貞関係を積極的に解消しようとせず、Yとの間で頻繁にメール交換していたが、Yも、Aの個人携帯電話宛てに、Xが閲覧できることを知りながらメールを送信していたばかりか、Aの出向先に備付けのパソコン宛てに、Aの実家の最寄り駅を撮った写真を添付したメールを送り、今度はAと一緒に行きたい旨のメッセージを添えていた。しかも、Yは、Aに対し「Aクンと私の夢は2人で叶えるもの！Aクンと私の未来は2人で創るもの！！同じ気持ちでいてくれたら、とてもうれしいです。」「いつも一緒に笑って居ら

第4章 不貞行為の証拠の入手方法と裁判例

れますように。一緒に幸せになれますように。」などと記載された同年7月7日付けの手紙を、「また花火にも行きたいし、他にも遊びに行きたいトコロがいっぱいだよ♪」「毎日の1コ1コのhappyの積み重ねが明日の、未来のhappyになると私は思ってます。」「『最高の幸せ』に向かって、お互い1歩1歩がんばろうね（ハートマーク）」などと記載された同月下旬ころ作成の手紙を、「いずれは私があなたにとっての『世界にひとつだけの花』になる予定です。」「お仕事が落ち着いたら、デイトしようね！いっぱい！！」などと記載された同月下旬ころ作成の手紙をそれぞれ渡すなど、Aとの関係継続に前向きな意向を示していた。

これとは逆に、訴訟提起前にYがAに対して送付した手紙や、YのXに対するAとの関係を認めた言動をAY間の不貞行為を認めるには不十分とした裁判例として❷❸❽東京地方裁判所平成20年10月2日があり、次のように判示した。

Xは、YがAに対して書いた、「To kazu」、「ずっと愛してる。」、「ごめん、帰るネ……。」、「カギ、ヨロピコ」、「ストーブもネ」などと書かれた手紙（以下「本件手紙」という。）をAが所持しているのを見つけた。……Xは、本件手紙からは、YとAが夜中まで2人だけで一緒に過ごしたものと考えるほかなく、その記載内容に照らしても、YとAとがパブの経営者と客以上の関係があったと解釈せざるを得ないと主張する。しかし、この点に対するYの主張……（「To kazu」や「ずっと愛してる」といった文言は、Yが客に対するサービスとして書いたものに過ぎず、他の常連客に対してもあることでなんら不自然なことではない等の主張）はあながち不合理として排斥できるものではないし、本件手紙の記載内容から、YとAが肉体関係を持ったと推認することには無理があるといわざるを得ない。また、Xは、平成19年1月にYとAの関係を疑いAに詰め寄ったところ、AはYと関係があると認め、そのころ、Yも、Xから電話を受けた際、Aとの関係を肯定したとも取れる対応をしていると主張し、これに沿う供述をするが、しつこく言われたために売り言葉に買い言葉で面倒になって答えたというAの供述及びただ「はい、はい」と言っただけでXの言い分を認める趣旨ではなかったというYの

> 供述に照らすと、上記をもって、YとAの間に不貞関係があったことを裏付ける決定的な事情であるということはできない。

その他、両者間で贈り物（プレゼント）が交付されている場合にも、その内容によっては不貞行為の証拠になり得ると思われる。

14　手帳・スケジュール帳・日記・メモ

紙媒体のものか、ワープロ文書か、携帯電話のメモやアプリケーションであるかを問わず、AがYと何時会ったのかを示す記述や記号（例えばハートマーク等）が確認できれば、不貞の証拠となり得る。何時会ったかに留まらず、具体的な行き先（レジャー施設やホテル等）の記載（外出記録）が確認できれば、更に不貞行為を強く推認するものとなり得る。

日記を付けていたことが判明したものの、それを証拠として提出することに難色を示した場合であっても、他の証拠と相俟って不貞行為の事実を推認させる一事情にはなり得る可能性がある。

メモ用紙や付箋に記載された氏名や連絡先も証拠となり得る。

そのほか、Aが所持するYの名刺に、携帯電話番号や私的なアドレスのメモ等が記載されている場合にも、不貞行為の可能性を示唆するものといえる。

一般に作成者にとって不利益な事実を内容とする日記帳や手帳、手紙の信用性は高い。しかし、ほとんど記載のない日記や手帳に要証事実だけが記載されているような場合は信用性が乏しいというべきである。日記や手帳の場合、後日まとめて記載されることもあるから、異なる日の記載が同じ筆記具でかつ同一の調子の筆勢で書かれている場合にはその信用性を慎重に検討する必要がある。

この点に関連して、不貞行為の裏付けとしてAの手帳が証拠になった裁判例として、❻東京地方裁判所平成15年11月6日があり、次のとおり判示した。

> Aは、平成9年度以降の手帳を大切に保管しており、手帳の見開きのカレンダー欄の日付には水色のマーカーで印があり、継続的に印があること、月経初日の記号（平成9年1月16日が最初）とは異なり、水色の印の開始時期である、AのYに対する平成13年3月30日付電子メー

第4章 不貞行為の証拠の入手方法と裁判例

ルによれば、ＡＹ両名の交際開始時期は同年3月31日の4年前、すなわち平成9年3月31日であることが認められ、同メールが前提とする親密な男女関係が同日に開始されたことが推認され、また、平成12年11月10日にも水色の印があり、この日に会う約束のあったことも推認され、これらの事実によれば、ＡとＹがＸＡの婚姻前からしばしば会合し、平成9年3月31日に遠くない日以来ＡとＹが肉体関係をも含めた極めて親密な関係にあったこと、Ｙには妻があったため、ＡはＸと婚姻したものの、その後もＹとの同様の親密な関係を継続したことがそれぞれ推認される。

同様に、㉛東京地方裁判所平成21年6月4日は、Ａの手帳がＡＹ間の不貞行為の裏付けとなった裁判例であり、次のように判示した。

　Ｘは、Ｙが同居期間中にＡとの性交渉（不貞行為）に及んだとも主張するところ、……狭い部屋での同居生活が約2か月余り続いており、Ａが長女（Ｂ）を同伴していたとはいえ、ＹがＡと性交渉を持つことは十分可能であったこと、Ａが別居に当たり自宅に残していた手帳は、当時のＡのスケジュール等を記した唯一の手帳であったが、同手帳のうち、平成17年1月8日の欄には「Ｂがもう少し眠っていたら、きっとＳＥＸしてた。」と記載され、同月15日の欄には「Ｃ（Ｙの愛称）としちゃった。Ｃといるとほっとする。おちつく。すっごくいやされる。Ｃといたい。」と記載されていること等を総合すると、Ｙが同居期間中にＡとの性交渉（不貞行為）に及んだものと推認される。Ａは、上記手帳の記載につき「Ｘに嫉妬してほしくて書いた。」などと説明するが、その説明は合理的なものとはいえず、上記推認を覆すに足りない。

また、㉜東京地方裁判所平成21年6月4日は、Ｙが自らの主張を裏付けるためにＡとＹの交換日記を証拠として提出したという事案であったが、その提出した交換日記が原本でなく写しであったため、同裁判例は、その信用性に問題がある旨指摘している。このように、原本が存在して然るべきであるにもかかわらず、裁判所に原本を提出せず、写しを証拠として提出するのはやはり印象が悪いのであろう。

㊌東京地方裁判所平成22年2月1日の事案は、Ａが自身の日記に、（ア）

浮気がばれてしまった旨、（イ）Xが、Aの削除し忘れた電子メールをみたものと推測され、「彼」に申し訳ない旨を記載し、他方、Aは、同様に自身の日記に、Xから肉体関係を求められて強い嫌悪感を感じた旨を記載し、その上で「彼のことを本当に愛してしまっていたのだ」「もう一生、彼しか受け入れられない」と記載した、というものであった。そして、同裁判例は、この日記中の「彼」とはYを指すものとしてＡＹ間の不貞行為を認定した。

48 東京地方裁判所平成27年3月24日は、Yの手書きのメモがＡＹ間の不貞行為の証拠になったという事案であり、次のように判示した。

> 平成25年1月ころから、AはYの手書きのメモが添えられた手作りの食品を持ち帰るようになり、メモにはAの体調を心配している様子がうかがわれるものもあった。Aは午後6時に退社しながらも帰宅が午後11時すぎになることが増え、夜遅く帰宅するときは決まって女性向けの雑誌や宝飾品の店舗の紙袋に手作りの菓子を入れて持ち帰るなどしていた。またAは社内便の袋に入った菓子を持ち帰ったこともあった。さらに同じ頃、Aのスーツのポケットに避妊具が入っていることがあり、Xは自宅の避妊具の数が減っていることに気づいた。

15 GPS

市販のGPS端末を、例えばAの鞄に入れたり、Aの利用する自家用車内に設置するなどして、仮にラブホテルに入った事実等が確認できれば、不貞事実の証拠となり得る。証拠化の方法としては、GPS機能が作動している画面を写真撮影したものが考えられる。

もっとも、前記携帯電話の項と同様に、プライバシー侵害を根拠として違法収集証拠として排除される可能性があることには留意すべきである。

これに関連する裁判例として、39 東京地方裁判所平成27年3月17日があり、これはGPS機能を搭載した自動車をＸＡ夫婦が購入していたという事案であり、XがＡＹ間の不貞行為を意図的に突き止めるためにあえてGPSを設置したという事案とは異なっている。

> X及びAは、平成21年1月、自家用車を買い替え、同年3月、走行したルートを記録、再現等することができる「ログ機能」を搭載した「GPS＆レーダー探知機」を、その新しい自家用車に装着した。Aは、

平成21年3月19日から平成22年9月2日までの間、本件車両により、17回にわたって、神奈川県横須賀市所在のラブホテル○○に行き、それぞれ2時間半ないし4時間ほど、本件ラブホテルに滞在し、そのうち3回は、本件ラブホテルに向かう途中、Y方先路上において本件車両を停車ないし駐車させていた。

16　詫び状・誓約書等

　Aが不貞の事実を認め、それを文書にしてXに交付した場合には、不貞の事実を強く推認する証拠となり得る。もっとも、詫び状及びそれに類する文書が作成された場合に、Aが翻って不貞の事実を争うケースは稀であるものと思われる。もっとも、一旦作成した詫び状が作成者であるAによって破棄される可能性もあることから、念のために写真で撮影するなどして保存しておくなどの配慮がなされることが望ましい。

　❸❶東京地方裁判所平成21年4月15日は、XがAをして今後Yとは会わない旨の誓約書を書かせたという事案であり、次のとおり判示した。

　　Xは、平成17年4月15日、スナックの近くでAが男（後にYと判明）と歩いているのを発見し、両者が入ったアパートに行き、今の男は誰かと尋ねたところ、Aとその姉は親戚の人であると答えた。Xは、これを嘘であると考え、トイレのドアを開け、中で用を足していたYに対し、AはXの妻である旨を告げた。Xは、同年5月20日、本件スナックの近くで見張っていたところ、Yが現れ、Aやその姉らとともに食事をした。Yは、その後、駐車場でAと抱き合ってキスをして別れたが、Xは、Yをその自宅まで尾行し、Yの氏名と住所を確認した。Xは、同月22日、AにYとの関係などを問いただしたが、Aは、これに答えず、Xの書いた下書きどおりに「今後一切Yとは逢いません　又電話交換もいたしません」などと記載した誓約書を作成した。

　❸❷東京地方裁判所平成21年6月4日は、XがYから「（Aとは）もう会いません。連絡もとりません。」と記載された書面を受け取ったという事案であり、次のとおり判示した。

　　平成20年2月5日、Xは、A及びその父親を同道して、Yの勤務先に赴いた。Xは、Yの勤務先において、Yから「もう会いません。連絡

もとりません。」と記載されて指印のある手書きの書面を受け取った（なお、Yは、Xから圧力を受けて、上記書面を意に反して作成したものであると主張するのであるが、XがYの勤務先にいた時間は10分程度であり、YがXから強い圧力を受けて上記書面を作成したとまでは認め難いから、Yの上記主張は理由がない。）。

㊼東京地方裁判所平成21年11月26日は、次のように判示して誓約書の信用性を認めた。

> Aは、長男を不倫相手であるYに二度と会わせないと約束することなどを内容とする平成20年11月6日付けの誓約書を作成し、これをXに交付し、また、Xとの離婚の際、離婚の原因が自らの不貞にあることを認めることなどを内容とする平成20年12月15日付けの合意書に署名押印している。上記各書面の内容は、AがYと不貞関係にあったことや、婚姻関係の破綻がAの不貞関係にあることを示すものと解すべきところ、高度な教育を受けるAが、全く理由のない自らの責任を認めたり、事実に反する内容の書面に署名押印するとは考えられず、そうすると、上記各書面は相当程度の信用性を有するものと認めることができる。

17　ラブホテルが発行したサービス券やライター

前記領収書とも関係するが、サービス券・割引券・クーポン券等一見どのような業種の店舗が発行しているのか不明なものでも、ラブホテルが発行している可能性も皆無ではない。ラブホテルに対してその発行時期を確認することができれば、不貞行為の間接証拠となり得る。

また、上記同様に、ライターに、一定の文字・模様・デザインがある場合には、それがやはりラブホテル発行のものである可能性がある。

なお、これらの証拠を採取する際にはその割引券ないしライターを配偶者が所持していた状態（例えばカバンの中に入っていた状況）も写真撮影して保存しておくことが望ましい。

18　その他の間接事実等

ある特定の異性といつも買い物をしているとか、会社の異性の同僚と飲み歩いているということだけでは、女の直感や男の勘で不貞の事実を確信したとしても、認められない場合が少なくない。

第4章 不貞行為の証拠の入手方法と裁判例

　これらの場合には、他の間接事実と相俟って推認できるか否かが重要である。

　XがAの不貞行為の可能性を疑う契機となった事情としては、主として、Aが女性の場合は①ママ友会へ行くと言って出かけているのにママ友会、子供の話をしない、②ある時期以降同窓会などに参加する機会が増えた、③仕事の帰りが遅い、④学校行事の集まりや仕事の打ち合わせ等を理由に夜間に外出する、⑤携帯電話を常に所持し通知音がサイレントになっている、⑥目の前でかかってきた電話に出ない、⑦以前よりも家事が手抜きになっている、⑧見覚えのない服やアクセサリー、化粧品等が増えている、⑨習い事をしたいなどと相談してくる、⑩夜誘っても拒否される、等が挙げられる。Aが男性・女性のいずれかの場合も共通事項として、⑪衣服の好みが変わったり、⑫新しい趣味ができた、⑬出費が多くなった、⑭夫婦の会話が減った、⑮嘘をついている、⑯時間を気にしている様子が見受けられるようになった、⑰帰宅後すぐに入浴するようになった、⑱夜間の外出が増えた、⑲外食が増えた、⑳電話に出ない、メールの返事が来ないことが多い、㉑LINEに夢中になったりメールチェックを頻繁にしたりしている、㉒携帯を手放さない、㉓携帯電話の着信・メールを削除している形跡がある、㉔これまではなかったのに携帯電話をロックしている、㉕外泊が増えた、深夜残業が増えた、会社の飲み会や食事会が増えた、休日出勤が増えた、㉖夫婦間の性交渉の回数が減った、㉗下着を自分で買うようになる（男性の場合）、下着が華やかなものに変わる（女性の場合）、㉘突然自分名義の預金口座を開設した、等が考えられる。

　関連する裁判例として、❷⓽❻東京地方裁判所平成20年12月26日は、XがAのかばんからコンドームとYの氏名及び自宅の住所が書かれたメモを見つけたことや、同じくAのかばんから、軽井沢行きのグリーン車の指定席券2枚を発見し、平日の出張はあり得ないため、XがAの不貞行為を疑ったという事案であった。

　❸❷❸東京地方裁判所平成21年6月17日は、Aが、Yの写真を自らが使用する携帯電話の待ち受け画面に設定していたという事実を不貞行為を推認するための一つの間接事実と評価していることが窺える。

やや特殊な例としては、Aが母と交わした会話の内容がAとYが同棲し性的関係を持っていたことを前提としたものであったと認定した裁判例がある（⑱東京地方裁判所平成15年11月26日）。

　また、㉒東京地方裁判所平成27年2月3日は、週刊誌（「週刊朝日」）の記載がAY間の不貞行為の裏付けの一つとなっている。すなわち、同紙には、A（元国税庁長官）が記者の取材に対し、Yとの関係について、「事実婚ですからね、実質はね」と発言し、Yも記者に対し、Aとの関係について「妻です」と回答したという内容が記載されていた。

19　陳述書

(1) 陳述書の証拠能力

　一般的には陳述書は「訴え提起後又は訴え提起に際して、当事者本人、準当事者又は第三者の供述を記載したもので、書証の形式で裁判所に提出されるもの」といわれる（坂本倫城「陳述書をめぐる諸問題」判タ954号4頁）。その書証としての性質は報告文書である。従前は陳述書の利用については直接主義、口頭主義の観点から批判があったが、現在では、集中証拠調べに不可欠のツールとして、裁判実務において一般的に活用されるようになっている。

　かつて大審院は、訴え提起後に係争事実に関して作成された文書について証拠能力を否定していたこともあるが（大審院判決昭和14年11月21日民集18巻1545頁）、今日では、陳述書の証拠能力は一般的に肯定されている。

(2) 陳述書の証拠価値を判断する場合の留意点

　陳述書は、実質的には供述証拠であるにもかかわらず、反対尋問を経ていないこと、宣誓を経た偽証に対する制裁による供述内容の真実性の担保がないこと、訴訟代理人（弁護士）が当該陳述者の供述を聴き取って作成することが多いこと等に照らすと、原則として陳述書自体の証明力は法廷における供述に比較して著しく低いものである。

　かかる性質上、反対尋問を経る前の陳述書の証明力は、準備書面あるいは当事者の主張と同程度であり、事実認定には弁論の全趣旨と同程度の証明力しかないとするのが実務的な感覚であろう。

　例えば、㉛東京地方裁判所平成20年10月8日は、反対尋問を経ていな

第 4 章　不貞行為の証拠の入手方法と裁判例

いAの陳述書に関して次のように判示した。「婚姻生活の根拠となり得るのはAの陳述書のみであるところ、同人に対しては何らの反対尋問がなされていないほか、裏付けとなる客観的な証拠もないので認めるに足りない。」

　陳述書の信用性を吟味する場合の留意点は以下のとおりである。
　①当該陳述書の作成者について本人尋問、証人尋問が実施されている場合にはその尋問の結果を踏まえて、当該陳述書の信用性を吟味する。
　②本人尋問、証人尋問がなされなかった者の陳述書の証明力は作成者、作成時期・その内容等に照らし慎重に検討判断すべきであるが、当該尋問がなされなかった理由が、他にその陳述書の信用性を裏付ける証拠（客観的な証拠のほか同種・関連証人の供述を含む。間接事実と符合する場合も含む。）があるため、当該陳述書の作成者の尋問を必要としなかった場合や、争点整理手続において、陳述書の記載だけで十分であり、時間をかけて尋問する必要がないことが確認された、いわば形式的争点事項のように、当該陳述書の内容につき相手方が積極的な反論や反証の提出意思がなく（反対尋問権の放棄を含む）、相手方がその内容を事実上争わないと認められるような事項については、陳述書により事実認定することは肯定してよいと思われる。
　なお、本人尋問や証人尋問の実施後に当該被尋問者の陳述書が提出されることがある。これら陳述書の内容が主尋問、反対尋問によって崩れた証言の立て直しを目的とする場合には、その信用性を認めることは基本的に困難であろう。せいぜい、明らかな誤解、言い間違い等の限度でその信用性を肯定すべきであろう。また、上記と同様の時期に関係者の陳述書が提出される場合もあるが、その趣旨が補強、弾劾いずれの場合でも、いわゆる「後出し」の場合にはその信用性は慎重に検討すべきである。もっとも、当該尋問に先立って作成されており、当該尋問の中でその存在・内容に言及されている場合に限っては、その信用性が肯定できる場合もあろう。
　この点に関連して、Aが作成した陳述書の信用性が認められないとした裁判例として、例えば、❷東京地方裁判所平成19年9月10日があり、次のように判示した。
　　（Aが作成した陳述書の）中には、Aは、平成17年11月22日の閉店後、本件パブにおいて、Yと関係を持ち、その後、同月24日には、Y

の自宅に行き、Yの妻になったような毎日の行動であったとして、……証人尋問における供述を訂正したいという部分がある。しかし、Aは、証人尋問においては、12月5日という日付は、メモ帳を見て特定したし、最初だからその時間ぐらいだと思っているとまで供述していたところである。また、そもそも、訴状においては、11月22日は、肉体関係があったとはされていなかった日であるし、11月24日に関係があったのは本件パブであり、Y自宅での関係は同年12月5日以降としていた主張とも矛盾するのである。したがって、この陳述書は、全く信用することができない。

また、同一名義の陳述書を複数証拠として提出する場合には、最低限の要請として、それらの内容が矛盾していないことが重要であり、仮にそのような矛盾がある場合には、いずれの陳述書も信用できないということになりかねないため要注意である。この点に関連して、❸⓬東京地方裁判所平成21年5月13日は、Aが提出した複数の陳述書が相互に矛盾しており信用できないとした。

20　証人尋問・当事者尋問

ここでは、不貞行為の当事者であるYに対する証人尋問（反対尋問）が特段に重要である。A、Yのいずれかの供述の信用性を崩すことができれば、他方の信用性を揺るがすことも可能である。

尋問は、専門的な技術を要するため、可能な限り弁護士に委嘱することが望ましい。本人訴訟の場合には、裁判所が補充尋問として実質的に主尋問を行う例もあるものの、必ずしも自分の側に有利な質問がなされる保障はない。

一つとして同じ事件はなく、この点は不貞慰謝料請求事件も同様であるが、ゴールが「不貞行為」（主に性交渉の事実）の立証にある以上、各事案にある程度共通して尋ねるべき項目はあるといえる。

Xに対しては、Aの不貞行為の可能性を感じた様々な間接事実を尋ねることになることが多いものと思われるし、またYやAに対しては出会ってから現在までの交流の経緯を尋ねることになるものと思われるが、前記の客観証拠たる証拠書類等がどの程度収集・提出されているかにより、自ずと質問

第4章　不貞行為の証拠の入手方法と裁判例

の内容・ポイントは大きく変わってくる。

　なお、書証も人証もいずれも視覚・聴覚に訴えるものであるから、嗅覚に訴えかける「におい」は重要な点であるにもかかわらず証拠化が困難であり、看過されがちであることが多いと思われる。

　そこで以下、「におい」に関する参考質問例を掲げる。

〔原告Xへの主質問〕
- ご主人が浮気をしていると思ったきっかけはどのようなことでしたか。
　　――においです。
- ご主人の「におい」がきっかけになったというのは、具体的にはどういうことでしょうか。
　　――夏は帰宅すると、いつも汗の臭いがしていたのですが、今年の夏頃から、急に汗の臭いがしなくなりました。そのほか、香水を利用するようになりました。
- 香水を利用するようになったのは何時頃のことでしょうか。
　　――やはり今年の夏頃からだと思います。
- それ以前に、御主人が香水を使っていたことはありましたか。
　　――結婚する前には使っていたときもありましたが、結婚後は一切使っていませんでした。
- ご主人の汗のにおいがしなくなった時期と、香水を利用するようになった時期は同じ頃ということでしょうか。
　　――はい。
- ご主人が今年の夏頃から使い始めた香水は、ご自宅に置いてあったものですか。
　　――いいえ。自宅で主人の香水を見たことはありません。
- ご主人が香水を買ったことをあなたは御存知でしたか。
　　――いいえ。知りませんでした。香水のにおいがしたので、そこで初めて香水を使っていることを知りました。
- 今年の夏頃にご主人の臭いが変化したことについて、ご主人に尋ねたことはありましたか。
　　――はい。

・ご主人は何と答えましたか。
　——香水なんて使っていないと答えました。
・それは何時のことでしたか。
　——今年の秋頃、9月頃だったと思います。
・あなたが臭いのことでご主人に質問した以降に、ご主人のにおいに変化はありましたか。
　——急に香水の臭いがしなくなりました。

〔主尋問に対する証人の証言と反対尋問におけるそれとが矛盾する場合〕
　また、主尋問に対する証人の証言と反対尋問におけるそれとが矛盾する場合には、その証人の証言全体の信用性が認められないことにもなりかねないため注意が必要である。
　この点に関連して、前記❸❻東京地方裁判所平成21年5月13日は、次のように述べ、Aの証言が主尋問（再主尋問）と反対尋問とで矛盾しており、結論として信用できないと判示した。

> 　Aは、Xの朝帰りに関しては、証人尋問においても、「私が、仕事柄、うちを空けることが多かったので、私のいないときに、そういうふうにしていたと思います。」、「お酒を飲んで、朝帰ってきたりとか。」、「（まだ二、三歳であった長女を）一緒に連れて行ったのではないかと思います。」などと証言するのであるが、その最後の証言につき、反対尋問の際にX代理人から「それは、あなたの推測ですよね。」と質問されたのに対して「はい。」と答えて、Xが当時二、三歳であった長女を連れて酒を飲みに行ったというのは自分の推測にすぎないことをいったん自認していながら、再主尋問の際にY代理人から「二、三歳のお子さんを飲み屋に連れて行ったというのは、推測ではないわけですよね。確認はされていますね。」と質問された際には、証言を翻して、知人や自分の母親からそのことを聞いた旨証言したのであって、このようなAの証言態度は、実に場当たり的で誠実さを欠くものというほかない。」

第4章　不貞行為の証拠の入手方法と裁判例

第3節　まとめ

　一般に、不貞行為は「不貞行為の立証は、相手方が認めている場合や不貞行為の現場の写真・ビデオ等がある場合以外は非常に困難です。携帯電話やパソコンのメールの内容等により密接な交際をしていることが明らかであったとしても、性的関係を持ったか否かについては、判然としないことも少なくありません。」（秋武憲一『新版　離婚調停』（日本加除出版、2013））と指摘されているとおり、その証拠収集は困難を伴うことが多いと思われる。

　以上、不貞行為の裏づけとなる証拠について実際の裁判例を紹介しながら説明してきたが、証拠の種類・内容は社会の進展とともに大きく変わってきていることが分かる。特に、人間同士のコミュニケーションの手段が格段に進歩していることからすると今後も不貞行為の裏付けとなる新たな証拠が出てくることであろう。

　本書（第3章、第4章）が不貞行為に関する証拠に関して何らかの参考になれば幸いである。

第5章

不貞慰謝料請求訴訟と渉外問題

図7 渉外的要素を含む不貞慰謝料請求訴訟の審理の基本的な流れ

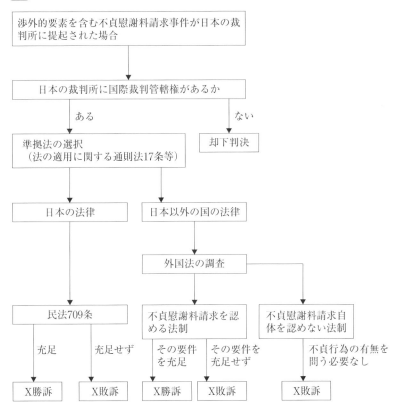

153

第5章　不貞慰謝料請求訴訟と渉外問題

第1節　はじめに

　不貞行為（この呼び方自体にすでに非難の意味が込められており適当でないとすれば、「配偶者のある者との交際」というのが適当であろうか。）は、人間の本性に根ざしているものである以上、「それをしてはいけない」という法律上ないしは道徳的（宗教的）規範が人間に与えられていたとしても、実際にはそれを破ってしまう人間が出てくるのが現実の社会であり、このことは日本に限らず諸外国においても程度の差はあれ共通なのではないかと思われる。イギリスの法諺にも、「男女の結合は、自然の法則に基づく。」というのがある（The union of male and female is founded on the law of nature.）。

　これまで本書において主に説明してきた不貞慰謝料請求訴訟は、日本の裁判所にその管轄権があり、かつ日本の法律（民法709条）が適用されることが前提であった。すなわち、日本の裁判所に国際裁判管轄権があり、その事件の準拠法が日本法となる場合であったと言える。言い換えれば、これまで解説してきた不貞慰謝料請求訴訟は、渉外的要素を有さず、その当事者（X、A、Y）がすべて日本人であり、不貞行為が行われた場所、被害者Xならびに加害者Yの住所地などがすべて日本国内という事例であった。

　これに対して、例えば、不貞当事者が外国人であったり、不貞行為が行われた場所が外国であったり、被害者Xの住所地が外国であったりなど、いわゆる渉外的な要素が絡んでくると、そもそも日本の裁判所においてその不貞慰謝料請求訴訟を審理することができるのかという問題（国際裁判管轄権の有無の問題）と、日本にその国際裁判管轄権があるとしても、その不貞慰謝料請求事件に適用する法律をどこの国の法律によるべきかという問題（準拠法の問題）とが生じることになる。つまり、「緯度が三度変わると法の見方も逆になる。」という言葉があるように、不貞行為に基づく不貞相手に対する慰謝料請求については、日本のようにこれを原則として認めるという法制を採用している国と、そのような請求を認めないという法制を採用している国が存在するからである。

表3 婚姻件数、年次×夫妻の国籍別

国籍	昭和60年(1985)	平成2年(1990)	平成7年(1995)	平成12年(2000)	平成17年(2005)	平成22年(2010)	平成26年(2014)
総数	735,850	722,138	791,888	798,138	714,265	700,214	643,749
夫妻とも日本	723,669	696,512	764,161	761,875	672,784	670,007	622,619
夫婦の一方が外国	12,181	25,626	27,727	36,263	41,481	30,207	21,130
夫日本・妻外国	7,738	20,026	20,787	28,326	33,116	22,843	14,998
妻日本・夫外国	4,443	5,600	6,940	7,937	8,365	7,364	6,132
夫日本・妻外国	7,738	20,026	20,787	28,326	33,116	22,843	14,998
妻の国籍							
韓国・朝鮮	3,622	8,940	4,521	6,214	6,066	3,664	2,412
中国	1,766	3,614	5,174	9,884	11,644	10,162	6,019
フィリピン	…	…	7,188	7,519	10,242	5,212	3,000
タイ	…	…	1,915	2,137	1,637	1,096	965
米国	254	260	198	202	177	223	201
英国	…	…	82	76	59	51	50
ブラジル	…	…	579	357	311	247	221
ペルー	…	…	140	145	121	90	80
その他の国	2,096	7,212	990	1,792	2,859	2,098	2,050
妻日本・夫外国	4,443	5,600	6,940	7,937	8,365	7,364	6,132
夫の国籍							
韓国・朝鮮	2,525	2,721	2,842	2,509	2,087	1,982	1,701
中国	380	708	769	878	1,015	910	776
フィリピン	…	…	52	109	187	138	118
タイ	…	…	19	67	60	38	27
米国	876	1,091	1,303	1,483	1,551	1,329	1,088
英国	…	…	213	249	343	316	236
ブラジル	…	…	162	279	261	270	329
ペルー	…	…	66	124	123	100	117
その他の国	662	1,080	1,514	2,239	2,738	2,281	1,740

資料：統計情報部「平成26年人口動態統計」

注：フィリピン、タイ、英国、ブラジル、ペルーについては平成4年から調査しており、平成3年までは「その他の国」に含まれる。

　この表3は厚生労働省が発表している平成26年度婚姻件数と夫妻の国籍を一覧表にまとめたものである。これによると、平成26年度の日本国内の婚姻件数64万3,749件のうち、夫婦の一方が外国籍である件数は2万1,130件であり、全体の3.3％程度となっていることが分かる。

　このように国際結婚は決して多いとはいえないものの、昔と比べて外国人の行き来が頻繁になってくると、渉外的要素を含む不貞慰謝料請求訴訟もそれほど珍しくはないのではないかと思われるので、以下において、その国際裁判管轄権の問題と準拠法如何という問題に分け、関連する裁判例を挙げ

第 5 章　不貞慰謝料請求訴訟と渉外問題

ながら解説する。

第 2 節　渉外的不貞慰謝料請求訴訟における国際裁判管轄権

　渉外的要素を含む不貞慰謝料請求事件が日本の裁判所に提起された場合、当該裁判所としては、まずその事件の国際裁判管轄権[48]が日本に存在するか否かを確認しなければならない。そして、この点については、「日本の裁判所の裁判管轄権」に関する現行民事訴訟法 3 条の 3 本文が「次の各号に掲げる訴えは、それぞれ当該各号に定めるときは、日本の裁判所に提起することができる。」と定め、同条 8 号は「不法行為に関する訴え　不法行為があった地が日本国内にあるとき（外国で行われた加害行為の結果が日本国内で発生した場合において、日本国内におけるその結果の発生が通常予見することのできないものであったときを除く。）。」と規定している。

　したがって、渉外的要素を含む不貞慰謝料請求事件の国際裁判管轄権が日本にあるか否かは基本的には本条項にしたがって解決されることになる。

　本条項の解釈適用の際の問題点については後述するとして、この改正民事訴訟法が適用される以前の不貞慰謝料請求訴訟をはじめとする不法行為訴訟の国際裁判管轄権の問題について概観する。

　この点に関して、以前は日本に国際裁判管轄権を認める直接の法令上の根拠がなく、交通事故をはじめとする不法行為に基づく損害賠償請求事件訴訟について日本の裁判所に国際管轄権があるか否かは、いわゆるマレーシア航空事件の最高裁判所判決（最高裁判所第二小法廷昭和 56 年 10 月 16 日民集 35 巻 7 号 1224 頁）にしたがって判断されていた。すなわち、同最高裁判所判例は、結局この問題を「条理」[49]によって解決するものとし、その際には日本の民事訴訟法の管轄の規定を参照するべきことを示した[50]。

---

[48] これに対して、国内裁判管轄権又は直接一般裁判管轄権というのは一国内のいずれの地方の裁判所の管轄が認められるかということであり、また、間接一般裁判管轄権というのは、判決が外国の裁判所で下され、判決国とは別の国の裁判所がその効力を承認する場合に判決国の国際裁判管轄権の有無を問題とする場合をいう。

思うに、本来国の裁判権はその主権の一作用としてされるものであり、裁判権の及ぶ範囲は原則として主権の及ぶ範囲と同一であるから、被告が外国に本店を有する外国法人である場合はその法人が進んで服する場合のほか日本の裁判権は及ばないのが原則である。しかしながら、その例外として、わが国の領土の一部である土地に対する事件その他被告がわが国となんらかの法的関連を有する事件については、被告の国籍、所在のいかんを問わず、その者をわが国の裁判権に服させるのを相当とする場合のあることをも否定し難いところである。そして、この例外的扱いの範囲については、この点に関する国際裁判管轄を直接規定する法規もなく、また、よるべき条約も一般に承認された明確な国際法上の原則もいまだ確立していない現状のもとにおいては、当事者間の公平、裁判の適正・迅速を期するという理念により条理にしたがつて決定するのが相当であり、わが民訴法の国内の土地管轄に関する規定、たとえば、被告の居所、法人その他の団体の事務所又は営業所、義務履行地、被告の財産所在地、不法行為地、その他民訴法の規定する裁判籍のいずれかがわが国内にあるときは、これらに関する訴訟事件につき、被告をわが国の裁判権に服させるのが右条理に適うものというべきである。

　この考え方に従えば、日本の裁判所に提起された渉外的要素を含む不貞慰謝料請求事件については、民事訴訟法の不法行為地の裁判籍（民事訴訟法5条9号）により、日本の国際管轄権が認められることになるだろう。

　そして、ドイツ居住日本人に対する預託金請求事件に関する最高裁判所第三小法廷平成9年11月11日民集51巻10号4055頁もこの条理説の考え方を踏襲した。

---

[49] イギリスの法諺にも「法の条理は、法の精神である。」というのがある（The reason of the law is the soul of the law.）。
[50] この判示の最後の部分、すなわち「わが民訴法の国内の土地管轄に関する規定、たとえば、被告の居所、法人その他の団体の事務所又は営業所、義務履行地、被告の財産所在地、不法行為地、その他民訴法の規定する裁判籍のいずれかがわが国内にあるときは、これらに関する訴訟事件につき、被告を我が国の裁判権に服させるのが右条理に適うものというべきである。」との部分は、いわゆる逆推知説（「わが国は裁判権の限界を自ら定める規定を有しないから、土地管轄（裁判籍）に関する規定から逆に推知する外はない」とする見解）と基本的発想を一にしているといえる。

第 5 章　不貞慰謝料請求訴訟と渉外問題

　被告が我が国に住所を有しない場合であっても、我が国と法的関連を有する事件について我が国の国際裁判管轄を肯定すべき場合のあることは、否定し得ないところであるが、どのような場合に我が国の国際裁判管轄を肯定すべきかについては、国際的に承認された一般的な準則が存在せず、国際的慣習法の成熟も十分ではないため、当事者間の公平や裁判の適正・迅速の理念により条理に従って決定するのが相当である（最高裁昭和 55 年（オ）第 130 号同 56 年 10 月 16 日第二小法廷判決・民集 35 巻 7 号 1224 頁、最高裁平成 5 年（オ）第 764 号同 8 年 6 月 24 日第二小法廷判決・民集 50 巻 7 号 1451 頁参照）。そして、我が国の民訴法の規定する裁判籍のいずれかが我が国内にあるときは、原則として、我が国の裁判所に提起された訴訟事件につき、被告を我が国の裁判権に服させるのが相当であるが、我が国で裁判を行うことが当事者間の公平、裁判の適正・迅速を期するという理念に反する特段の事情があると認められる場合には、我が国の国際裁判管轄を否定すべきである。

　また、最高裁判所第二小法廷平成 13 年 6 月 8 日裁判集民 202 号 277 頁（いわゆるウルトラマン事件）は、「我が国に住所等を有しない被告に対し提起された不法行為に基づく損害賠償請求訴訟につき、民訴法の不法行為地の裁判籍の規定（民訴法 5 条 9 号、本件については旧民訴法 15 条）に依拠して我が国の裁判所の国際裁判管轄を肯定するためには、原則として、被告が我が国においてした行為により原告の法益について損害が生じたとの客観的事実関係が証明されれば足りると解するのが相当である。けだし、この事実関係が存在するなら、通常、被告を本案につき応訴させることに合理的な理由があり、国際社会における裁判機能の分配の観点からみても、我が国の裁判権の行使を正当とするに十分な法的関連があるということができるからである。」と判示した。

　以上のとおり、平成 24 年 4 月 1 日施行された現行民事訴訟法（平成 23 年 5 月 2 日法律第 36 号）が適用される以前は、最高裁判所は上記条理説に基づいて国際裁判管轄権の有無を判断していたが、現在は同法 3 条の 2 以下の規定によって国際裁判管轄権の有無が決まることになる[51]。

　そして、不貞行為は不法行為の一類型であるので、不貞慰謝料請求訴訟

の国際裁判管轄権は原則として民事訴訟法 3 条の 3 第 8 号（「不法行為に関する訴え　不法行為があった地が日本国内にあるとき（外国で行われた加害行為の結果が日本国内で発生した場合において、日本国内におけるその結果の発生が通常予見することのできないものであったときを除く。）」）によって規律されることになる。そうすると、ここでの「不法行為があった地が日本国内にある」との具体的意味、すなわち、「不法行為があった地」とは、現実に不貞行為が行われた場所のことなのか、それとも被害が発生した場所のことなのかが問題となる。

この点について、最高裁判所第一小法廷平成 26 年 4 月 24 日民集 68 巻 4 号 329 頁は、「民訴法 3 条の 3 第 8 号の規定に依拠して我が国の国際裁判管轄を肯定するためには、不法行為に基づく損害賠償請求訴訟の場合、原則として、被告が日本国内でした行為により原告の権利利益について損害が生じたか、被告がした行為により原告の権利利益について日本国内で損害が生じたとの客観的事実関係が証明されれば足りる。」と判示しているので、これを不貞慰謝料請求訴訟にあてはめて考えてみる。

ここで不貞慰謝料請求訴訟における保護法益については、⓳最高裁判所第三小法廷平成 8 年 3 月 26 日民集 50 巻 4 号 993 頁が「婚姻共同生活の平和の維持という権利又は法的保護に値する利益」と判示しているので、不貞慰謝料請求訴訟における「不法行為があった地」（民訴法 3 条の 3 第 8 号）とは、X の婚姻共同生活がなされている地（通常これは X の住所地であろう。）ということになる。すなわち X の住所地が日本にあれば、日本の裁判所に国際管轄権が認められるということになるだろう。

この点に関連して、①東京地方裁判所平成 26 年 9 月 5 日は、A Y 間の不貞行為がニューヨークにて行われ、X（日本人妻）がその不貞行為期間中の大

51　東京高等裁判所昭和 51 年 5 月 27 日判タ 344 号 232 頁は、「まず裁判権（国際裁判管轄権）についてみるに、X はアメリカ合衆国の国籍を有し現在アメリカのカリフォルニア州に居住し他の女性と 1970 年 12 月に再び婚姻してそこに家庭をもち、軍需物資販売業を営んでいることが認められ、Y はアメリカ合衆国の国籍を有し、1938 年以後引続き日本に居住し家庭をもつて輸出入事業の会社を経営していることが認められるから、X が……自ら日本に住所を有し日本で事業を営む Y に対し本件訴を提起するにつき日本の裁判所が裁判権を有することは問題ない」と判示した。

半をニューヨークで過ごしていたことなどから、不法行為地が日本にあることを理由にした日本の国際裁判管轄権を否定した。ただし、この事件では、その不貞慰謝料請求事件と併合して審理されていた名誉毀損に基づく慰謝料請求事件について日本の国際裁判管轄権が認められ、かつ両事件に密接な関係が認められることから、結論としては不貞慰謝料請求事件についても日本の国際裁判管轄権が認められた（民訴法3条の6、改正前民事訴訟法7条参照）。

以上のとおり、渉外的要素を有する不貞慰謝料請求訴訟が日本の裁判所に提起された場合、日本の裁判所にその国際裁判管轄権があるか否かは民事訴訟法3条の3第8号によって定められ、具体的にはAY間の不貞行為期間中のXの婚姻共同生活が日本においてなされていたか否か、すなわちXの住所地が日本にあるかということがポイントになるであろう。

なお、日本の国際管轄権が認められない場合には訴訟要件を欠くことになるため訴え却下の判決が下されることになる。

第3節　渉外的不貞慰謝料請求訴訟における準拠法

以上の検討を踏まえて、ある渉外要素を有する不貞慰謝料請求訴訟の国際裁判管轄権が日本にあるとして、次に問題となるのが当該不貞慰謝料請求事件に適用される法律がどこの国の法律なのかという点である。

単なる貸金請求事件とは異なり、不貞慰謝料請求については、日本のように被害者側の立場に立ってそれを原則として認める法制を採用している国と、それとは逆に不貞慰謝料請求を認めないという法制を採用している国も少なくない以上、どこの国の法律を適用するかという問題は、当該事件の勝敗に直結すると言っても過言ではないくらい重要な問題であるとも言える。

まず、この不貞慰謝料請求、すなわち「第三者による婚姻侵害に基づく不法行為」の準拠法についての学説を紹介しておくと、主に4つの見解に分かれている[52]。そして、これらの説の対立が生じる原因は、主にこの問題

---

[52] ここでの学説の分類は、溜池良夫「第三者による婚姻侵害に基づく不法行為の準拠法」『国際家族法研究』149頁以下を参考にした。

についての法律関係の性質決定をいかにして行うべきかという点に大きく関わっていると言える。

第 1 説は、この問題を婚姻の効力と性質決定し、法の適用に関する通則法 25 条（「婚姻の効力は、夫婦の本国法が同一であるときはその法により、その法がない場合において夫婦の常居所地法が同一であるときはその法により、そのいずれの法もないときは夫婦に最も密接な関係がある地の法による。」）によるという見解である。

第 2 説は、これをもっぱら不法行為と性質決定した上で、その準拠法、すなわち通則法 17 条（「不法行為によって生ずる債権の成立及び効力は、加害行為の結果が発生した地の法による。ただし、その地における結果の発生が通常予見することのできないものであったときは、加害行為が行われた地の法による。」）とする見解である。

第 3 説は、これを婚姻の効力と不法行為の二重に性質決定し、双方の準拠法を累積的に適用すべきとする見解である。この見解に従えば、双方の法律を累積的に適用する以上、例えば、いずれか一方の法律が不貞慰謝料請求を認めない法制を採っていれば、結論的にはその慰謝料請求は認められないし、また、双方の法律が不貞慰謝料請求を認めていたとしても、その成立要件が一方は緩く他方は厳格だった場合には、その厳格な要件を充足しなければならないことになる。

第 4 説は、これを侵害の対象となる配偶者の権利の存否の問題とその侵害の問題にわけ、前者については婚姻の効力の準拠法により、後者については不法行為の準拠法によるべしとする立場である。そして、この見解は、この問題をいわゆる先決問題と本問題に区別し、先決問題の準拠法の決定につき法廷地国際私法説の立場により問題を解決しようとする見解である。要するに、この見解に従えば、前者の準拠法が不貞慰謝料請求における保護法益（例えば「配偶者権」とか「婚姻共同生活の平和の維持という権利」など）を権利として認めていなければ、仮に後者の準拠法が不貞慰謝料請求を認める法制を採っていたとしても、結論としては不貞慰謝料請求は認められないという結論に至ることになる。

このように、この問題点については、学説上は概ね 4 つの説が対立して

第5章　不貞慰謝料請求訴訟と渉外問題

いるが、結局ポイントとなるのは、この問題について婚姻の効力という性質決定をすべきか否かという点であろう。かかる観点からすると、そもそも婚姻の効力の問題は当該夫婦という特別の身分関係にある者の間の関係でのみ問題となる事項に限られるべきであり（例えば、夫婦の氏の問題や夫婦間の同居義務の問題など）、本件「第三者による婚姻侵害に基づく不法行為」のように、当該夫婦（ＸＡ）とはなんら関係のない第三者（Ｙ）との間で問題となる場合には、これを婚姻の効力の問題と理解することはできないことになる。

　そうすると、第2説以外の説は、いずれも内容や程度の差はあるにしても、この問題について「婚姻の効力」と理解することを前提にしている点において妥当とは言えないことになる。

　したがって、結論としては第2説が妥当ということになり、これは渉外的不貞慰謝料請求訴訟国際裁判管轄権を決定するに際してもこの問題を不法行為として理解したこととも整合するという意味において明快と言える。そして、これまでの裁判例においてもこの問題については不法行為の準拠法によるべきとする裁判例が多い。

　例えば、通則法制定前の裁判例である東京高等裁判所昭和51年5月27日は、アメリカ人たるＸが自己の妻（Ａ）の上司であるアメリカ人たるＹに対して、Ｙが日本においてＡと性的関係を継続したため、離婚するのやむなきに至らしめたとして、この不法行為に基づく損害賠償（慰謝料）を請求したという事案であった。そして、この事件において、同裁判所は、「準拠法についてみるのに、本件は不法行為による損害賠償債権を目的とするところ、その不法行為の発生した地は日本であること被控訴人の主張自体から明らかであるから法例11条により民法によるべきこととなる」と判示した。なお、ここでの法例11条というのは、現行の通則法17条に相当する。

　㉚東京地方裁判所平成19年4月24日は、Ｘ（マレーシア国籍）がその夫Ａ（シンガポール共和国国籍）とＹ（中華人民共和国国籍）が不貞関係にあるとして、その不貞行為及びＡがＸに対して暴行を加えたと主張して不法行為による損害賠償を請求した事案について、同裁判所は、「本件においては、当事者がいずれも外国人であることから、準拠法が問題となるが、Ｘの請求は、婚姻の成立又は効力自体に関するものではなく、日本国内におけるＡと

Yの不法行為を対象とするものであるので、不法行為地である我が国の法律が適用されると解される（法の適用に関する通則法附則第3条4項、法例第11条1項）。」と判示した。

㊼東京地方裁判所平成24年12月25日（戸籍時報717号16頁以下）は、X（中華人民共和国国籍）が妻A（マレーシア国籍）とY（中華人民共和国国籍）の不貞行為を理由に両名に対して慰謝料を請求した事案について次のとおり判示し、XのYに対する不貞行為を理由とする慰謝料請求の準拠法は通則法17条によって定まる法律であるとした。

> XのAに対する請求は、AとYが不貞を行ったことによりXとAが離婚するに至ったことを理由に、不法行為に基づいて慰謝料を請求するものであるところ、これには離婚による慰謝料請求と個々の不法行為による慰謝料請求とが含まれるものと解するのが相当である。そして、前者については、離婚の効力に関する問題として通則法27条本文、25条が適用されるものと解するところ、Xは、中国籍であり、Aは、マレーシア国籍であるから、両者の本国法が同一とはいえず、…XとAは、離婚時、日本に居住していたことが認められるから、XとAの常居所地は日本であったといえ、通則法27条本文、25条により、同一の常居所地法である日本法が準拠法となる。後者については、通則法17条本文が適用されるものと解するところ、証拠によれば、AとYは、日本において不貞を行ったことが認められ、その当時Xも日本に居住していたことが認められるから、AとYの不貞行為という加害行為により発生したXの精神的損害という結果は、日本において生じたといえ、離婚の届け出が中国においてされている事実を考慮しても、通則法17条本文により、日本法が準拠法となる。

⒈東京地方裁判所平成26年9月5日も、不貞行為に基づく慰謝料請求権の準拠法及びその内容について通則法17条によるとして次のとおり判示した。

> 通則法17条前段は、不法行為によって生ずる債権の成立及び効力は、加害行為の結果が発生した地の法によると規定する。ここにいう加害行為の結果が発生した地とは、加害行為により直接に侵害された権利が侵

第5章　不貞慰謝料請求訴訟と渉外問題

害発生時に所在した地をいうと解される。これを本件についてみると、Xは、平成22年当時、ニューヨークに約13年もの長期間居住し、仕事をしており、YとAの間で不貞行為が行われた平成22年5月から9月までの間も、Xは、その大半をニューヨークで過ごし、平成22年2月15日にAと婚姻後も、Xがニューヨークで暮らし、AがXと過ごすためにニューヨークに訪れる方法で婚姻生活を営んでいたから、上記の不貞行為の当時、Xの生活の本拠はニューヨークにあり、不法行為により保護されるべき婚姻共同生活の平和の維持という権利又は法的保護に値する利益はニューヨークにあったものということができる。したがって、結果発生地はニューヨークであり、不貞行為に基づく慰謝料請求権の準拠法は、ニューヨーク州法である。……意見書によると、ニューヨーク州のN.Y.Civil Rights ACT80Aにより、同州においては、不貞行為により第三者が婚姻関係を侵害する不法行為（Alienation of Affection）を原因とする金銭的損害賠償請求権は廃止され、同州内で行われた当該行為を原因として州内及び州外で訴えを提起することが禁じられていると認められる。したがって、XのYに対する不貞行為を理由とする慰謝料請求は、準拠法であるニューヨーク州法上認められないから、AとYの不貞行為の有無について判断するまでもなく、Xの不貞行為を理由とする慰謝料請求は理由がない。」

さらに、74東京地方裁判所平成27年6月24日も次のとおり判示した。

　　Aはフランス国籍を、Yはアメリカ国籍を、それぞれ有する者であるが、Xが主張する加害行為の結果は日本国内において発生するものであるから、法の適用に関する通則法17条本文により、本件不法行為の準拠法は日本法となる。

なお、XY間の不貞慰謝料請求ではなく、YのAに対する貞操権侵害に基づく慰謝料請求の準拠法に関する裁判例としては、❼❽東京高等裁判所昭和42年4月12日があり、同裁判例は、Y（アメリカ国籍）がAと結婚する意思がないのにその意思があるように装ってAを欺き、Aの誤信に乗じて情交関係を結ばせたとして、その準拠法を法例11条（通則法17条）が指定する法律によるものとした。

第6章
不貞慰謝料請求訴訟と弁護士職務基本規程（旧弁護士倫理）

第1節　はじめに

ここでは、弁護士が依頼者から不貞慰謝料請求に関する交渉・訴訟等の委任を受けその活動を行う際の職務遂行上の留意点、特に弁護士職務基本規程（以下、「基本規程」という。）との関係について考えてみたい。

第2節　双方代理等

この基本規程の中で問題となりうるものとしては、まず双方代理が考えられる。

この双方代理については、弁護士法25条1号及び基本規程27条1号に、「（弁護士が）職務を行い得ない事件」として、「相手方の協議を受けて賛助し、又はその依頼を承諾した事件」と定めている[53]。

例えば、不貞慰謝料請求について、Y（加害者）から相談を受けその依頼を承諾した弁護士がその相手方たるX（被害者）から委任を受けるような場合である（図8参照）。

このように、弁護士が相対立するXとY双方の代理人となることは双方代理として禁止されている。すなわち、双方代理による代理行為は、民法上

---

[53] ここに、本条項の「協議を受けて」とは、当該具体的事件の内容について、法律的な解釈や解決を求める相談（法律相談）を受けることをいうとされ、「賛助」するとは、協議を受けた当該具体的事件について、相談者が希望する一定の結論（ないし利益）を擁護するための具体的な見解を示したり、法律的手段を教示し、あるいは助言することをいうとされる（『条解弁護士法〔第4版〕』191頁以下）。

第6章 不貞慰謝料請求訴訟と弁護士職務基本規程（旧弁護士倫理）

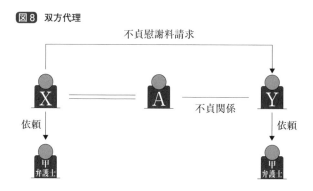

図8 双方代理

無効である以上（民法108条）、かかる行為が委任義務違反になること、ひいては弁護士法1条に規定する誠実義務違反となることは明らかである（『条解弁護士法〔第4版〕』198頁）。

また、この双方代理に至らない場合であっても、一方当事者例えばXからの法律相談において、具体的な法律的手段を教示しておきながら他方当事者（Y）のために職務を行うことは、先の相談者（X）の利益を害するとともに、弁護士の信用、品位を害することになるので許されない。したがって、かかる行為は依頼者の承諾があったとしても許されないということになる（以上につき、『解説「弁護士職務基本規程」〔第2版〕』66頁以下参照）。

ただし、上記の双方代理等が禁止されていることは弁護士としてはいわば当然のことであって、弁護士がこの規程等に直接違反することはあまり考えられないであろう。

第3節　設例

このように、弁護士が不貞慰謝料請求訴訟におけるXとYという相対立する双方の当事者から依頼を受けることは許されないとしても、それでは、対立していないAとYの双方から不貞慰謝料請求に関する相談を受けた場合はどうであろうか（図9参照）。

この問題をより具体的に考察するために次のような設例[54]を用意した。

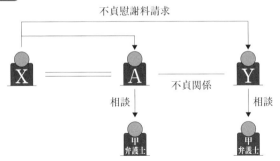

図9 不貞当事者双方からの依頼

> **設例**
>
> 妻Xから不貞の疑いをかけられている夫Aとその不貞相手とされているY両名が甲弁護士の元に法律相談にやって来た（図9参照）。
>
> 甲弁護士がAとY両名から話を聞いてみると、Xは既に弁護士にこの件を相談・依頼しており、その弁護士を通じ不貞慰謝料として200万円の支払いをA及びYに対して請求しているという。
>
> ところが、AとYの話によれば、AとYは単なる友人関係にすぎないのにXがその関係を誤解しており、AY間には不貞関係は一切存在しないのでXから裁判を起こされたら徹底的に戦いたいとのことであった。

問1 XがAとYに対して不貞慰謝料請求訴訟を提起してきた場合、甲弁護士がAとY両名の訴訟代理人となることは許されるか。

問2 訴訟の係属中において、Aは当初の希望とは異なり、不貞行為の事実の有無を争うよりも、早期に和解してこの訴訟から解放されたいと言い出した。これに対して、Yは、従前通り不貞行為の有無について審理を続けることを希望し和解はしたくないと述べている。

　甲弁護士はどのようにすべきか。

54　この設例は、東京三会有志・弁護士倫理実務研究会『改訂　弁護士倫理の理論と実務　事例で考える弁護士職務規程』（日本加除、2013）115頁で紹介されている事案を基にこれを不貞慰謝料請求の事案に沿って作り直したものであるので、同書も合わせて参考にされたい。

第6章 不貞慰謝料請求訴訟と弁護士職務基本規程（旧弁護士倫理）

問3 訴訟が係属し裁判所において審理が進むにつれて、XからAY間の不貞行為を裏付ける証拠写真が裁判所に提出されたため、AとYは不貞関係を認めざるを得なくなったばかりでなく、AY間の交際の経緯に関していずれが先に誘ったのか等不貞関係が始まった経緯について互いの言い分が食い違ってきた。

甲弁護士はどのようにすべきか。

第4節　設例についての解説

本設例問1においては、相対立するXとYの両者から甲弁護士が委任を受けているのではなく、「不貞行為は存在しない」という共通の主張を行っているAとYの両名から委任を受けているのであるから、上記第2節の双方代理の禁止規定には抵触しないことは明らかである。

他方で、本件では基本規程28条との関係が次に問題となってくる。すなわち、同条は、同規程27条と同様（弁護士が）「職務を行い得ない事件」を定め、同条3号は「依頼者の利益と他の依頼者の利益が相反する事件」と規定しているところ、甲弁護士にとっては、Aは「依頼者」であり、Yは「他の依頼者」なのであるから、この「利益が相反する」の意味内容如何によっては、甲弁護士がAとYの両名から依頼を受けることはこれに該当し許されないのではないかということが問題となる。

ここで、同号にいう「利益が相反する事件」の具体的な意味としては、複数の債権者から同一の債務者に対する貸金返還請求事件を受任する場合など、いわゆる「同一のパイを分け合う」ことになる場合には、依頼者間に利益相反が生じるとされ、この類型の他の事例としては、複数の相続人から他の一人若しくは複数の相続人を相手方とする遺産分割請求事件を受任する場合などもこれに該当するとされる（図10）。

また、本件のような場合、仮に不貞の事実が認められAとYの双方が敗訴した場合には、その後AY間において互いに求償権が行使されることが想定されるので（これは比喩的に「将棋倒し（ドミノ倒し）事件」と呼ばれる）、AY相互間に利益の相反が生じる場合があり得るとされる[55]（図11参照）。

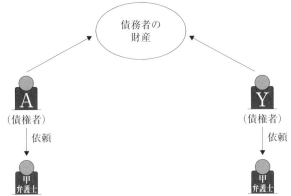

図10 同一のパイを分け合う場合

（※）Aの回収分が増えるとYの回収分が減少する可能性がある。

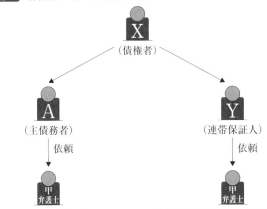

図11 将棋倒し（ドミノ倒し）事件

（注）Aが敗訴する（倒れる）と、それにつられてYも敗訴する（いわば将棋倒し）。その結果、YはAに対し求償権を取得し、利益相反が生じる。

---

55 この「将棋倒し（ドミノ倒し）事件」の事例として他に考えられるものとして、主たる債務者とその連帯保証人両名から貸金返還請求被告事件を受任する場合や、土地所有者から家屋の所有者及び家屋の賃借人（占有者）に対して提起された建物収去土地明渡請求事件を家屋の所有者及び家屋の賃借人（占有者）から受任する場合などが考えられる。前者の事例では、本件と同様依頼者相互間において求償権の行使が問題となり得るし、後者の事例では、家屋所有者が敗訴した場合には、家屋の賃借人（占有者）が家屋所有者に対して、家屋を目的とする賃貸借契約の債務不履行を理由とする損害賠償請求等を行う可能性があるからである。

第6章 不貞慰謝料請求訴訟と弁護士職務基本規程（旧弁護士倫理）

しかしながら、この「将棋倒し（ドミノ倒し）事件」の事例においては、AとYが相互に協力することが両者に対する被告事件の防御にとって有利である。すなわち、本件のような不貞慰謝料請求訴訟においても、AとYが不貞事実が存在しないという主張で一致している以上、その主張・立証を互いに行い、Xに対していわば共同戦線を張って戦うことが双方にとって利益となるからである。

したがって、依頼者双方の利害対立がいまだ「顕在化」していない場合には、同規定28条3号の「利益が相反する」には該当しないと解するのが一般的理解であるとされている。

【問1について】

そうすると、「利害対立が顕在化していない」ということの具体的な意味が問題となるが、少なくとも上記設例の問1のような場合には、AとYが共同してXが主張している不貞の事実を否認している段階であり、未だ双方において求償権の行使が現実化している状態でもない以上、利害対立が顕在化していないといえ、同規程28条3号には抵触せず、甲弁護士がA及びYから訴訟の委任を受けることは許されると考えられる。

ただし、この場合でも同規程32条による規律を受けなければならない。すなわち、同条は「弁護士は、同一の事件について複数の依頼者があってその相互間に利害の対立が生じるおそれがあるときは、事件を受任するに当たり、依頼者それぞれに対し、辞任の可能性その他の不利益を及ぼすおそれのあることを説明しなければならない。」と規定しており、本件でもAとYとの間で将来利害の対立が生じるおそれがないとは言えない以上、受任の際にこの不利益事実の説明義務を甲弁護士は負うことになると考えられる。

このように、問1の場合には、依頼者双方の利害対立がいまだ「顕在化」していないので、同規程28条3号には該当しないが、同規程32条により甲弁護士はAとYに対して不利益事実の説明義務を尽くす必要があるということになろう。参考のために、その説明を文書で行う場合の文例を巻末の資料8として掲げた。

【問2について】

これに対して、問2では、本件訴訟において和解するか否かについてA

とY双方の依頼者が意見を異にしており、「事件の処理方針に関する対立」が生じたことになり、この段階では「利害対立が顕在化した」と言える。

そして、このように、双方の依頼者の利害の対立が生じるおそれのある事件の受任時には、双方の依頼者の利益が相反していなかった（利害の対立が「顕在化」していなかった）が、後に依頼者相互間に現実の利害の対立が生じたとき（利害の対立が「顕在化」したとき）には、弁護士としては、依頼者それぞれに対して速やかに事情を告げて「辞任その他の事案に応じた適切な措置」をとらなければならない。すなわち、同規程42条は、受任後の利害対立として、「弁護士は、複数の依頼者があって、その相互間に利害の対立が生じるおそれのある事件を受任した後、依頼者相互間に現実に利害の対立が生じたときは、依頼者それぞれに対し、速やかに、その事情を告げて、辞任その他の事案に応じた適切な措置をとらなければならない。」と定めているからである。

そうすると、ここでは本規程の「その他の事案に応じた適切な措置」の意義が問題となるが、甲弁護士としては、本件のような不貞慰謝料請求訴訟における和解手続や和解の利点と欠点等に関する説明を十分に行った上、和解に関するAとYの意向やその理由を十分に聴くべきということになろう。

その上でもなおAとYとが和解に関して意見を異にする場合には、もはや甲弁護士としてはそれ以上の無理な調整を行う必要はなく、本条に従い辞任するべきであろう。

ただ、甲弁護士が辞任するとしても、AとY双方の訴訟代理人を辞任するべきなのか、それともいずれか一方を辞任するべきなのかという問題が残ることになる。

仮に後者の方法を選択する場合には、依頼者双方の同意を得ることが必要であろう。したがって、この同意が得られない場合には、両者の代理人をいずれも辞任せざるを得ないと考えるべきであろう。

【問3について】

問3では、受任当初のAY間の「不貞行為はなかった」との主張が崩れてしまい、さらに、その不貞行為が始まった経緯についてAとY双方の言い分が食い違っている以上、まさに「将棋（ドミノ）」が倒れてしまった状態

になったのであるから、明らかに「利害対立が顕在化した」と言える。この場合には、もはや甲弁護士としては双方の訴訟代理人を続けることはできない。したがって、この場合にも問2と同様に処理されるということになろう。

第5節　弁護士としての注意点～筆者の考え方

　以上を踏まえて、筆者の考え方を述べると、不貞慰謝料請求訴訟においてAとY双方から法律相談を受ける場合、その双方から訴訟委任を受けることには消極的である方が望ましいということである。

　たしかに、当初のAとYの話によれば不貞行為（不法行為）が存在しないとのことであって、その話が信用できると判断できる場合には双方から訴訟委任を受けることは極めて自然なことのようにも思われる。

　しかしながら、不法行為と評価されるべき不貞行為があったか否かの最終的な判断は裁判所が下すものであるし、しかも、従前の裁判例によれば、不法行為と評価されるべき不貞行為には必ずしも肉体関係（及びその証明）までは要求されないのであるから、AとYの主張を訴訟の最後まで維持できるとは限らず、仮にその主張が崩れてしまった場合や訴訟の進め方等についてAとYの意見に食い違いが生じた場合には、前述したように、AとYとの間でいわば板挟みの状態に陥る可能性がある以上、そのような事態に陥ることを予め防ぐという意味も含めて、筆者としては、この種の事件においてAとY双方から相談を受けたとしても、自衛の意味も込めて、原則として両者からの訴訟委任は受けず、せいぜい一方からのみ受けることにした方が良いのではないかと思うのである。

　次頁の図12は、不貞慰謝料請求訴訟において、Yのみから訴訟委任を受けた場合（Ⅰ）と、AとY双方から委任を受けた場合（Ⅱ）とを模式図にて対比したものである。

　（Ⅰ）の場合には、甲弁護士の依頼者はYのみであるから、甲弁護士としては、Yとの間の信頼関係（①）に留意しつつ訴訟を続ければ足りる。

　これに対して、（Ⅱ）の場合には、甲弁護士の依頼者はAとYの2人であ

図12 単独受任と双方からの受任の違い
（Ⅰ） 単独受任の場合　　　　　（Ⅱ） AY双方から受任した場合

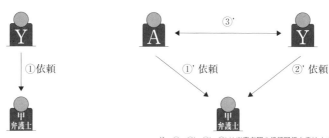

注　①、①'、②'、③' は当事者間の信頼関係を意味する

るから、甲弁護士としてはAとの信頼関係（①'）とYとの信頼関係（②'）の両方を維持しながら訴訟を続けなければならないのみならず、それに加えて、AとYの関係（③'）が良好なのかということにも注意していなければならないことになり、これは甲弁護士にとっては相当の負担であろう。すなわち、依頼者が1人の場合は1本の線であるが、依頼者が2人になると、その線は2本ではなく3本になるからである。しかも、AとYが甲弁護士の受任時においてどれほど仲が良かったとしても、所詮AとYは男女なのであるから、その性質上、いつその関係がおかしくなるか分からないという危険が内在していると考えるべきであろう。このように、当初AとYが「不貞関係は存在しない」と強く述べており、いわば一枚岩であったとしても、人間の感情には自ら温度差があることからすると、その状態がいつまでも続くとは限らず、むしろいつまでも続くことはないと考える方が自然である。そして、AとYとの関係が崩れてしまった場合には、甲弁護士もその紛争に巻き込まれることになりかねない。

　したがって、かかる観点からしても、甲弁護士がAとYのいずれか一方からのみ訴訟委任を受けるのと、AとY双方から訴訟委任を受けるのとでは、前者よりも後者の方がはるかにその労力や神経を使う程度等が大きい以上、やはりAとYの双方から訴訟委任を受け訴訟を追行することは消極的に考えるべきではないかと思うのである。

　ただし、例外的にXの主張が明らかに棄却される可能性が高い場合、例

第6章 不貞慰謝料請求訴訟と弁護士職務基本規程（旧弁護士倫理）

えば、消滅時効が完成していたり、婚姻関係の破綻後の不貞行為であることが明らかであるような場合には、上記のような事態に発展する可能性は極めて低いと思われるので受任しても良いのかも知れない。

裁判例一覧表

判決番号	判決 裁判所	判決日 出典	事案の基本要素 当事者等 X	A	Y	婚姻日 婚姻期間	婚姻関係 の帰趨	不貞開始時及びその期間	請求額 ⬇ 裁判所の認定額
平成26年									
1	東京地裁 H23（ワ）13312号	26.9.5 判時2259号75頁	妻（46歳）（原告）ニューヨーク在住	夫（41歳）	女（被告）ニューヨーク在住	H22.2.15 約4年	H24.1 別居	（X主張）H21.10頃～H22.9.16頃 約1年	600万円 ⬇ 0円
2	東京地裁	26.11.4 WLJ	夫（64歳）（原告）	妻	男（被告）	S53.6.13 約34年	H24.9.4 離婚	H17夏頃～約7年	（X₁に対して）2000万円（X₂～X₅に対して）各300万円 ⬇ （X₁に対して）180万円（X₂～X₅に対して）各0円
3	東京地裁	26.11.13 WLJ	妻（原告）	夫	女 独身（被告）	H17.2.2 約7年半	H24.11.7 別居	H24.11～数か月	200万円 ⬇ 200万円

裁判例一覧表

〔略記〕WLJ：ウエストロー・ジャパン
TKC：TKC 法律情報データベース

慰謝料算定の要素						
XA 間の事情		AY 間の事情			XY 間	
子の有無	不貞行為当時の状況等	交際の経緯・積極性等	AY 間に子ができたか	Y の X に対する謝罪の有無等		その他事案の特殊性等
不詳	破綻していない。X は、その大半をニューヨークで過ごし、A と結婚後も、X がニューヨークで暮らし、A が X と過ごすためにニューヨークに訪れる方法で婚姻生活を営んでいたから、X の生活の本拠はニューヨークにある。	不詳 （X 主張） H21.10 頃、Y の誘いにより交際を開始し、H22.9.16 頃まで多数回の不貞行為を行った。	なし			本件の国際的裁判管轄権は日本の裁判所にあることを前提に、準拠法については、「通則法 17 条前段は、不法行為によって生ずる債権の成立及び効力は、加害行為の結果が発生した地の法によると規定する。ここにいう加害行為の結果が発生した地とは、加害行為により直接に侵害された権利が侵害発生時に所在した地をいうと解される」とした上で、結果発生地の法をニューヨーク州法とした。そして、ニューヨーク州法では不貞行為に基づく損害賠償請求を求める法制は廃止されているとして X の請求を棄却した。
長男（34 歳） 長女（32 歳） 二男（29 歳） 三男（19 歳） （原告 X₂〜X₅）	A が婚姻関係を破綻させる意思を有していたとは認められない。	A の会社が Y 勤務会社に建設工事を依頼し、その現場にて知り合う。 Y は A に夫と子らがいることを認識していた。	なし	H17.9、Y は X₁ に謝罪するとともに、A とは二度と会わない旨の誓約書を書いた。しかし、その後も関係を継続した。		X₂〜X₅（子ら）の請求については、X₂〜X₄ は当時既に成人していたため、法的保護に値する権利又は法律上保護される利益が侵害されたものと認めることはできない。X₅ は未成年者であるが、当時 A において X₅ の監護等を行うことのできる関係にあり、また、Y においても、Y に害意があった等の特段の事情を認めるに足りる証拠はない。
子（14 歳） （前夫の子） 子（11 歳） 子（7 歳） H21.6 中絶	破綻はしていない。	XA の末子と Y の子が同年で、同じ保育園に通っていたため、面識を持った。	なし			長子の「もう帰って来なくていいよ」との発言を契機として A が家を出て、以降 XA が別居をしているが、このような A の行動は同人のみの選択によるものであり、X が容認したものではない。 Y は、XA の別居後、他人の目を憚ることなく A と夫婦同然の振る舞いを続けている。

177

判決			事案の基本要素						請求額
番号	裁判所	判決日 出典	当事者等			婚姻日 婚姻期間	婚姻関係 の帰趨	不貞開始時及 びその期間	裁判所の 認定額
			X	A	Y				
4	東京地裁	26.11.14 WLJ	妻 (45歳) (原告)	夫 (被告) (被告)	女 独身 (被告)	H元7.20 約15年	H22.12.2 Aが偽造 離婚届を 提出 H25.6.18 離婚無効 判決 同年7.5 同判決確 定	Yの不法行為 不成立 (H22.8～)	(AY連帯 して) 500万円 ⬇ (Aに対し て) 250万円 (Yに対し て) 0円
5	東京地裁	26.11.19 WLJ	夫 (31歳) (原告)	妻 (31歳)	男 (25歳) 独身 (被告)	H14.5.15 約11年	H24.7頃 別居 H25.4.28 協議離婚	不法行為不成 立 (H22.12～)	400万円 ⬇ 0円
6	東京地裁	26.11.26 WLJ	妻 (77歳) (原告)	夫 (享年 76歳)	女 (63歳) ホステス (被告)	S36.2.8 約40年	H4頃 別居 H13 離婚調停 (不調)	S63頃～ H14.12末 約15年	400万円 ⬇ 0円
7	東京地裁	26.11.28 WLJ	妻 (37歳) (原告)	夫 (43歳)	女 (25歳) (被告)	H9.1.20 約16年	不詳	H23.12～ H24.2 約2か月	220万円 ⬇ 0円
8	東京地裁 (H25(ワ) 23657号)	26.12.19 WLJ	妻 (41歳) (原告)	夫	女 (50歳) (被告)	H15.3.5～ H17.3.15 H18.2.24 再婚 約7年	不詳	不法行為不成 立	700万円 うち、不 貞行為に ついての 慰謝料は 200万円 ⬇ 0円
9	東京地裁 (H26(ワ) 1754号)	26.12.19 WLJ	妻 (38歳) (原告)	夫 (39歳)	女 (40歳) (被告)	H13.3.3 約12年	H25.3.6 別居 H25.10頃 離婚調停 (不調)	H15.6頃 H19秋頃～ 約5年	500万円 ⬇ 250万円

裁判例一覧表

慰謝料算定の要素					
XA間の事情		AY間の事情		XY間	
子の有無	不貞行為当時の状況等	交際の経緯・積極性等	AY間に子ができたか	YのXに対する謝罪の有無等	その他事案の特殊性等
長男（22歳）長女（5歳）二女（3歳）	H21.10から別居している。H22.12.3は破綻はしていない。H23.12.7以降は破綻が認められる。	H22.8.1、お見合いパーティーで知り合う。H22.12.3から夫婦同然の生活を開始した。			YがXA間の婚姻関係が継続している可能性を認識したと認められるのは、H23.12.7にXが申立てた離婚無効確認等の調停の申立書を読んだ時点であり、その頃にはXA間の婚姻関係は破綻していたと認められる。
長女（10歳）長男（8歳）	破綻していない。	少年団の活動で知り合う。H22.12頃から結婚を前提に交際していた。	なし	H22.12にXに問い質された際に謝罪したが、Aと会うこと自体は止めなかった。	AYが肉体関係を持っていたと認められず、不貞関係にあったと認められない。AYの交際がXAの婚姻共同生活に影響を与えたことは認められるが、離婚自体はXAの協議の結果であるとされた。
長男（49歳）長女（14歳）	H8頃までは破綻はしていない。H14.12末には破綻した。	ホステスをしていたYと知り合ったAが、Yの勤務していた店を訪れるようになった。H4頃から同居した。			XA間の婚姻関係の破綻が認められたH14.12末日以前の不法行為については、消滅時効により、消滅した。
長女（16歳）	婚姻共同生活を営んでいる。Xは、Yとの交際によりAが柔和になったこと等を理由に、Yに対してAとの交際の継続を執拗に要求した。	職場にて知り合う。YはAが既婚者であることを知っていた。H22.2、Yの妊娠を知ったAの態度により、YはAとの関係を断つことを決めた。	H24.3.10中絶	H24.2.28、29、YはAに謝罪し、関係を断つ旨申し出たが、XはAとの関係を継続するよう要求した。	Xは、Yに対してAとの交際の継続を執拗に要求し、その際、肉体関係を持つことを容認していた。よって、YAの関係によってXの法的保護に値する利益が侵害されたとも、精神的苦痛があったとも認められない。また、別れを望んだYに関係の継続を強要したこと、それに耐えられなくなったYが退職したこと等を鑑みると、Xの請求は権利濫用として許されない。
不詳	破綻していない。	YはXと交友関係があり、初めて会ったのはH24.2.28、それ以降もパチンコ店にて挨拶をする程度と主張。実際、数回の通話記録があるのみ。	なし		YがXに怪我を負わされた際の診療記録に「不倫関係にある男性の妻にパチンコ店で玉が入ったドル箱でなぐられ受傷」等の記載があるが、Yは上海出身で日本語に通じておらず、医師に対して説明が誤って伝わった可能性も十分に考えられるとして、不貞行為があったことの証拠として認められなかった。
長男（11歳）二男（7歳）	破綻していない。	Aが大学生だった時に、アルバイト先で知り合う。	なし		Yの不貞行為によりXはうつ病になっている。

判決			事案の基本要素						請求額 ⬇ 裁判所の認定額
番号	裁判所	判決日 出典	当事者等			婚姻日 婚姻期間	婚姻関係の帰趨	不貞開始時及びその期間	
			X	A	Y				
⑩	東京地裁	26.12.24 WLJ	夫（原告）	妻	男 既婚者（被告）	H18.12.24 約7年	不変	H25.3.29	700万円 ⬇ 50万円
平成27年									
⑪	東京地裁	27.1.7 判時2256号41頁	妻（被告）	夫	女 独身（原告） Aと知り合った当時31歳	H18.7.7 約7年	H19.8 別居 H20.4頃 夫婦関係調整調停申立 （不調） H23.3～ 関係回復	H23.3～ 約2年	550万円 ⬇ 110万円 （慰謝料100万円、弁護士費用10万円）
⑫	東京地裁 （H25（ワ）27569号）	27.1.9 WLJ	妻 （49歳）（原告）	夫 （45歳）	女 （32歳）（被告）	H8.10.29 約18年	同居	（H22.8～） H24.2～ 約1年半	550万円 ⬇ 165万円 （慰謝料150万円、弁護士費用15万円）
⑬	東京地裁 （H26（ワ）25773号）	27.1.9 TKC	夫（原告）	妻	男（被告）	H12.10.19 約13年9か月	H26.7.20 別居 H26.8.20 離婚調停	H25.8～ 約7か月	550万円 ⬇ 330万円 （慰謝料300万円、弁護士費用30万円）

裁判例一覧表

慰謝料算定の要素					
XA 間の事情		AY 間の事情		XY 間	その他事案の特殊性等
子の有無	不貞行為当時の状況等	交際の経緯・積極性等	AY 間に子ができたか	Y の X に対する謝罪の有無等	
子あり	破綻していない。	XA 婚姻前に職場にて知り合う。2度、一切接触しないこと等を合意書（公正証書）にて約したが、2度とも合意に反し、関係を続けた。		H23.12 頃～H24.10 間の不貞行為に対し、同月 30 日に X に謝罪し、慰謝料 200 万円を分割にて支払うことになった。しかし、不貞関係を続けたため、H25.1.23 に改めて謝罪し、慰謝料の支払いを確認した。	2度に亘る示談に違反する形で不貞行為が行われ、また、それは X が A との婚姻関係の維持を期待して同居を再開した矢先のことであるために精神的苦痛が甚大と言える。しかし、以前の不貞行為は、各示談による慰謝料によって既に慰謝されているといえること、本件不貞行為は1回であること等も考慮する。
長女（0歳）	破綻していない。	職場にて知り合う。H23.1 頃、A は、自分がバツイチであると偽り、Y に対して交際を申し込んだ。交際当初から結婚についての話をしていた。	なし		A が Y に対して、既婚者であることを告げずに交際を申し込んだ。その当時、XA は1年以上別居し、互いに連絡も取らず、調停も不調になっていたことから、A において Y と真剣な交際をする意思がなかったとまでは認めることはできないが、H23.3 以降は夫婦関係を修復する一方で、結婚を望む Y には虚偽の事実を述べて関係を続けたことは、Y に対して人格権を侵害する不法行為を構成する。
原告の子（19歳）子（14歳）	破綻していない。	職場の新潟支店にて知り合う。A が東京本店に戻り、X に不貞行為が発覚した後も、東京新潟間を行き来していた。			「（慰謝料の算定にあたって）Y が不貞行為を否認していることを過度に評価するのは相当ではない（多くの事案で見られるところの Y が不貞行為を認めた上で、そうなった原因は X にあると主張するのと、どちらが X に対する精神的苦痛が大きいかは一概には言えない）。」とした。
長男（20歳）（A の連れ子）二男（13歳）長女（9歳）	X は生死の境を彷徨う大病を思い、家族の支えを必要としていた。破綻していない。	LINE で知り合う。A に夫がいることを承知しており、X とは自分が話をつける、自分が A と子らの面倒を見る、などと述べていた。			Y は X からの連絡を一方的に断っており、内容証明郵便にも反応しない。また、答弁書その他の提出をしない。

判決			事案の基本要素						請求額 ⇩ 裁判所の認定額
番号	裁判所	判決日 出典	当事者等			婚姻日 婚姻期間	婚姻関係 の帰趨	不貞開始時及 びその期間	
			X	A	Y				
⑭	東京地裁 (H25 (ワ) 26381号)	27.1.13 TKC	妻 (原告)	夫 (被告補 助参加 人)	女 (被告)	H6.11.29 約20年	H25.12 別居	H20.12～ 約5年	300万円 ⇩ 200万円
⑮	東京地裁 (H26 (ワ) 27903号)	27.1.13 TKC	妻 (原告)	夫	女 (被告)	H16.10 約10年	H26.6.28 別居 離婚協議 中	H26.3頃～ 約7か月	550万円 ⇩ 220万円 (慰謝料 200万円、 弁護士費 用20万 円)
⑯	東京地裁	27.1.15 TKC	妻 (39歳) (原告)	夫	女 (52歳) (被告)	H14.1.30 約11年	H25.8.8 協議離婚	H21.10頃～ H24.6 約6年4か月	1000万円 ⇩ 150万円
⑰	東京地裁	27.1.28 WLJ	妻 (42歳) (原告)	夫 (45歳)	女 (46歳) 既婚者 (被告)	H6.3.28 約19年	H22.6.23 別居 H24より 離婚訴訟	不法行為不成 立	330万円 ⇩ 0円
⑱	東京地裁	27.1.29 WLJ	妻 (48歳) (原告)	夫 (66歳)	女 (28歳) (被告)	H10.12.28 約16年	同居 (慰謝料 を請求し ておらず、 離婚調停 の申立も ない)	H22.7～24.2 約1年7か月	500万円 ⇩ 100万円

慰謝料算定の要素					
XA間の事情		AY間の事情	AY間に子ができたか	YのXに対する謝罪の有無等	その他事案の特殊性等
子の有無	不貞行為当時の状態等	交際の経緯・積極性等			
長女（16歳）長男（13歳）二女（11歳）	H18.4頃からは必ずしも良好ではなかったが、破綻はしていない。	H18.12.18頃、YがAに対してメールをしたことで知り合う。H20.8頃にキスをするようになった。			「婚姻関係の破綻とは、主観的には、婚姻当事者双方に婚姻を継続する意思がないこと、客観的には、婚姻共同生活の修復が著しく困難であることを意味する。」とした。
長女（4歳）	破綻していない。	YはAのバンド仲間の1人であり、Aに妻子がいることを当然知っていた。AYは同棲している。			Yは答弁書その他の書面の提出をしない。
一男三女	平穏な家庭生活を営んでいた。	YはAの勤務先のパート従業員であり、Aの誘いに応じて交際が始まった。AはYに高価な腕時計を贈ったりした。H24.6.3、YはAから暴行を受け、傷害を負い、関係を解消した。			XはAに対して慰謝料を求めておらず、XAは離婚後も同居し、Aは子らの生活費等を負担している。
なし		大学の同期生。2人で会食をしたり、恋愛感情を表明するような電子メールを送ったりした。	なし		AからYに対する電子メールの内容には、肉体関係を持ちたい旨の願望や子を成すことを提案する旨、性交が予定されているかの如き記載があるが、実際に関係を持った証拠はなく、Aの一方的な願望を記載したものに過ぎないと解する余地もあり、直ちに不貞行為を推認させるものとはいえない。
長女（9歳）	破綻していない。	Yは所属大学の声楽科教授であるAの個人レッスンを受けていた。YはXAが婚姻関係にあることを知っていた。			Xは、Yが、①Xに対し、Aと交際していると告げたこと②Aに対し、執拗に面会を求めるなどしたこと③大学に対し、Aを辞めさせるように求めたり、Aが担当する講座からAを外すよう求めたりしたことがXに対する不法行為であると主張したが、①は不法行為には当たらず、②③はXの権利を侵害するものとはいえないため、採用されなかった。

判決			事案の基本要素						請求額 ⬇ 裁判所の認定額
番号	裁判所	判決日 出典	当事者等			婚姻日 婚姻期間	婚姻関係の帰趨	不貞開始時及びその期間	
			X	A	Y				
⑲	東京地裁 (H25（ワ）17789号)	27.1.30 TKC	夫 (原告)	妻	男 (被告)	H15.6.16 約8年	H23.6頃別居 H24.5.8 離婚	H22.11.19～約5か月	550万円 ⬇ 198万円 (慰謝料180万円、弁護士費用18万円)
⑳	東京地裁 (H26（ワ）400号)	27.1.30 WLJ	夫 (原告)	妻	男 既婚者 (被告)	H16.6.6 約9年	H24.12.28 別居 H25.10.1 協議離婚	H24.11.22～約1か月	600万円 ⬇ 300万円
㉑	東京地裁 (H26（ワ）3093号)	27.1.30 TKC	妻 (49歳) (原告)	夫 (49歳)	女 (38歳) (被告)	H元1.18 約26年	H25.1.1、Aはアメリカに単身赴任する際、同行を望んだXを拒否している。Aは弁護士を介して離婚を求めている。	H24.6頃～約2年	500万円 ⬇ 200万円
㉒	東京地裁	27.2.3 判時2272号88頁	妻 (原告)	夫	女 (被告)	S49.5.20 約35年	H19.1 別居	H21.10～約3年	1億1000万円 ⬇ 330万円 (慰謝料300万円、弁護士費用30万円)

裁判例一覧表

慰謝料算定の要素					
XA間の事情		AY間の事情		XY間	その他事案の特殊性等
子の有無	不貞行為当時の状況等	交際の経緯・積極性等	AY間に子ができたか	YのXに対する謝罪の有無等	
長女（9歳）二女（6歳）	H23.1にAが離婚を望んだが、Xが応じず、同居が継続されていた。H24.6の別居で破綻した。	H22.9頃、AがY勤務のキャバクラに来店したことで知り合う。AはYに自身が既婚者であることを伝えていた。YはAに求愛するメールを多数送信するなど、積極的に働きかけている。			Yは、Aと性交渉に及んでいること、及びAは、Xと別居するまでの間に、Yと約50回性交渉をした旨供述している。
長男（9歳）長女（3歳）	幸せな家庭生活を送っていた。	YはAの上司。2人で飲酒をした際にYが主導的にAと不適切な関係を持った上、それを材料にAに対して暗に離婚を求めるなどした。			Xが仕事を辞めざるを得なくなった原因の一つに本件不貞行為があったこと、探偵事務所に対する調査費用、Yの対応がXに誠意が伝わるようなものではなかったことが斟酌された。AがXに支払った解決金550万円は、夫婦の実質的な共有財産の清算などであり、XのYに対する本件損害賠償請求権との関係は認められなかった。
長女（22歳）長男（21歳）二男（19歳）	破綻はしていない。	AYは同僚であり、YはAが妻帯者であることを知っていた。Aが不貞関係を主導している。			Yは、Aとの関係はH24.12末までに終わったなど、虚偽の主張・供述を重ねており、不誠実である。AはXに月額30万円を送金していたが、Xが離婚に応じないと、その報復のように送金額を15万円に半減させ、その後、8万円にまで減額させたため、Xは生活費や子供の学費の支払に四苦八苦している。
長女長男	別居から2年半以上が経過していたが、別居直前まで表面的には平穏な婚姻生活が継続されていたこと、別居後も婚姻関係を前提とする行動を取っていたこと、離婚に向けた具体的手続きを取っていないことから、破綻していない。	Yの父は病気であるAの父をサポートしており、Yは、父亡き後、H16.8頃、墓参りに訪れたAからAの父の病状を知り、同人の介護をするようになった。Aの父亡き後、AYは次第に親密になり、H21.10頃事実上の夫婦として生活していくことを決めた。YはAに配偶者がいることを知っていた。			YはAの父と養子縁組をし、Aの父宅を相続しているが、これは見舞いや介護を通じて当人同士が信頼関係を深めたため、AがYを自身の妻にするつもりがあれば義理の妹になる養子縁組は同意しないという主張から、不貞関係にあったとは認められない。

判決			事案の基本要素						請求額 ⬇ 裁判所の認定額
番号	裁判所	判決日 出典	当事者等			婚姻日 婚姻期間	婚姻関係 の帰趨	不貞開始時及 びその期間	
			X	A	Y				
23	東京地裁	27.2.6 TKC	妻 (32歳) (原告)	夫	女 (36歳) 既婚者 (被告)	H22.2.11 約4年	H26.7.10 別居	H24.9～26.7 約1年 10か月	330万円 ⬇ 165万円 (慰謝料 150万円、 弁護士費 用15万 円)
24	東京地裁	27.2.12 TKC	配偶者 (原告)	有責 配偶者	相姦者 (被告)	H17.5.21 約9年		H23.6.26～ 約3年	2200万円 ⬇ 330万円 (慰謝料 300万円、 弁護士費 用30万 円)
25	東京地裁	27.2.13 TKC	妻 (55歳) (原告)	夫 (49歳)	女 (50歳) (被告)	H18.2.14 約6年 8か月	H24.10.20 別居	H24.9.15～ 約1か月	550万円 調査費用 42万0070円 ⬇ 220万円 (慰謝料 200万円、 弁護士費 用20万 円)
26	東京地裁	27.2.17 TKC	夫 (45歳) (原告)	妻 (35歳) (被告)	男	H24.4.2 約3か月	H24.4.27 別居 6.20 協議離婚	不貞行為不成 立	330万円 ⬇ 0円

裁判例一覧表

慰謝料算定の要素					
XA間の事情		AY間の事情		XY間	その他事案の特殊性等
子の有無	不貞行為当時の状態等	交際の経緯・積極性等	AY間に子ができたか	YのXに対する謝罪の有無等	
子（0歳）	破綻していない。	H24夏頃、ミクシィを通じて知り合い、9月頃に実際に会うようになった。AYは当初から互いに配偶者がいることを知っていた。H26.2、Yの夫に不貞関係が知られ、再度不貞行為を行わないこと等を約束して示談をしたが、その後もAYの合意により不貞関係は継続された。	H26.4.9 中絶		YがAを脅迫したこと等の積極的な事情までは認められないというべきである（ただし、これは、Yに帰責事由がないということではなく、AとYの合意の上で本件不貞行為が継続されたこと自体は当然に認められる）。
長女（7歳）	破綻していない。	H22秋頃から会うようになり、現在も肉体関係を継続している。			Yは答弁書その他の書面の提出をしない。
	完全に破綻はしていない。Xは婚姻生活を続ける意思を強く有していた。	Yは大学時代にAとサークルで出会い、交際をしていた。H24.5頃から9年ぶりにフェイスブックで連絡を取り合うようになり、9月に男女の関係を持った。			Aが、Xに対して、Yとの不貞関係を認める可能性も十分にあったといえるから、調査会社に対する調査費用は、本件不法行為と相当因果関係を有する損害とは認められない。
なし	H18頃から交際をしていたが、AはXのDVに悩まされており、婚姻後もそれは変わらなかった。	AYは金沢で4、5回会ったことがあり、部屋に行ったことがある、などの付き合いはあったが、当時のAのXに対する思いなどを考慮すると、AY間で男女関係があったと認めるには足りない。			XとAが離婚に至ったのは、Xの暴力又は暴力的な態度によるところが多分にあると解される。

判決			事案の基本要素						請求額
番号	裁判所	判決日 出典	当事者等			婚姻日 婚姻期間	婚姻関係の帰趨	不貞開始時及びその期間	裁判所の認定額
			X	A	Y				
27	東京地裁	27.2.18 TKC	妻（原告）	夫（被告）	女1	H19.10.5 約6年4か月	H23.7.22 協議離婚（長男を引き取るための策）H25.6頃破綻	H23頃～数か月	690万8000円 ⬇ 100万円
28	東京地裁	27.2.19 TKC	内縁の妻（39歳）（原告）	内縁の夫（46歳）（被告）	女（50歳）（被告）	H21.12頃同居約2年半	H24.7.4 別居	H24.6.2～約1か月	1100万円 ⬇ (Aに対して) 200万円 100万円（連帯債務）
29	東京地裁（H26（ワ）4350号）	27.2.20 TKC	夫（原告）	妻	男 既婚者（被告）	H15.4.28 約10年	同居継続 XはAを擁護	H25.2頃～7中旬頃約5か月	220万円 ⬇ 88万円（慰謝料80万円、弁護士費用8万円）
30	東京地裁（H26（ワ）8371号）	27.2.20 TKC	妻（原告）	夫	女 既婚者（被告）	H24.6.29 約半年	婚姻関係を継続し、損害賠償請求をし合わないことを決めた。	同上	同上
31	東京地裁（H25（ワ）8633号）	27.2.26 TKC	妻（34歳）（原告）	夫（40歳）	女（30歳）既婚者（被告）	H22.9.17 約2年	H24.8.9 夫婦関係円満調停取下げ	H23.12～約8か月	660万円 ⬇ 352万円（慰謝料320万円、弁護士費用32万円）

裁判例一覧表

慰謝料算定の要素					
XA間の事情		AY間の事情		XY間	
子の有無	不貞行為当時の状態等	交際の経緯・積極性等	AY間に子ができたか	YのXに対する謝罪の有無等	その他事案の特殊性等
長男（13歳）（Aの連れ子）長女（5歳）	児童相談所に保護された長男を引き取る策としてH23.7.22に離婚したが、その後2年程で再婚することに同意し、養育費はAが月額4万円支払っており、実質的に婚姻関係は継続していた。	AYは職場の同僚である。AはYにXと離婚してYと結婚することを約束した上で、慰謝料等のために2300万円を借りた。			AによるYに対する詐欺事件として本件不貞行為を警察から聞き、また、Aが他の女性と結婚している事実を知り、離婚後にAから聞いた生活状況が虚偽であることを知ったXは、大きな精神的損害を被った。
子（4歳）	破綻していない。XAは同居し、学校に通うAを、Xが就労して支えていた。	AYは同じ学校に通っており、同学校の自治会活動を通じて知り合った。H24.5中旬頃、YはAから、Xと内縁関係にあるが破綻していることを聞かされた上で交際を申し込まれ、交際を開始した。			内縁関係解消にあたり、XはH24.7.24、Aから30万2500円の、同年8月にAの父から50万円の、各送金を受けた。Xは本件により不眠症や不安神経症及びストレス性胃腸障害を発症した。
	良好であった。	ミクシィを通じて知り合い、お互いに配偶者がいることを知りながら不貞行為を行った。			共同不法行為者（AとY）相互間の責任の主従は、その内部における負担部分を定めるに当って考慮されるものに過ぎない。
	婚姻したばかりであった。				同上。
なし	破綻していない。H24.1にAが単身赴任し、それ以後同居していない。	Aが店長として働いていたデニーズ店にYが勤務し、知り合う。	子（0歳）		Yは前夫との子らに対してXAが離婚することの手伝いをするように仕向け、自らも子と共にXに離婚を迫った。また、Xが離婚を拒むと「Aと子供を作るからいい」と宣言し、Aと同居して子を出産し、現在に至るまで家族同様の生活をしている。Xは抑うつ状態になった。

189

判決			事案の基本要素						請求額 ⬇ 裁判所の認定額
番号	裁判所	判決日 出典	当事者等			婚姻日 婚姻期間	婚姻関係の帰趨	不貞開始時及びその期間	
			X	A	Y				
32	東京地裁 (H25(ワ) 27392号)	27.2.26 TKC	妻 (原告)	夫 (40歳)	女 (被告)	H22秋頃 交際 H23.2.11 婚姻 約2年	H25.2.7 離婚	不貞行為不成立	300万円 ⬇ 0円
33	東京地裁 (H26(ワ) 22121号)	27.2.26 TKC	夫 (原告)	妻	男 (被告)	H18.1.5 約6年 8か月	H24.9.3 離婚	H19.7頃〜 H20.8頃 約1年	330万円 ⬇ 88万円 (慰謝料 80万円、 弁護士費 用8万円)
34	東京地裁 (H25(ワ) 32348号)	27.2.27 TKC	夫 (原告)	妻	男 (被告)	H12.7.15 約13年	H25.4 別居 H26.5.30 調停離婚	H25.2頃〜 約2か月	550万円 ⬇ 220万円 (慰謝料 200万円、 弁護士費 用20万 円)
35	東京地裁 (H26(ワ) 15264号)	27.2.27 TKC	妻 (48歳) (原告)	夫 (50歳)	女 (被告)	H5.4.8 約21年 8か月	H26.12 離婚調停	H16頃〜 H26.4 約10年	1100万円 ⬇ 300万円 (慰謝料 270万円、 弁護士費 用30万 円)
36	東京地裁	27.3.11 TKC	妻 (45歳) (原告)	夫 (51歳)	女 (被告)	H2.10.16 約23年 8か月	H26.4 別居 H26.6.17 離婚	H21頃〜 約5年	500万円 ⬇ 200万円

裁判例一覧表

慰謝料算定の要素					
XA 間の事情		AY 間の事情		XY 間	
子の有無	不貞行為当時の状況等	交際の経緯・積極性等	AY 間に子ができたか	Y の X に対する謝罪の有無等	その他事案の特殊性等
	破綻していない。	XAY は、中学校の同級生。Y は XA が交際を始める以前の H22.7 頃、A とミクシィを通じて連絡を取り、8 月に交際を始め、9 月に結婚を前提とした交際相手として家族に紹介した。H23.11 末〜12 初め頃に A が X と婚姻していることを知り、関係を解消した。			AY は H25.1.3 に Y の両親へ年始の挨拶をするために Y の実家を訪れているが、これは病気であった Y の父親に心配をかけたくなかったからであるという Y の主張が認められた。
	平穏な婚姻生活を送っていた。	A は Y 以外の多数の男性との間でも性交渉に及んでいた。			X はうつ病と診断され、経営していた会社を休業せざるを得なくなったが、その精神的苦痛は A の Y 以外の男性との不貞行為によって生じた部分も踏まえる必要がある。
長男（12 歳）長女（11 歳）	破綻していない。	H25.2 頃、Y は A に対し複数回にわたり「結婚したい」「愛してる」等のメールを送信した。			Y の「A とは地元の友達にすぎず、メールの内容もふざけあってしたものである」との弁解を排斥した。
子（19 歳）子（15 歳）	普通の夫婦であった。	AY は Y の勤めていた飲食店で知り合い、A が交際を申し込んだ。Y は A に妻子がいることを知っていた。Y は A と週 2 回という頻度で関係を続けた。	子（9 歳）		Y は、H21 頃には A 経営の歯科医院に勤務して給料を得、その他養育費及び生活費の援助として少なくとも月額 20 万円以上の金銭交付を受けた。
長男（24 歳）二男（22 歳）三男（17 歳）長女（8 歳）	円満であった。	A は飲食店を経営している Y と出会い、交際を開始した。	長女（3 歳）次女（1 歳）		Y の不法行為により、X と A の婚姻生活が完全に破綻した。

191

番号	判決 裁判所	判決日 出典	当事者等 X	当事者等 A	当事者等 Y	事案の基本要素 婚姻日 婚姻期間	事案の基本要素 婚姻関係の帰趨	事案の基本要素 不貞開始時及びその期間	請求額 ⬇ 裁判所の認定額
37	東京地裁	27.3.13 TKC	妻 (55歳) (原告)	夫 (51歳)	女 (被告)	S60.10.14 約29年	H23.12.28～H26.2頃 別居 現在は同居	H23.7頃～H26.2頃 約2年7か月	200万円 ⬇ 120万円
38	東京地裁	27.3.16 TKC	妻 (35歳) (原告)	夫 (35歳)	女 (被告)	H20.10.2 約5年3か月	H23.10頃～H24.3 別居 H26.1 再度別居	H23.10～H24.3 約5か月	220万円 ⬇ 66万円 (慰謝料60万円、弁護士費用6万円)
39	東京地裁 (H25 (ワ) 20149号)	27.3.17 TKC	夫 (45歳) (原告)	妻 (41歳)	男 (被告)	H7.4.18 約18年8か月	H25.4上旬 別居 H25.12 協議離婚	H19.6頃～H24.12上旬 約5年半	330万円 ⬇ 165万円 (慰謝料150万円、弁護士費用15万円)
40	東京地裁 (H25 (ワ) 33814号)	27.3.17 TKC	夫 (42歳) (原告)	妻 (42歳)	男 (50歳) 既婚者 (被告)	H8.8.8 約18年	H26.6.12 別居 8.20 離婚調停	H25.2～ 約1年4か月	1100万円 ⬇ 330万円 (慰謝料300万円、弁護士費用30万円)

裁判例一覧表

慰謝料算定の要素					
XA間の事情		AY間の事情		XY間	
子の有無	不貞行為当時の状態等	交際の経緯・積極性等	AY間に子ができたか	YのXに対する謝罪の有無等	その他事案の特殊性等
	夫婦喧嘩があり、寝室も別にして性交渉は途絶えていたが、破綻はしていない。	H23.5頃、Yが勤務していた銀座のクラブにAが来店し、出会った。YはAに配偶者がいることを認識していた。H23.12.28、Aはマンションを購入し、H26.2までYと同居した。			Yが、Aと交際を開始した時点で、XとAの婚姻関係が完全に修復の見込のない状態に立ち至っていたものと認識していたとまではいえず、また、そう信じるにつき過失がなかったということもできない。
子（1歳）	H23.10に別居しているが、H24.1頃にXはAに対して連絡し、その後も連絡やデートを繰り返し、3月頃には同居を再開し、XはAとの子を出産した。破綻していない。	AYは同じゲストハウスに居住したことから知り合い、交際を開始した。	H24.4中絶		H24.5.8にはAの不貞を確信していたXがAと同居し、Aとの子を出産していることから、XはAを宥恕していると認められる。
長男（10歳）	H17頃、Xが風俗店などに通っており、それをAが不快に感じたことは推認できるが、破綻してはいない。	XとYは面識があり、Zの紹介によりAはYの勤める工場でアルバイトを始めた。YはAに配偶者がいることを知りながら交際を開始した。			AYが肉体関係を持ったのはH21.3〜H22.9の間。しかしその後、不貞関係がXに発覚し、AがXにYとの関係を清算することを約束したにもかかわらず、AYはその後もメールのやりとりをしていた。
長男（14歳）長女（11歳）	少なくとも外形上婚姻関係に変化はない。	XAYは、同僚として病院に勤務していた時期があり、YはXAが婚姻していることを知っていた。AはH23.2頃、Yに医療事務員として雇用され、H25.2までには不貞関係を持つようになった。		H25.6.8、話合いの席においてYはXに謝罪をしたが、署名を求められた誓約書は、内容が一方的であるとして破棄した。	Yは謝罪したものの、XAの関係が改善したときにAYの関係を解消すると述べ、Aと会うことを止めない、また、AYの不貞関係の原因はXに問題があるとしてXを非難するなどした。

判決			事案の基本要素						請求額 ⇩ 裁判所の認定額
番号	裁判所	判決日 出典	当事者等			婚姻日 婚姻期間	婚姻関係の帰趨	不貞開始時及びその期間	
			X	A	Y				
㊶	東京地裁（H26（ワ）3434号）	27.3.17 TKC	夫（原告）	妻	男（被告）	H21.11.11 約4年	H25.12.2 離婚	H25.3.19〜約1か月	200万円 威迫による損害賠償130万円・合計330万円 ⇩ 200万円
㊷	東京地裁（H26（ワ）4456号）	27.3.17 TKC	妻（39歳）（原告）	夫（39歳）	女（31歳）既婚者（被告）	H15.3.27 約10年	子どもの養育等を考慮し、離婚はしていない。	H22.2〜H25.4 約3年	550万円 治療費等1万3470円 ⇩ 275万円（慰謝料250万円、弁護士費用25万円） 治療費等1万3470円
㊸	東京地裁（H26（ワ）12096号）	27.3.17 TKC	妻（34歳）（原告）	夫（44歳）	女（43歳）既婚者（被告）	H18.7 約7年5か月	H25.12.25 別居	H25.5.10〜約7か月	330万円 ⇩ 275万円（慰謝料250万円、弁護士費用25万円）
㊹	東京地裁（H26（ワ）32830号）	27.3.17 TKC	配偶者（原告）	有責配偶者	相姦者（被告）	H13 約10年	H23.5.23 離婚	H23.1.19 時効	140万円 ⇩ 0円
㊺	東京地裁	27.3.18 TKC	妻（40歳）（原告）	夫（47歳）	女（39歳）（被告）	H18.3 約5年5か月	H23.8 別居	H19.10〜H20頃 約1年	550万円 ⇩ 160万円（慰謝料150万円、弁護士費用10万円）

裁判例一覧表

慰謝料算定の要素					
XA間の事情		AY間の事情		XY間	その他事案の特殊性等
子の有無	不貞行為当時の状況等	交際の経緯・積極性等	AY間に子ができたか	YのXに対する謝罪の有無等	
	AはXと一緒にパチンコをしようとしたり、Xとの子を妊娠しようと考えたりしており、婚姻関係は破綻していない。	AYは同じ職場に勤めていた。			H25.4.30、XYは示談契約を締結したが、この契約書の効力が争われた。
子（17歳）（Xの連れ子）子（10歳）子（8歳）	破綻していない。	AYは同じ小学校の教諭である。YAは2人で旅行する、自動車内で性交渉を行うなど、不貞行為を繰り返す。YはAに親愛の情を示し、積極的に働きかけるメールを多数送っている。			本件不貞行為により、XはH25.7.8にうつ病と診断され、12.28には適応障害と診断された。AYは不貞行為発覚後も密会を継続し、YはXに対してAYの性交渉の様子について得意げに語るなどした。
長女（7歳）二女（3歳）	喧嘩をした際、XがAに離婚届を渡したことが数回あったが、その後も婚姻生活を継続しており、破綻していない。	AYは同僚である。AYは不貞関係発覚後も関係を継続し、YはAの別居に合わせて食器を2人分購入した。			不貞行為自体には争いはなく、不貞行為開始時においてXA間の婚姻関係が破綻していたか否かが争点であった。
		H23.1.19、自家用車内で会い、性行為又は類似行為をした。			Xは、H23.1.19、車両におけるYとAとの行動を見てその様子を写真撮影し、また、Yの氏名及び住所を知ったことが認められるので、その日が消滅時効の起算日である。
長女（16歳）（Xの連れ子）二女（13歳）（Xの連れ子）三女（3歳）	Xは、Aの遅い帰宅や外泊が続いたことから浮気を疑ったが、確信には至らず、良好な関係であった。	YがAの経営会社に入社し、知り合う。H20.6頃には会うことが少なくなり、Yは、出産後はAから養育費として月額20万円の支払を受けて子どもと生活している。	双子（6歳）		YがXとAの婚姻関係が破綻していると認識してもやむを得ないような事情があったとも認められない。

195

判決			事案の基本要素						請求額 ⬇ 裁判所の認定額
番号	裁判所	判決日 出典	当事者等			婚姻日 婚姻期間	婚姻関係 の帰趨	不貞開始時及 びその期間	
			X	A	Y				
46	東京地裁	27.3.20 TKC	妻 (65歳) (原告)	夫 (74歳)	女 (75歳) (被告)	H10.10.10 約15年	H25.11 別居	不貞行為不成立	300万円 ⬇ 0円
47	東京地裁 (H26(ワ) 2810号)	27.3.24 TKC	妻 (54歳) (原告)	夫 (53歳)	女 (42歳) (被告)	S62.4.2 約27年	H24以降 別居	H11.1頃〜 約15年	1500万円 ⬇ 500万円
48	東京地裁 (H26(ワ) 7509号)	27.3.24 TKC	妻 (44歳) (原告)	夫	女 (被告)	H11.8.23 約14年	H25.3.9 別居	H25.1〜 約2か月	560万円 調査費用 100万円 ⬇ 175万円 (慰謝料 150万円、 弁護士費 用25万 円) 調査費用 100万円

裁判例一覧表

慰謝料算定の要素					
XA間の事情		AY間の事情		XY間	
子の有無	不貞行為当時の状態等	交際の経緯・積極性等	AY間に子ができたか	YのXに対する謝罪の有無等	その他事案の特殊性等
		Aがスナック経営をする傍ら開いていたカラオケ教室にYが通い、Aの指導を受けていた。Aは夜間や深夜に複数回Y宅を訪問しており、Yはその際ビールや料理等を用意していたことから、講師と生徒の関係を超えた親密な関係であった。			Aが経営していたスナックの営業終了時刻が夜11時であり、仕事が終わった後にY宅を訪問していたと考えると、AYがあえて深夜に密会していたとはいえず、また、Y宅への訪問は月に1度程度であること、AYの年齢等を考慮し、不貞行為があったと認定することは躊躇を覚える。
長女（25歳）二女（21歳）	離婚が話題になったことはなく、同居していた。破綻していない。	AYはA経営のクリニックにYが入社し、知り合う。YはAが既婚者であることを知っていた。H11.9.29、AはXに無断で協議離婚の届出をし、10.1にYと婚姻届出をした。Yは同年に出産した後、Aと協議離婚届出をした。他方、XとAとの離婚無効の裁判が確定した。H24.5にはAYは同居し、不貞関係発覚後も関係を継続した。	長女（15歳）子（13歳）子（11歳）子（10歳）子（9歳）子（0歳）		Yも離婚届出等一連の手続に一定の関与をしていると認められる。AはH24.5にはYと同居していたが、Xに月額45〜50万円程度の生活費を渡しており、H25.11.7に本件不貞が発覚するまで、Xは経済的に困窮することもなくAYの不貞にも気付かずに生活していた。
長男（14歳）	別居前はもちろん、別居後もXは円満調停を申し立てたり関係修復に向けた具体的な提案をAにメールしたりしており、破綻したとは認められない。	AYは会社の同僚である。			Xが負担した調査費用100万円は、Aが不貞行為の存在を認めていなかったことや、調査の内容等に照らすと、金額には相当因果関係があると認められる。

197

判決			事案の基本要素						請求額 ⇩ 裁判所の認定額
番号	裁判所	判決日 出典	当事者等			婚姻日 婚姻期間	婚姻関係 の帰趨	不貞開始時及 びその期間	
			X	A	Y				
49	東京地裁 (H26（ワ) 32231号)	27.3.24 TKC	妻 (原告)	夫	女 (被告)	H19.9.2 約6年 5か月	H26.2 別居	H25.5～ H26.1 約8か月	400万円 ⇩ 100万円
50	東京地裁 (H26（ワ) 520号)	27.3.25 WLJ	妻 (41歳) (原告)	夫 (25歳)	女 (41歳) 既婚者 (被告)	H25.2.14 約1年 10か月	H26.12.26 離婚	H25.2.14～ 約1年10か月	330万円 ⇩ 165万円 (慰謝料 150万円、 弁護士費 用15万 円)
51	東京地裁 (H26（ワ) 22015号)	27.3.25 TKC	妻 (原告)	夫	女 (被告)	H2.10.7 約24年 4か月	H25.11.3 別居 H27.2.16 調停離婚	約10年	500万円 ⇩ 250万円
52	東京地裁	27.3.26 TKC	夫 (41歳) (原告)	妻 (34歳) (被告)	男	H18.1.5 約6年 8か月	H24.9.3 協議離婚	H23.4～9頃 約5か月	625万円 逸失利益 750万円 ⇩ 0円
53	東京地裁	27.3.27 TKC	夫 (原告)	妻	男 既婚者 (被告)	H11.8.31 約15年	離婚の話 をしてい る。	H25.7～ 約8か月	330万円 調査費用 168万円 ⇩ 220万円 (慰謝料 200万円、 弁護士費 用20万 円)

裁判例一覧表

慰謝料算定の要素					
XA間の事情		AY間の事情		XY間	
子の有無	不貞行為当時の状態等	交際の経緯・積極性等	AY間に子ができたか	YのXに対する謝罪の有無等	その他事案の特殊性等
長女（6歳）長男（5歳）		A経営の飲食店にAの友人がYを連れてきて知り合う。YはAの家族構成を把握していた。		YはXからの慰謝料を請求するメールを受信した際にXに謝罪し、慰謝料を分割で支払う意向を示したが、その後、連絡が途絶えた。	Yは答弁書その他の書面を提出しない。AYの不貞行為の具体的な経過やXAの夫婦関係が彫化するに至った状況などの具体的な事情が明白とはいえない。
なし	破綻していない。	XAが交際中のH24.7頃、AがYのブログにコメントを書き込んだことで知り合い、9月頃には肉体関係を持った。YはAが婚姻した後も、そのことを知りながら関係を続けた。		H25.9.11、Yは不貞行為を認めて謝罪し、Aとは二度と会わない旨記載したメモを渡した。	Yはインターネット上のブログやツイッターで、「パラサイトなあたしを訴えたところでお金なんか取れるわけないのに、あのオンナバカか！」などと記載していた。
長女（22歳）二女（19歳）	Xは、米国籍で日本語を母国語としないAの墨絵画家としての活動を助けてきた。破綻していない。	Xに不貞関係が発覚した後も関係を継続した。	子（0歳）		XとAとの婚姻関係がAとYとが不貞関係に至った時点で破綻していたと認めるに足りる証拠はない。
					XAは協議離婚に際し、離婚に伴う清算合意をし、Aは合意に基づく120万円の支払債務を分割で履行していることが認められる。この合意は民法上の和解と認められるので、離婚に伴う損害賠償債務は消滅した。
長女（14歳）長男（10歳）二男（7歳）	通常の夫婦として生活していた。	AYは同じ調剤薬局に勤めている。AYはXの目を盗むためのアリバイ工作をする相談までしながら交際していた。			H25.9.27、YはXからAと二度と会わないようにと言われてそれを了承したにもかかわらず、不貞行為を継続した。調査費用については、慰謝料算定にあたって考慮すれば足りる。

199

判決			事案の基本要素						請求額⬇裁判所の認定額
番号	裁判所	判決日出典	当事者等			婚姻日婚姻期間	婚姻関係の帰趨	不貞開始時及びその期間	
			X	A	Y				
54	東京地裁	27.4.7 TKC	妻（35歳）（原告）	夫（36歳）	女（30歳）（被告）	H17.8.15 約9年	子どもの養育等を考慮し、離婚はしていない。	H25.5～12 約7か月	550万円⬇165万円（慰謝料150万円、弁護士費用15万円）
55	東京地裁	27.4.14 WLJ	妻（原告）	夫 H25.7.11 死亡	女（被告）	H14.3.20 約11年4か月	Xは、病身のAを見舞ったり、介護する機会や生前に会う機会を失った。	H24.10～約9か月	591万3664円⬇250万円 放置違反金1万円 駐車場使用料金6万6000円
56	東京地裁	27.4.15 WLJ	妻（原告）	夫	女 既婚者（被告）	H12.1.1 約14年	H25.4.8 別居	不貞行為不成立	300万円⬇0円
57	東京地裁（H26（ワ）3798号）	27.4.16 TKC	夫（56歳）（原告）	妻（50歳）（被告）	男（50歳）（被告）	H元6.19 約23年4か月	H24.9 別居 10.7 協議離婚	H24.2頃～約半年	（X₁に対して）1200万円（X₂～X₃に対して）各600万円⬇（X₁に対して）100万円（X₂～X₃に対して）各0円

裁判例一覧表

慰謝料算定の要素					
XA間の事情		AY間の事情		XY間	その他事案の特殊性等
子の有無	不貞行為当時の状態等	交際の経緯・積極性等	AY間に子ができたか	YのXに対する謝罪の有無等	
子（6歳）子（2歳）	円満な生活を送っていた。	AYは同じ会社に勤務していた。Aが積極的に不特定の不貞相手を募集し、AYの共通の知人がその求めに応じてYを紹介したことから交際が始まった。AYは共に望んで積極的に交際を継続した。			H25.12.14、Y宅を訪れたXにAとの交際を止めるように言われたYは、証拠があると言われてから不貞関係を認めて関係を断つ旨述べたが、その後もAとのメールのやりとりや逢瀬を継続した。
娘（13歳）	通勤の関係から別居していたが、精神的にも経済的にも協力し合う健全な婚姻関係であった。	H22.7頃に知り合い、Aが前妻との子を連れて旅行に行ったり、Xへ養育費を支払わなくなった一方、Yへは経済的な支援を行ったりした。H24.10、Aの癌が発覚してからのYの言動は、XAの関係を積極的に阻害するものであった。			YはAの死後に、Aが経営していた会社の自動車を使用しており、それによって生じた放置違反金1万円と駐車場使用料金6万6000円をXが支払っていたが、これらもYによるXの損害と認められた。
なし	H24.2、AはY以外の女性と不貞関係になったが、8月には関係を解消し、その後、XAは表面上は円満に過ごしていた。	H24.3頃、資格取得のための研修コースに参加し、知り合う。その後、仕事上の用事により、AYは他の同僚と共に遠方へ赴くこともあった。			Xが依頼した探偵事務所の調査によると、かなり長時間にわたってなされた観察の中で、AYは手を握る、肩を抱くといった男女の交際中であれば行うであろう行動を全くしておらず、メールにも親密な関係を示す文言は見られなかった。
X_2（22歳）X_3（22歳）	H19にX_1の不貞関係がAに発覚し、良好とはいえない状態であったが、婚姻関係解消の話は全くされておらず、破綻はしていない。	AYは中学校の同級生であり、H23.10頃のクラス会で再会した。H24.8には一緒に旅行に行っている。			AYの不貞関係発覚後のX_1の行為は極めて攻撃的で、自らに対する反省の意識は全くなく、Aに対する思いやりが全く感じられず、その人格さえも否定するような行動であり、離婚を決定的なものにした。AとX_2X_3の交流を妨げているのはこれを拒否するX_1に主たる原因があるため、X_2X_3の請求は棄却。

201

判決			事案の基本要素						請求額 裁判所の認定額
番号	裁判所	判決日 出典	当事者等			婚姻日 婚姻期間	婚姻関係 の帰趨	不貞開始時及 びその期間	
			X	A	Y				
58	東京地裁 (H26(ワ) 19959号)	27.4.16 TKC	夫 (原告)	妻 (被告補 助参加 人)	男 (被告)	H18.1.5 約6年 8か月	H24.9.3 離婚	H22.7	330万円 ⬇ 0円
59	東京地裁	27.4.17 TKC	夫 (原告)	妻	男 (被告)	H5.4.30 約21年	離婚協議 開始	H25.11.26	500万円 ⬇ 50万円
60	東京地裁	27.4.23 WLJ	夫 (64歳) (原告)	妻 (49歳) (被告)	男	H24.11.9 約2年	H25.4.27 別居 H26.12.25 離婚訴訟 による離 婚判決	不法行為不成 立	330万円 ⬇ 0円
61	東京地裁	27.4.24 TKC	妻 (原告)	夫 (被告)	女 (被告)	H12.4.21 約12年 8か月	H24.12.19 離婚調停 (不調) H25.10.1 離婚訴訟	H24.4～ H26.7 約2年3か月	330万円 (連帯債務) ⬇ 165万円 (慰謝料 150万円、 弁護士費 用15万 円) (連帯債務)

慰謝料算定の要素					
XA 間の事情		AY 間の事情		XY 間	その他事案の特殊性等
子の有無	不貞行為当時の状態等	交際の経緯・積極性等	AY 間に子ができたか	YのXに対する謝罪の有無等	
	修復不可能な程度にまで破綻した状態か、これに近い状態にあった。	AYは同僚との食事をきっかけにして交流を持つようになり、H24.7、Aは本件婚姻関係からの現実逃避の手段としてYと関係を持った。			XAは離婚に際し、慰謝料としてAがXに対して月2万円を5年間支払うことを合意し、AはH25.1〜26.10及び12月、2万円を支払っている。仮にAYの行為が不法行為を構成するとしても、Aの支払によりXの損害は回復された。
長女（19歳）長男（14歳）	夫婦関係は極めて浅薄であったが、子の福祉の観点から共同生活を営んでおり、子らが成人するまで数年は婚姻を解消しないつもりであった。	H25.11.26にAYは肉体関係をもった。			Aが別居していて具体的に離婚する手続に入っているなどというように、通常人であれば婚姻共同生活の平和という法的保護に値する法的利益がないと判断するような客観的状況を、Aやその関係者から具体的に聞き及んでいたのではないから、Yの過失は否定されない。
なし	XAの婚姻前、H12から同居していた。	職場にて知り合う。H24.10頃からAYは私的に会って食事をするなどし、頻繁にメールもしており、AはそれをXに秘匿していた。			XAの婚姻は、AYの交際発覚後に、関係をやり直すためになされたものであり、その後、XのAに対する執拗な責任追及等が原因で関係が悪化し破綻に至ったことがうかがえる。
長女（11歳）長男（7歳）	AはH24.3頃に自宅を出ているが、XはAが実家にいると思っていたこと、AがXの要請で自宅に帰ったことがあること、AはXに生活費を送金し続けていたことから、破綻はしていない。	H23.6頃、AはYの勤務する会社に就職し、Yと知り合う。H25.4頃には夫婦同然の生活をしていた。			Yについては人証申請が撤回され、同人の陳述書の内容は反対尋問を経ておらず、にわかに信用できない。

判決			事案の基本要素						請求額
番号	裁判所	判決日 出典	当事者等			婚姻日 婚姻期間	婚姻関係 の帰趨	不貞開始時及 びその期間	裁判所の 認定額
			X	A	Y				
62	東京地裁	27.4.27 TKC	妻（原告）	夫	女（被告）	H2.12.2 約24年		H24頃〜 約2年	564万0426円 調査費用 140万4260円 ⬇ 282万円 （慰謝料250万円、弁護士費用32万円） 調査費用70万円
63	東京地裁	27.4.28 TKC	夫（原告）	妻	男（被告）			H24.11〜 H25.1 約3か月 （和解済）	200万円 ⬇ 0円
64	東京地裁	27.4.30 TKC	夫（原告）	妻	男 既婚者 （被告）	H15.7 約11年	H25.10.2 調停離婚	H24.10以前 〜 約2年	349万7250円 調査費用 197万2500円 ⬇ 170万円 （慰謝料150万円、弁護士費用20万円） 調査費用50万円
65	札幌家裁 （第2事件 H26(家ヘ) 2号）	27.5.21	妻 (39歳) （原告）	夫 (38歳)	女（被告）	H8.11.9 約17年	H25.10頃 別居 10.15 離婚調停 （不成立） H26.2.1 離婚訴訟	H24.11〜 約1年	330万円 調査費用 29万8000円 ⬇ 110万円 （慰謝料100万円、弁護士費用10万円）

裁判例一覧表

慰謝料算定の要素					
XA間の事情		AY間の事情		XY間	
子の有無	不貞行為当時の状態等	交際の経緯・積極性等	AY間に子ができたか	YのXに対する謝罪の有無等	その他事案の特殊性等
子2人	円満であった。	H25.7、Xが不貞行為中止を求めてYにメールを送ったが、Yは返答せず、不貞行為を継続した。H26.6.19、XがYのもとに赴き不貞行為中止を求めても、Yは応じなかった。			Yは口頭弁論期日に出頭しない。
		AYは同僚である。H24.11～H25.1の間の不貞行為についてはH25.2.18に和解合意書を交わして解決した。その後、AYは以前採用担当社員であったことから業務上接触をもった。			本件AYの接触は合意書において許された「業務に関連する事項に関する場合」にあたるので、本件合意書の約定に違反しない。
長女（10歳）長男（7歳）	H22.12にAが自宅を出て別居したが、XはAに仕送りをしており、Aにも夫婦関係を修復する意欲が窺えるため、破綻はしていない。	AはYの会社のパート従業員であった。YはAに夫がいることを知っていた。AYは路上で抱擁してキスをしていた。また、月に2回ホテルを利用していた。			Aの精神疾患やXの暴力的な振る舞いも婚姻関係が円満さを欠く要因であった。AYが出会うまでに別居期間が1年以上経過していた。
長男（16歳）長女（14歳）	Xが杜撰な家計管理を続けたことに対してAの不信感が増大し、夫婦関係がぎくしゃくしていたが、破綻はしていない。	AがY勤務のスナックに入店し、知り合う。H24.11頃、Aが酔ったYをA宅に連れ込み、強引に肉体関係をもった。YはAの話を安易に信用し、交際を続けた。Aが主導的。			探偵に依頼した調査費用については、探偵を利用したことによって不貞関係が発覚したわけではないから、相当因果関係がなく、損害と認められない。

判決			事案の基本要素						請求額⇩裁判所の認定額
番号	裁判所	判決日 出典	当事者等			婚姻日 婚姻期間	婚姻関係 の帰趨	不貞開始時及 びその期間	
			X	A	Y				
66	東京地裁	27.5.22 TKC	夫（原告）	妻	男（被告）	H13.9.14 約12年4か月	H26.1.29 協議離婚	H25.9.25〜 約4か月	330万円 ⇩ 0円
67	東京地裁	27.5.26 TKC	妻（37歳）（原告）	夫（41歳）	女（36歳）（被告）	H21頃婚約 H24.11.1婚姻 約2年	結婚生活は修復困難な状況	H21.8頃〜 約5年	373万9200円 ⇩ 220万円（慰謝料200万円、弁護士費用20万円）
68	東京地裁（H26（ワ）8743号）	27.5.27 WLJ	妻（原告）	夫	女（被告）	H7.7.9 約19年	H22.4 別居	H22.4以前 約3年	550万円 ⇩ 330万円（慰謝料300万円、弁護士費用30万円）
69	東京地裁（H27（ワ）2931号）	27.5.27 WLJ	配偶者（原告）	有責配偶者	相姦者（被告）	H24.5.19 約3年	夫婦関係が冷え切っている	H24.6.22〜 H25.11.9 約1年5か月	300万円 ⇩ 200万円
70	東京地裁	27.5.28 WLJ	妻（42歳）（原告）	夫（46歳）	女（30歳）（被告）	H9.1 約15年	一旦離婚を申し出るが、子供のために思い止まる。	H22.7〜 約2年	300万円 ⇩ 100万円

慰謝料算定の要素					
XA 間の事情		AY 間の事情		XY 間	
子の有無	不貞行為当時の状態等	交際の経緯・積極性等	AY 間に子ができたか	YのXに対する謝罪の有無等	その他事案の特殊性等
長女（12歳）長男（11歳）	AはXに不満を有してはいたが、平和な家庭であった。	Y主催のフットサルスクールにXAの長男が通っていた。H26.9.4、AYは婚姻した。			離婚協議書において、共同で購入した不動産のうちA持分をXに無償譲渡することが定められ、約400万円相当分をXは取得した。また、子ら名義の貯金を解約するなどして得た金銭のうち、Xは約68万円を取得しており、これらによってXの精神的損害は賠償された。
		H20頃、Aは知人らと飲食した際にYを紹介され、知り合った。その後6月頃にAが飲食店をオープンしたことを聞いたYが同店に1人で来店した。YはAに妻があることを知りながら密会を繰り返した。			H26.3.17、XAYで話し合いを行った際、関係解消を求めたXに対し、Yは関係を継続する旨を伝え、実際に不貞行為を繰り返した。YはX主張の事実を争わない。
Xと前夫の子（30歳）子（28歳）子（24歳）Aと前妻の子子（30歳）全員養子縁組済	破綻していない。	インターネットコミュニケーションサイトを通じて知り合う。H22.4から同居した。YはAと別れることに否定的。YはXAが結婚したことを知っていた。			H21.4頃、Aの子がXの子2人から絶縁を宣言されているが、当時子供たちはいずれも成人していたことから、当然のようにXAの関係が破綻するとはみられない。Yは答弁書その他の書面を提出しない。
子（14歳）子（7歳）	特段の問題がない。	H21秋、学会主催のワークショップにて知り合う。Yが学位を取得するための事実上の指導をAが行うことになった。Yは婚姻していることを知っていた。			YはAに強姦されたと主張し、その供述内容によればきわめて深刻かつ重大な被害を受けたことになるが、YA間で交わされたメールからはYが積極的にAとの接触を望むなど、親密な様子がうかがわれるものであるため、Yの主張は採用されなかった。Xは本件により鬱病の診断を受け、通院加療をしている。

判決			事案の基本要素						請求額
番号	裁判所	判決日 出典	当事者等			婚姻日 婚姻期間	婚姻関係 の帰趨	不貞開始時及 びその期間	裁判所の 認定額
			X	A	Y				
71	東京地裁	27.6.3 WLJ	妻 (34歳) (被告)	夫 (36歳)	女 (32歳) (原告)	H11.5.16 約15年	家庭内別 居 離婚を考 えている	H25.12.7～ 約4か月	560万円 ⇩ 11万円 (慰謝料 10万円、 弁護士費 用 1 万 円)
			妻 (34歳) (原告)	夫 (36歳)	女 (32歳) (被告)				500万円 ⇩ 165万円 (慰謝料 150万円、 弁護士費 用15万 円)
72	東京地裁	27.6.15 TKC	妻 (47歳) (原告)	夫 (49歳)	女 (37歳) (被告)	H5.3.14 約20年 9か月	H25.12 別居 H26.5.12 離婚調停 (不成立)	H22頃一時期 H25.8～ 約数か月	550万円 ⇩ 242万円 (慰謝料 220万円、 弁護士費 用22万 円)
73	東京地裁	27.6.23 TKC	妻 (原告)	夫	女 (被告)	H14.8.31 約12年		H25～ 約1年	330万円 ⇩ 143万円 (慰謝料 130万円、 弁護士費 用13万 円)
74	東京地裁	27.6.24 WLJ	夫 (原告)	妻 (被告)	男 (被告)	H17.6.12 約9年	H24.5.30 別居 H26.6.12 離婚判決	H23.10～ 約2か月	1100万円 (連帯債務) ⇩ 55万円 (慰謝料 50万円、 弁護士費 用5万円) (連帯債務)

慰謝料算定の要素					
XA間の事情		AY間の事情		XY間	その他事案の特殊性等
子の有無	不貞行為当時の状態等	交際の経緯・積極性等	AY間に子ができたか	YのXに対する謝罪の有無等	
長男（13歳）二男（7歳）	夫婦関係が悪かったという事情は見当らない。	AはYが保険の営業を担当している会社の取締役であり、Yが担当になる前後から親しくなった。			YはXに宛てた内容証明郵便に対する回答や対応を確認することなく、同日のうちにXの勤務先に宛てて内容証明郵便を発送しており、Xに社会的制裁を加える意図も有していたことがうかがえる。
					遅延損害金は最初の不貞行為の日を基準として認められた。
なし	破綻はしていない。	H22頃、AYはAが頻繁に利用していた飲食店で知り合い、その当時からYはAが婚姻していることを知っていた。	流産 H22頃 流産 H26.1.9 妊娠 H26.7頃		XはAの子を妊娠するためにH25.11まで不妊治療を継続し、離婚調停においても関係修復を望んでいた状況にあったが、そのことをAを通じて知っていたであろうYはAとの間で不妊治療を行い、Aの子を今回は無事出産できる見込みが強いこと、交際において必ずしもAが主導していたとは認められないことが考慮された。
長女（11歳）二女（9歳）	破綻していない。	YはAが婚姻していることを知りながら交際をした。H25、YはAの子を妊娠した。	子（0歳）		Aが、Yに対し、Xとの婚姻関係が破綻していると説明したとしても、それだけではYの過失は否定されない。
長男（7歳）長女（5歳）	夫婦関係は修復される可能性があり、破綻はしていない。	YはAから家庭生活は既に壊れていると聞かされていたが、AがX及び子と同居していることを認識していた。			Xの言動などにより、XAの夫婦としての亀裂が決定的なものとなっていたことなど、婚姻関係が破綻した責任の一端はXにもある。

番号	判決 裁判所	判決日 出典	事案の基本要素 当事者等 X	A	Y	婚姻日 婚姻期間	婚姻関係 の帰趨	不貞開始時及びその期間	請求額 裁判所の認定額
75	東京地裁	27.6.26 TKC	妻（原告）	夫	女（被告）	H20.6.24 約6年	H26.8.12 別居	H25.3頃〜 約1年5か月	550万円 ⬇ 220万円（慰謝料200万円、弁護士費用20万円）
76	東京地裁	27.7.2 WLJ	夫（46歳）（原告）	妻（45歳）（被告）	男（被告）	H7.4.25 約20年	H26.4.23 別居 離婚調停中（離婚自体は合意）	H25.12.27 約2か月	550万円（連帯債務）⬇ 135万円（慰謝料120万円、弁護士費用15万円）（連帯債務）
77	東京地裁	27.7.3 WLJ	妻（原告）	夫	女（被告）	H14.7.20 約13年	H24.03.1 別居	H23.12.25 約2年7か月	550万円 ⬇ 28万円（慰謝料25万円、弁護士費用3万円）
78	東京地裁	27.7.8 WLJ	妻（51歳）（原告）	夫（57歳）（被告）	女（被告）	H元4.17 約24年	婚姻関係継続	H3.7〜H24 約22年	（X_1、X_2に対して）1100万円（連帯債務）⬇（X_1に対して）440万円（連帯債務）
79	東京地裁（H25（ワ）15391号及びH26（ワ）3876号）	27.7.23 WLJ	妻（40歳）（原告）	夫（43歳）（被告）	女（41歳）（被告）	H17.7.7 約5年	H22.8.18 別居 H23.7.8 協議離婚	H20.6〜 約2年	1000万円（連帯債務）⬇ 500万円（連帯債務）

裁判例一覧表

慰謝料算定の要素					
XA間の事情		AY間の事情		XY間	
子の有無	不貞行為当時の状態等	交際の経緯・積極性等	AY間に子ができたか	YのXに対する謝罪の有無等	その他事案の特殊性等
長男（6歳）長女（3歳）二女（1歳）	円満であった。	YはAが既婚者であることを知りながら交際を開始した。H25.4、AYは半同棲生活を開始した。		H25.8.5、YはXに謝罪し、Aと会わないこと、連絡を取らないことを誓約したが、その後も交際を続けた。	Xは、Aの携帯電話機の送信内容を確認した結果、YとAが性的関係を伴う交際をしていることを知った。
長女（18歳）長男（15歳）二女（11歳）	破綻はしていない。	Aは、H25.3頃からYが経営する整骨院に勤務した。			XA間には、婚姻当初から①性的関係②Aの両親との関係③XがAと子供の学校の父兄などとの浮気を疑う④H26.6、XがAYの浮気を疑い、Aが一旦退職させられる事態を生じるなどの事実が認められ、これらがXAの婚姻関係破綻の大きな理由の一つと認められる。
長男（12歳）長女（7歳）	破綻はしていない。	Yが勤務するスナックで知り合う。		YがAと不貞関係にあったことを認め、Xに75万円の解決金を支払うこと等を内容とする合意書を作成し、同額を支払った。	Aは不貞関係を否認するが、YがAとの不貞関係を認めた上で75万円と少なくない額の解決金を支払っていることからすると、肉体関係を持っていた事実が強く推認される。
X_2（22歳）		H5に不貞関係がX_1に露見した後も、AYはX_1を欺く態様で不貞関係を継続した。			婚姻上の義務を観念することができない配偶者以外の者との関係では、不貞行為は、不貞行為者が害意をもって損害を生じさせるなど特段の事情のない限り、不法行為を構成しない、としてX_2の請求は認められなかった。
	破綻していない。	AYはH20.3頃知り合い、2人で外出や旅行をした。YはAに対して強い愛情を表現する手紙を作成した。AYはH23.11.25に同居をし、H25.10.9に婚姻をした。			Aが全裸でYが下着姿で抱擁して口づけをしている姿の写真がある。

判決			事案の基本要素						請求額
番号	裁判所	判決日 出典	当事者等			婚姻日 婚姻期間	婚姻関係 の帰趨	不貞開始時及 びその期間	裁判所の 認定額
			X	A	Y				
80	東京地裁 (H26(ワ) 16516号)	27.7.23 WLJ	夫 (44歳) (原告)	妻 (37歳)	男 既婚者 (被告)	H18.7.20 約7年4 か月	H25.11.21 別居 離婚調停 係属中	不貞行為不成 立	500万円 ⬇ 0円
81	東京地裁	27.7.27 WLJ	妻 (原告)	夫	女 (被告)	S50 約39年	同居して いる	H25.10～ 約11か月	300万円 ⬇ 60万円
82	東京地裁	27.7.28 WLJ	夫 (42歳) (原告)	妻 (30歳)	男 (31歳) 独身 (被告)	H22.5.8 約4年 5か月	H26.10.10 協議離婚	H25.11～ 約1年	550万円 ⬇ 220万円 (慰謝料 200万円、 弁護士費 用20万 円)
83	東京地裁	27.7.29 WLJ	配偶者 (原告)	有責 配偶者	相姦者 (被告)	H12.7 約14年	H25.9.24 別居	H25.9.24～ 約1年	300万円 ⬇ 150万円
84	東京地裁	27.8.3 WLJ	夫 (54歳) (原告)	妻 (28歳)	男 (52歳) 既婚者 (被告)	H24.6.20 約2年	H26.1.17 別居	H26.2～ 約1か月	550万円 ⬇ 55万円 (慰謝料 50万円、 弁護士費 用5万円)

裁判例一覧表

慰謝料算定の要素					
XA 間の事情		AY 間の事情		XY 間	
子の有無	不貞行為当時の状態等	交際の経緯・積極性等	AY 間に子ができたか	YのXに対する謝罪の有無等	その他事案の特殊性等
		AYは職場の同僚である。相当に親密な関係にあったものと認められるが、AYはいずれも離婚に関わる問題を抱えていた状態であり、そのための相談という側面があった可能性も否定できない。			Aの下着に汚れが付いていることが多く見られたとの事実があったとしても、YとAとの不貞行為を推認させるものではない。
なし		AYは、Yが勤務していた風俗店にAが来店し、知り合う。H25.10以降、YはAのYに対する好意を認識していながら、店舗外での関係継続の求めに応じた。		H26.5.7頃、Yは謝罪する文書、今後Aとは接触しない旨の誓約書をXに送付した。	AYはH22.9頃から肉体関係を持っていたが、それは店舗内であり、性的サービスの提供業務である。Yは誓約書に反してH26.8.25にAとレジャー施設に赴いたが、これはAが主導外であることが認められ、Xの精神的苦痛は主にAによるところが大きい。
なし		H25.4.8、AYは起業家交流サークルの交流会で知り合う。フェイスブックメッセージにはAYの間に肉体関係を含む親密な交際が窺われるやりとりが記載された。			Aは本訴訟提起後もYの訴訟遂行に協力している。フェイスブックのメッセージ等が偽造であるとのYの主張を排斥。
長女（14歳）	破綻していない。	YがAの勤務先に入社したことで知り合う。YはAに配偶者がいることを知っていた。H25.9.24、AYは同居し、訴訟提起後も継続している。			XはAY間のLINEのトーク履歴を不貞の証拠として提出したが、これはAが電子メールの添付ファイルとしてY又は勤務先に送信したものを、配偶者としてAのメールアドレスを管理し得る立場にあったXが偶然発見したものであるとして、違法収集証拠ではないとした。
長女（2歳）	長女出生後に不仲になり、H26.1.17にはXAの婚姻関係は一定程度毀損されていた。	H25.11頃、散歩を習慣としていたAYはお互いを見掛けるようになり、交流を持った。H26.1に交際するようになり、2月にはYはAを自分が利用していたマンションに宿泊させていた。			AとYとのLINEのメッセージが冗談であるとのYの主張を排斥。

213

判決			事案の基本要素						請求額 ⬇ 裁判所の認定額
番号	裁判所	判決日 出典	当事者等			婚姻日 婚姻期間	婚姻関係 の帰趨	不貞開始時及 びその期間	
			X	A	Y				
85	東京地裁	27.8.4 WLJ	妻 (63歳) (原告)	夫 (47歳) (被告)	女 (55歳) (被告)	H12.4 約14年	H26.3半ば 別居 離婚訴訟	H25.12～ 約数か月	300万円 (連帯債務) ⬇ 80万円 (連帯債務)
86	東京地裁	27.8.6 WLJ	夫 (原告)	妻	男 (被告)	H20.12.25 約5年 7か月	H26.7.8 別居 H7.31 協議離婚	H26.5下旬～ 約1か月	330万円 ⬇ 110万円 (慰謝料 100万円、 弁護士費 用10万 円)
87	東京地裁	27.8.7 WLJ	夫 (原告)	妻	男 既婚者 (被告)		婚姻関係 継続	H9.11頃～ H12頃 H23.2～ 約5年	500万円 ⬇ 150万円
88	東京地裁	27.8.21 WLJ	夫 (原告)	妻	男 (被告)	H22.4.9 約3年 5か月	H25.9.16 別居 H26.8 夫婦関係 調整調停	H25.7頃	550万円 ⬇ 99万円 (慰謝料 90万円、 弁護士費 用9万円)
89	東京地裁	27.8.25 WLJ	妻 (原告)	夫 (被告)	女	H21.6.12 約5年	H26.7.9 離婚	H23.1～ 約3年	300万円 ⬇ 200万円

裁判例一覧表

慰謝料算定の要素						
XA 間の事情		AY 間の事情		XY 間	その他事案の特殊性等
子の有無	不貞行為当時の状態等	交際の経緯・積極性等	AY間に子ができたか	YのXに対する謝罪の有無等	
なし	破綻していない。	Yは X が飲食する寿司店で働いており、H25 夏頃、X を介して A と知り合った。H25.12、A が Y に、離婚届を書いて離婚することになったと告げ、男女関係を結んだ。			A は、Y と交際するより前に、X に対し、不満を述べたり、離婚の申出をしていたと供述するが、その時期や不満の内容はあいまいである。
長女（5歳）二女（4歳）三女（0歳）	破綻していない。	Yは A のアルバイト先に勤務していた。			H26.7 中旬、A の母が X に対して 100 万円を支払ったが、これは格別預貯金を有していなかった X が、自宅を出て新たな生活を始めるのに必要な金員に充てる趣旨であったものと認められ、弁済の抗弁は否定された。
	A は H8～10 頃、ウィーンに留学していたが、A に誘われた X が 1 年間 A と共に暮らすなど、平穏な婚姻生活を送っていた。	Y_1 は H9.8～10.5 にウィーンに滞在しており、A と会った。H9.11、Y_1 は A が婚姻していることを知りながら不貞関係を持った。			Y_2（Y_1 の妻）は H26.1、AX を被告として慰謝料請求の訴えを提起し、H26.11.20、100 万円の限度で認容された。Y_1 は Y_2 の求めに応じて作成した A との関係を記載した文書を X にも交付したが、これは X の精神的苦痛を大きくする行為であり、不法行為である。XA の婚姻関係は維持されているが、苦悩しつつ関係を維持するということもあり得るのであり、X が A の行為を宥恕したとはいえない。
なし	H25.4 頃から婚姻関係は悪化していた。	Yは A の同僚であり、教育係である。			A は証人として採用され、2 回呼び出しを受けたが出廷しなかった。不貞関係がないとすれば誤解を解くために証言すると思われるところ出廷を拒むのは、AY に不貞関係があったことを補強する事実である。X は H25.9 に抑うつ病と診断され、過呼吸、胃炎も認められる。
		AY は不貞関係発覚後、X が婚姻関係継続のためにマンションを購入した後も会い続けていた。	子（3歳）		A は、不貞行為と離婚との間に相当因果関係なしとして争ったが認められなかった。

判決			事案の基本要素						請求額 ⬇ 裁判所の認定額
番号	裁判所	判決日 出典	当事者等			婚姻日 婚姻期間	婚姻関係 の帰趨	不貞開始時及 びその期間	
			X	A	Y				
90	東京地裁	27.8.26 WLJ	夫 (原告)	妻	男 (被告)	H21.2.14 約2年	H22.10 別居 H23.4.6 離婚	不貞行為不成立	300万円 ⬇ 0円
91	東京地裁	27.9.7 WLJ	妻 (37歳) (原告)	夫 (38歳) (被告)	女 (21歳) (被告)	H19.7.7 約5年8か月	H25.3.9 別居	H24.10頃～ H25.3.10 約5か月	700万円 ⬇ (Aに対して) 300万円 80万円 (連帯債務)
92	東京地裁 (H26(ワ) 15613号)	27.9.8 WLJ	妻 (27歳) (原告)	夫 (37歳)	女 (被告)	H25.4.15 約10か月	H26.2末 別居 離婚調停 係属	H26.1.2～ 約半月	330万円 ⬇ 99万円 (慰謝料 90万円、 弁護士費 用9万円)
93	東京地裁 (H26(ワ) 24560号)	27.9.8 WLJ	妻 (原告)	夫 (39歳)	女 (24歳) (被告)	H13.5 約14年	H27頃 別居	H23.9初旬 ～H26.3下旬 約2年半	275万円 ⬇ 100万円
94	東京地裁 (H25(ワ) 25448号)	27.9.11 WLJ	妻 (60歳) (原告)	夫 (57歳)	女 (56歳) (被告)	S60 約27年	H24.4 別居 11.28 離婚訴訟	H22.12.18～ 約10か月	500万円 ⬇ 130万円

裁判例一覧表

	慰謝料算定の要素				
XA 間の事情		AY 間の事情		XY 間	
子の有無	不貞行為当時の状態等	交際の経緯・積極性等	AY 間に子ができたか	YのXに対する謝罪の有無等	その他事案の特殊性等
	A は H22.8 頃から実家に戻ったままあまり自宅に帰らなくなり、12.26 にはマンションを賃借した。H23.1.20、婚姻関係は破綻した。	Y は X と 6 年以上の付き合いになる友人であり、X を通じて A と知り合った。	子(3歳)		A が H24.1.4 に申し立てた親子関係不存在確認調停の際、A は Y と H22.12.26 から同棲している旨を記載しているが、本件に関して弁護士に相談した際に、相手の男性と親密だということを強調した方が良く、マンションを賃借したときから同棲していることにした方が有利になるという趣旨の説明を受け、そのとおりにしたにすぎないと供述し、これを一概に否定する証拠もない。
長男（5歳）長女（3歳）	H24.9 ～ 10 半ば頃まで別居したが、別居解消後は家族で過ごすなどしており、破綻していない。	AY はキャバクラで知り合う。A は Y のためにマンションを賃借し、そこに住まわせ、不貞行為を行った。			AY の本件交際終了後も A は X と子らを顧みず、自宅に帰らず、妥当な生活費も払わない。よって A は単独で同居協力扶助義務違反の不法行為を負う。
長女（1歳）	H25 年末から H26.1 当時、A は Y 以外の女性とも不貞関係にあり、XA の婚姻関係は相当程度悪化していた。	AY は同僚である。Y 宅で 2 回男女関係を持った。			AY 間の LINE でのメッセージのやりとりが不貞行為の根拠となった。
長女（5歳）	婚姻関係は良好であった。	H23.6、出会い系サイトにて知り合う。その後交際を開始し、8 月中旬、不貞行為をした。23.9 初旬、Y は A から婚姻している事実を打明けられたが、関係を継続した。			X は Y 宛ての通知書の中で、A と離婚するつもりはない旨述べている。Y の LINE のデータによると、Y は A に対し、X に離婚の話をするかどうか早期に決断するよう繰り返し催促していた。
長女（27歳）	A の女性トラブルが多かったが夫婦の共同生活が存続してきており、H22.2 末に A が離婚を申し出ても、9 月に離婚調停を申し立てても、寝室は別れても、基本的に従前どおりの生活が継続された。	AY は高校時代の先輩、後輩である。少なくとも 2 回ホテルで同宿し、不貞関係を持った。			H24.4 の別居は、Y との不貞関係が直接の原因とまで認めるに足りる証拠はない。

判決			事案の基本要素						請求額⇩裁判所の認定額
番号	裁判所	判決日出典	当事者等			婚姻日婚姻期間	婚姻関係の帰趨	不貞開始時及びその期間	
			X	A	Y				
95	東京地裁(H26 (ワ)9971 号)	27.9.11 WLJ	妻(原告)	夫	女(被告)	S46.1.12約 43 年	H26.4.7協議離婚	H10 頃～約 16 年	330 万円⇩132 万円(慰謝料120万円、弁護士費用 12 万円)
96	東京地裁(H26 (ワ)10214 号)	27.9.11 WLJ	夫(40 歳)原告	妻(35 歳)	男(被告)	H23.11.23約 3 年	H25.8.12別居H12.18調停離婚	H25.8.5～8.8約 3 日	500 万円⇩110 万円(慰謝料100万円、弁護士費用 10 万円)
97	東京地裁(H26 (ワ)7080 号)	27.9.16 WLJ	夫(原告)	妻(被告)	男	H12.3.31約 13 年	H25.4.8協議離婚	H19.11～H24.8約 4 年 9 か月	220 万円⇩110 万円(慰謝料100万円、弁護士費用 10 万円)
98	東京地裁(H26 (ワ)31382 号)	27.9.16 WLJ	夫(原告)	妻	男(被告)	H9.4.29約 17 年2 か月	H26.7.14離婚調停(不調)離婚訴訟	H25.4.19～5.24約 1 か月	800 万円⇩120 万円

慰謝料算定の要素					
XA 間の事情		AY 間の事情		XY 間	その他事案の特殊性等
子の有無	不貞行為当時の状態等	交際の経緯・積極性等	AY間に子ができたか	YのXに対する謝罪の有無等	
長男（42歳）	XAの同居期間は長くはないが、同居しつつそこから離れて活動している期間が長いという側面があり、破綻していない。	YはAのファンであり、イベントに参加し、ライブの手配をするようになった。H23.2まで、AYは年3回程度肉体関係を持っていた。H23.3、XがYを非難する手紙を送付したが、その後もYはAのイベントに参加した。			YはH23.1.28以前のものは消滅時効が完成していると主張するが、XはAYの不貞のみならず、それによってXAが離婚するに至ったことについて損害賠償の請求をしているので、損害が最終的に発生したのはH26.4.7の離婚の日であり、消滅時効は完成していない。
	Aが生活費の困窮等に不満を抱き、Xの暴力等を警察署に訴えて相談していたが、具体的な別居の予定もなかったことから、破綻していない。	AYはインターネットを通じて知り合う。			H26.12.18、別件調停において、AはXに対し、Aの不貞行為が破綻の一因であることを認めて謝罪している。別件調停においてAはXに対し慰謝料40万円を支払うことで調停離婚しているが、この合意によって、XがYに対する債権をも免除・放棄したものとは解されない。
長男（12歳）長女（10歳）	XAはH19.1.19に協議離婚し、同年11.14に復縁した。Xが生計を維持し、Aが家事及び育児を担い、またXA間に性交渉があったなどから、破綻していたとは認められない。	H24.4〜8の間に少なくとも3回性交渉を持った。H24.8.24、YはXに対して同じ過ちをしない旨が記載された念書に署名押印したが、その後もAYは親密な関係にあった。			XAは不貞発覚後も婚姻生活を継続し、離婚に至ったのはXがAの携帯電話（Yと連絡を取っている）を取り上げた翌日であった。
	AはXに対して自宅からの退去を求めたことはあったが、さらに同居解消に向けて具体的な行動を起こした形跡はない。破綻していない。	AYはH24.1.9と5.24に不貞行為をした。また、その前後にキスや抱擁を交わした。			XAの婚姻関係の破綻については、XとAの価値観の相違やコミュニケーション不足も無関係とはいえない。

	判決		事案の基本要素						請求額
番号	裁判所	判決日 出典	当事者等			婚姻日 婚姻期間	婚姻関係 の帰趨	不貞開始時及 びその期間	裁判所の 認定額
			X	A	Y				
99	東京地裁	27.9.17 WLJ	妻 (65歳) (原告)	夫 (71歳)	女 (54歳) (被告)	S47 約41年	H25.9 別居 離婚調停 (取下げ)	H25.7.13〜 約1年	330万円 ⇩ 165万円 (慰謝料 150万円、 弁護士費 用15万 円)
100	東京地裁	27.9.18 WLJ	配偶者 (原告)	有責 配偶者	相姦者 (被告)	H8.9 約18年	H24.12.27 別居 H25.12.24 離婚調停 (不成立)	H25.3〜 約1年	500万円 ⇩ 100万円
101	東京地裁	27.9.28 WLJ	夫 (34歳) (原告)	妻 (42歳)	男 (被告)	H20.10.13 約5年 9か月	H26.7.24 離婚	H26.5〜6月頃 約2か月	220万円 ⇩ 116万 6000円
102	東京地裁 (H26(ワ) 25650号)	27.9.29 WLJ	夫 (47歳) (原告)	妻 (45歳)	男 (被告)	H7.7.15 約18年 4か月	H25.11 別居 H26.1 離婚調停 (不調) H26.10 離婚訴訟	H15.6下旬 〜H17.2頃 約1年8か月	3000万円 ⇩ 80万円
103	東京地裁 (H27(ワ) 9636号)	27.9.29 WLJ	夫 (原告)	妻	男 (被告)	H20.12.24 約4年 4か月	H25.4.4 離婚	H23.9頃〜 H24.12頃 約1年4か月	330万円 ⇩ 66万円 (慰謝料 60万円、 弁護士費 用6万円)

裁判例一覧表

慰謝料算定の要素					
XA 間の事情		AY 間の事情		XY 間	
子の有無	不貞行為当時の状態等	交際の経緯・積極性等	AY間に子ができたか	YのXに対する謝罪の有無等	その他事案の特殊性等
長女（41歳）二女（34歳）	特段表立った問題もなかったが、円満ではない。	AYは歯科クリニックに勤める同僚である。H24春頃から2人で食事やドライブに行くようになった。Xからの交際中止要請や本件提訴後も交際を継続している。			不貞関係の形成は、夫婦間に対する決定的な介入であるから、第三者において、相手方に配偶者がいることを認識していた以上、不貞関係を形成するに際しては、その配偶者の権利利益を害することのないよう十分に夫婦関係を把握すべきである。
	破綻していない。	30年程前頃、AYは友人グループの一員として交友したことがあった。YはAに配偶者がいることを知っていた。H25.3頃からAYは同居し、本訴提起後も同居を継続し、解消する意向を有していない。			AがXに対して離婚を求める調停を申し立てた後、XがYに対して本件訴訟を提起した。
子（14歳）（Aの連れ子）長女（5歳）	破綻していない。	H26.7頃から、YはAに配偶者がいることを知りながら、深夜、性行為に及んだ。			Xは子との同居生活ができなくなったが、離婚に際し、子との面会交流についての定めがなされており、今後も子との接触をなし得る。Xが今後新たな配偶者を得ることで苦痛の緩和がなされる可能性が相当程度考えられる。XはAから慰謝料144万円の支払いを受けており、その分をYの支払額250万円から控除する。
なし	破綻していない。	H15.6下旬から交際を開始し、殆ど毎日会っていた。H17.3.4はすれ違いのあるメールが送信されている。		あり。	不貞行為の終了から婚姻関係の実質的破綻までの間に相当長期間が経過しており、AもYに対する恋愛感情を全く失うのみならず、交際についての記憶が薄れ、Xに対し繰り返し謝罪してやり直しを求めていたことが考慮された。
なし	通常の夫婦として生活していた。	Aから交際を申し込み、交際を開始した。			Aは仕事を優先し、Xとの間の子供を望まなかったため、婚姻後、性交渉がなかった。AはH25.3.13以降、他の男性とも不貞関係を持った。以上より、AはもともとXに対する愛情が希薄であったとも考えられる。

判決			事案の基本要素						請求額
番号	裁判所	判決日 出典	当事者等			婚姻日 婚姻期間	婚姻関係 の帰趨	不貞開始時及 びその期間	裁判所の 認定額
			X	A	Y				
104	東京地裁	27.10.14 WLJ	夫 (48歳) (原告)	妻 (40歳)	男 (55歳) (被告)	H16.2.16 約10年 1か月	H26.1.7 離婚	不貞行為不成立	300万円 ⬇ 0円
105	東京地裁	27.10.29 WLJ	妻 (26歳) (原告)	夫 (30歳)	女 (被告)	H25.2.27 約8か月	H25.8.11 別居 10.17 協議離婚	不貞行為不成立	500万円 ⬇ 0円
106	東京地裁	27.11.17 判例秘書	内縁の妻 (50歳) (原告)	内縁の夫 (56歳) (被告)	女	H24.8.8 婚約成立	H25.1.30 別居	不貞行為不成立	275万円 ⬇ 55万円 (慰謝料 50万円、 弁護士費 用5万円)
107	東京地裁	27.11.24 WLJ	夫	妻	男 (原告)		離婚訴訟		150万円 ⬇ 0円
108	福岡地裁	27.12.22 WLJ	妻 (38歳) (原告)	夫 (39歳)	女	H15.6.6 約11年	H26.5 別居 H26.9.9 離婚調停 (調停成立 慰謝料合 意不成立)	H20.10.21 及び 11.2	300万円 ⬇ 30万円

裁判例一覧表

慰謝料算定の要素					
XA 間の事情		AY 間の事情			XY 間	その他事案の特殊性等
子の有無	不貞行為当時の状態等	交際の経緯・積極性等	AY 間に子ができたか	YのXに対する謝罪の有無等	
長男（9歳）	破綻していない。	H17.11 頃、Y は風俗店を利用した際、風俗嬢としてAが派遣されてきて知り合う。H20 頃、A は受取額が少なくなるから風俗店を通さず会うことを希望し、Yはこれを了承し、交際が開始した。			AがYと知り合った当初、Aは風俗嬢として働き、複数の男性と性交渉をしており、Aは経済的利益をうけるために、YにXとの婚姻関係を知られないように努めていたため、Yに過失はない。また、Aは子を中絶しているが、当時Xとの婚姻関係が破綻していなかったことから、Yが父親であるとは断定できない。
子（1歳）	H25.9、A は X と離婚する意思を明確にし、破綻した。	AY は H25.11.22 に婚姻した。	子（0歳）		推定妊娠時期により、AY 間において性交渉が認められるのは H25.10.30 である。
	AがX宅に宿泊していたのは1週間の半分にも満たず、XはAのその他の行動を把握していなかったことから、内縁関係は成立していない。	H25.1 半ば、AはYに対し、性交渉を求めたり、写真を送ることを求めたりするメールをやり取りしていた。			XAの婚約解消の原因は、AYのメールのやりとりと、XAの生活習慣等の相違と性格の不一致である。
					Xが離婚訴訟を委任した弁護士（被告）の事実確認が適切でなかったために、YはAとの不貞関係をYの父に知られて精神的苦痛を蒙ったとの主張に対し、被告には故意はなく、またXが不貞に基づく損害賠償請求権を行使する過程でYが不貞の事実をYの父に知られることは甘受すべきであったといえること、また被告が送付した文書の内容からAYが不貞関係にあると認識することはできないところ、Yの父が不貞関係を知ったのはYがその旨を話したためである。
長女（6歳）	破綻していない。	デリバリーヘルスの女性従業員から性的サービスを受けた。			XAの婚姻関係は本件不貞行為によって円満さを欠き始めたが、XAが別居するまでに5年以上が経過していること、H21.3に婚姻関係を継続することを確認し、自宅を建築することを共に模索したこと等から、不貞行為によって完全に破綻したとは認められない。

223

判決			事案の基本要素						請求額 ⬇ 裁判所の認定額
番号	裁判所	判決日 出典	当事者等			婚姻日 婚姻期間	婚姻関係の帰趨	不貞開始時及びその期間	
			X	A	Y				
平成28年									
109	東京地裁	28.1.29 WLJ	妻 (45歳) (原告)	夫 (46歳)	女 (35歳) (被告)	H7.10.14 約17年半		不法行為不成立	1500万円 ⬇ 0円

裁判例一覧表

慰謝料算定の要素					
XA 間の事情		AY 間の事情		XY 間	その他事案の特殊性等
子の有無	不貞行為当時の状況等	交際の経緯・積極性等	AY 間に子ができたか	YのXに対する謝罪の有無等	
子3人 (11～19歳)	H25.03.10から別居していた。	H22.8頃、Yは、研修を受けていた講座の講師の1人であったAと知り合った。 YはAも所属するc会に加入し、学会や勉強会に出席することでAと顔を合わせる機会があった。			AはYの居室に訪れる際、マンションのインターホンを使用せずにオートロックを開錠して入館しているが、その際撮影された写真からは、入口の見通しの妨げになり得る位置に駐車車両が存在していたこと、また、他日の訪問の際には入館方法について特段の記載がないことも考慮すると、AがYの居室の合鍵を所持していたと認め得るに足りない。 AYは共著の論文を執筆しており、両名とも精神科医として就労していることから、仕事に関する雑談や家庭に関する相談等により滞在が長引いた可能性を否定できず、深夜に及ぶAのY居室における滞在が性的関係を伴うものであったとまで推認することは困難である。

225

(資料1)

不貞慰謝料請求法律相談時確認事項書

※わかる範囲で書いてください。

1	ご相談者	◆氏名（ふりがな）　　　　　　生年月日　昭/平　　年　　月　　日　満（　　）歳　□男性　□女性
		◆住所　〒
		◆電話番号　□自宅 　　　　　　□携帯
		◆FAX
		◆メールアドレス
		◆ご職業　□会社員　□自営業　□無職　□その他（　　　　）
2	配偶者	◆氏名（ふりがな）　　　　　　生年月日　昭/平　　年　　月　　日　（　　）歳　□男性　□女性
		◆ご職業　□会社員　□自営業　□無職　□その他（　　　　）
3	結婚について	◆結婚した時期　　　□昭和　□平成　　年　　月　　日
		◆夫婦関係が悪化した時期　□昭和　□平成　　年　　月　　日
4	夫婦関係が悪化した理由 （不貞行為以外の理由）	◆不貞行為以外の理由　□有　□無
		《有の場合》
		◆暴力　　　　　　□相談者　□相手方
		◆酒の過飲　　　　□相談者　□相手方
		◆性格の不一致　　□相談者　□相手方
		◆借金　　　　　　□相談者　□相手方
		◆病気　　　　　　□相談者　□相手方
		◆その他　　　　　□相談者　□相手方 具体的な理由：
5	同居・別居の別	□同居している　□別居している／別居の時期　　年　　月頃から
6	子の状況について	第1子　◆氏名（ふりがな）　　　生年月日　　年　　月　　日（　　）歳　□男　□女
		□同居　□別居　□学生（小・中・高・大　年生）　□社会人　その他（　　　　）
		第2子　◆氏名（ふりがな）　　　生年月日　　年　　月　　日（　　）歳　□男　□女
		□同居　□別居　□学生（小・中・高・大　年生）　□社会人　その他（　　　　）
		第3子　◆氏名（ふりがな）　　　生年月日　　年　　月　　日（　　）歳　□男　□女
		□同居　□別居　□学生（小・中・高・大　年生）　□社会人　その他（　　　　）
7	生活の状況について	◆ご相談者の収入　月収　　　　円／年収　　　　円
		◆配偶者の収入　　月収　　　　円／年収　　　　円
		◆生活費の分担　□有　□無 《有の場合》 ご相談者：月額　　　　円／配偶者：月額　　　　円

8	不貞相手	◆氏名 （ふりがな）　　　　生年月日　昭／平　　年　　月　　日 　　　　　　　　　　　　　　　　　　　　　　　　　満（　　）歳 　　　　　　　　　　　　　　　　　　　　　　　　　□男性　□女性 ◆ご職業　□会社員　□自営業　□無職　□その他（　　　　　） 《職場が判明している場合》 　◆勤務先の名称： 　◆勤務先の住所：〒 　◆勤務先の電話番号：
9	不貞行為について	◆不貞行為の開始時期　　□昭和　□平成　　　年　　月　　日頃 ◆不貞行為の内容 （できるだけ具体的にご記入下さい。別紙にまとめて頂いても構いません。）
10	不貞行為の内容を裏付ける証拠について	◆証拠の有無　□有　□無 《有の場合》 ◆証拠の内容（具体的にご記入下さい。）
11	不貞相手との交渉について	◆交渉の有無　□有　□無 《有の場合》 ◆交渉の内容（具体的にご記入下さい。）
12	ご相談者の希望について	（あれば、具体的にご記入下さい。）
13	不貞相手から出て来ると思われる反論について	（あれば、具体的にご記入下さい。）
14	その他	（あれば、具体的にご記入下さい。）

＊　本確認事項書は、弁護士法人エートス『離婚事件財産分与実務処理マニュアル』（新日本法規、2016）20頁の「法律相談時確認事項チェックシート」を参照し、これを不貞慰謝料請求事件に使用できるように改めたものである。

(資料2)

　　　　　　　　　通　知　書
　　　　　　　　　　　　　　　　　　　　　　　平成〇年〇月〇日
〒　　　住所

　　Y　殿

　　　　　　　　　　　　　　　〒　　　　住所
　　　　　　　　　　　　　　　　××××法律事務所
　　　　　　　　　　　　　　　電　話　〇〇〇―〇〇〇―〇〇〇〇
　　　　　　　　　　　　　　　ＦＡＸ　〇〇〇―〇〇〇―〇〇〇〇
　　　　　　　　　　　　　　　Ｘ氏代理人
　　　　　　　　　　　　　　　　弁護士　〇　〇　　〇　〇　㊞[*1]

前略
　当職はＸ氏（以下、「通知人」という。）から委任を受けた代理人弁護士として、貴殿に対して、下記のとおり、通知致します。
　貴殿は、Ａが通知人の配偶者であることを知りながら、同人と不貞関係を継続し、これにより、通知人は多大な精神的苦痛を被りました。そして、この精神的苦痛を金銭に評価すると、その慰謝料の額は300万円を下りません[*2]。
　よって、当職は、通知人の代理人として、貴殿に対し上記慰謝料300万円の支払いを請求します。
　つきましては、本書面到達後2週間以内[*3]に同金員を下記の口座に振り込む方法によりお支払い下さい。

〔記〕
　　銀 行 名　　〇〇銀行　　〇〇支店
　　口座種別　　普通預金
　　口座番号　　□□□□□□
　　口座名義　　△△△△△△△△

　上記期限内に振り込みがなかったり、又貴殿より何ら誠意ある対応がないと判断した場合には、やむなく、貴殿に対して訴訟の提起等の法的措置を講ずることに致しますので、ご承知おき下さい[*4]。
　なお、本件に関しましては、すべて当職が通知人から依頼を受けておりますので、本件に関する問い合わせ・連絡等は、通知人ではなく当職宛に文書にてお願い申し上げます[*5]。
　　　　　　　　　　　　　　　　　　　　　　　　　　　　　草　々

注1）　Xの代理人の表示である。時折、この弁護士名の表示欄に1名ではなく、同じ事務所に所属する何名もの弁護士の名が書き連ねられていることがある。表示されている弁護士の数によって、通知書の効力に差異が生じることは全くないが、これを受け取る側のYにとっては相当の心理的負担になることがあるようである。実際にも、Yからの法律相談の際に、そのような通知書をYが持参して、「Xの弁護士はたくさん名前が書いてあるのですが、先生は1人で大丈夫なのでしょうか。」と言われたことが何度かある。X代理人弁護士らが、Yがそのような不安感を抱くことを予期した上でこのような体裁の通知書を作成し発送しているとするならば、フェアではないと思うし、また、現実にも、そのような不安感に耐えかねて不本意ながら通知書の要求に従ってしまうYがいるとするならば、筆者としては釈然としない。

注2）　通知書は意思表示である以上、その主張内容を明確かつ簡潔に記載すべきである。したがって、請求金額については、それが実際の裁判において認められるかどうかは別として、具体的に記載すべきである。ただし、同種の裁判例に照らしてあまりにも法外な金額を記載することは問題であろう。

注3）　相手方に対して何らかの行為（本件では金銭の支払い）を請求する以上、期限を区切ることが大事である。ただし、その期限を余りにも短く設定する（例えば「3日以内」等）のは好ましくない。

注4）　こちらの要求に従わなかった場合の警告である。ここでは民事訴訟の提起を念頭に置いた記載となっている。逆に、不貞行為は現行法上犯罪ではないので、「刑事告訴する」などと記載するのは不適切であり、後に問題となることもあり得るだろう。

注5）　今後の対応について本人ではなく代理人宛にお願いしたい旨の記載である。本人を代理して交渉等を行うことは代理人弁護士としての重要な任務の1つであるから、この記載も必要だろう。

(資料3)

　　　　　　　　　回　答　書
　　　　　　　　　　　　　　　　　　　　　　平成○○年○月○日

Ｘ様代理人
弁護士　○○　○○　先生

　　　　　　　　　　　　　　〒　　　　　住所
　　　　　　　　　　　　　　　　××××法律事務所
　　　　　　　　　　　　　　電　話　○○○―○○○―○○○○
　　　　　　　　　　　　　　ＦＡＸ　○○○―○○○―○○○○
　　　　　　　　　　　　　　Ｙ氏代理人
　　　　　　　　　　　　　　　弁護士　○○　　○○　㊞

前略
　当職は、Ｙ氏の代理人として、平成○年○月○日付通知書に対して以下のとおり回答致します。
　貴職は、Ｙ氏がＡ氏と不貞関係を継続していたと主張しておりますが、そのような事実は一切存在しません。
　Ｙ氏としては、Ａ氏と友人関係にあることは認めますが、不貞関係にあったことはなく、したがってＹ氏に不法行為が成立することはないと考えます[*1]。むしろ、Ｙ氏としては、なぜいきなりこのような書面が届いたのか、大変困惑しております。
　したがって、本書面をもって、貴職からの請求には応じられない旨回答致します[*2]。
　　　　　　　　　　　　　　　　　　　　　　　　　　　　草　々

注１）　不貞行為が存在しないとの反論である。その他、「婚姻関係が既に破綻していた」、「Ａから無理に関係を持つことを強いられた」等の反論をすることもあり得るだろう。
注２）　結論の記載である。

(資料4)

　　　　　　　　　回　答　書
　　　　　　　　　　　　　　　　　　　　　平成〇〇年〇月〇日
Ｘ様代理人
弁護士　〇〇　〇〇　先生

　　　　　　　　　　　　　　〒　　　　　住所
　　　　　　　　　　　　　　　　××××法律事務所
　　　　　　　　　　　　　　電　話　〇〇〇―〇〇〇―〇〇〇〇
　　　　　　　　　　　　　　ＦＡＸ　〇〇〇―〇〇〇―〇〇〇〇
　　　　　　　　　　　　　　Ｙ氏代理人
　　　　　　　　　　　　　　　弁護士　〇〇　〇〇　㊞

前略
　当職は、Ｙ氏の代理人として、平成〇〇年〇月〇日付通知書に対して以下のとおり回答致します。
　貴職が指摘するとおり、Ｙ氏がＡ氏との間で不貞関係を有していたことは事実であります。
　しかしながら、その不貞関係は3年以上も前にすでに解消しており、民法の定める消滅時効期間を経過していると考えます[*1]。
　つきましては、本書面をもって消滅時効の援用の意思表示を行います[*2]。
　以上の次第で、貴職からの請求には応じられませんので、その旨回答致します。
　　　　　　　　　　　　　　　　　　　　　　　　　　　　草々

注1）不貞行為があったことは認めつつも、消滅時効（民法724条）が完成しているとの反論である。
注2）消滅時効の援用（民法145条）もまた意思表示である以上、この趣旨の回答書を送付する場合には、配達証明付内容証明郵便にて送付した方がよいだろう。

(資料5)

合　意　書

　Xを甲、Yを乙として、乙とAの間の不貞行為に基づく慰謝料請求事件に関して、甲及び乙は、本日下記のとおり合意した。

記

1．乙は甲に対し、乙が甲の配偶者Aといわゆる不貞関係にあったことを認めるとともに、これについて深く謝罪する[*1]。
2．乙は甲に対し、今後、架電、書簡、メール、LINE、面会など連絡手段の如何を問わず、Aとの接触を一切行わないことを誓約する[*2]。
3．乙は甲に対し、第1項の不貞行為に基づく慰謝料として金100万円の支払い義務のあることを認める。
4．乙は甲に対し、前項の金員を本日支払い、甲はこれを受領した[*3]。
5．乙は甲に対して、乙が第2項の規定に違反した場合には、その違約金として、1回の違反行為について各金50万円を支払うことを約束する[*4]。
6．甲と乙は、甲と乙との間には、本件に関し、この合意書に定めるもののほかに何らの債権債務がないことを相互に確認する[*5]。

　上記のとおり合意したことの証しとして、本書を2通作成し、甲及び乙が各自1通ずつ所持することとする。

　　　　　　　　　　　　　　　　　　　　　　　平成〇〇年〇月〇日

　　　　　　（甲）（住所）
　　　　　　　　　（氏名）　　　　　　X　　　　　　　　㊞[*6]

　　　　　　（乙）（住所）
　　　　　　　　　（氏名）　　　　　　Y　　　　　　　　㊞

注1) AY間に不貞関係のあったことの事実の確認と、YがこれについてXに対して謝罪することの記載である。
注2) 将来に向けてのYの誓約事項である。今後二度とAY間の不貞行為を繰り返させないことの約定であり、Xにとってはこれが最も重要であることが多い。この点に関連して、イギリスの法諺には「予防は救済にまさる。」というのがある（Prevention is better than cure.）。
注3) XとYとの間で合意した慰謝料100万円を本合意書作成交付時にYがXに対して手渡したことを確認する記載である。この場合には、本合意書そのものが領収書の代わりとなると理解して良いと思われる。なお、慰謝料の金額やYの資力の程度によっては、一括支払いではなく分割払いの約束となることもあるだろう。
注4) 第2項に記載したYの誓約事項に違反した場合の制裁の内容を記載した。この制裁金が余りにも高額に過ぎると、公序良俗違反として無効となる余地があるだろう（民法90条）。
注5) いわゆる清算条項である。この合意書を交わした以降は互いに他の権利を主張し合わないことの確認である。この条項によって、XY間の紛争が真に解決したということになる。
注6) この印はいわゆる実印（印鑑登録済み）を押し、印鑑登録証明書（印鑑証明）を添付することが望ましい。すなわち、印鑑登録証明書は、本人でなければ取得できず、また、現在の日本の社会では、登録された印鑑の印影と印鑑登録証明書があれば、特別の事情のない限り、ほぼ間違いなく本人の意思表示であると扱われるからである。なお、この印鑑登録証明制度は、実は法律を根拠としているわけではなく、各市町村の自治事務として地方自治法第2条第3項に定められている「市町村が行う事務」に該当し、各市町村が定める条例がその根拠法令となっている。例えば、江戸川区では江戸川区印鑑条例（昭和50年3月31日条例第15号）がある。

(資料6)

　　　　　　　　　　　　　　　　　　　　　　　　　裁判官認印

第○回弁論準備手続調書（和解）

事 件 の 表 示　　平成○○年（ワ）第○○○号
期　　　　　日　　平成○○年□月×日午前○時□分
場　 所　 等　　○○地方裁判所○○民事部準備手続室
裁　　判　　官　　○○○○
裁 判 所 書 記 官　　□□□□
出頭した当事者等　　原告X代理人　　△△△△
　　　　　　　　　　被告Y代理人　　××××
指　 定　 期　 日
　　　　　　　　　　当事者の陳述等
　当事者間に次のとおり和解成立
第1．当事者の表示
　　　　○○県□□市××町・・・・・・・・
　　　　　　原　　　　　告　　　X
　　　　　　同訴訟代理人弁護士　　△△△△
　　　　○○県□□市××町・・・・・・・・
　　　　　　被　　　　　告　　　Y
　　　　　　同訴訟代理人弁護士　　××××
第2．請求の表示
　　　請求の趣旨及び原因は、訴状のとおりであるから、これを引用する。
第3．和解条項
　　　別紙和解条項のとおり

　　　　　　　　　　　　　　　　　　　　裁判所書記官　　□□□□

(別紙)

和 解 条 項

1．被告は、原告に対し、解決金として金100万円の支払義務のあることを認める。
2．被告は、原告に対し、前項の金員を下記のとおり分割し、原告の指定する銀行口座（○○銀行□□支店　普通預金　口座番号△△△△△△△　口座名義人（×××××××））に振込送金する方法にて支払う。
　　ただし、振込にかかる費用は、被告の負担とする。[*1]

記

平成○○年○月から同□□年□月まで毎月末日限り各10万円
3．被告が前項の分割金の支払いを怠り、その金額が金20万円に達したときは、当然に期限の利益を失い、被告は、原告に対し、第1項の金額から既払額を控除した金員及びこれに上記期限の利益喪失の日の翌日から支払済みまで年3パーセントの割合による遅延損害金を付して直ちに支払う。[*2]
4．原告は、その余の請求を放棄する。
5．原告と被告は、原告と被告との間には、本件に関し、本和解条項に定めるもののほかに何らの債権債務がないことを相互に確認する。
6．訴訟費用は各自の負担とする。[*3]

以　上

これは正本である。
　　　　平成○○年□月×日
　　　　○○地方裁判所○○民事部
　　　　　　　　裁判所書記官　　□□□□㊞

注1) 送金手数料を被告（債務者）の負担とする旨の記載であり、実務においてもかかる記載をすることが多い。ただし、民法485条本文は、「弁済の費用について別段の意思表示がないときは、その費用は、債務者の負担とする。」と規定しているので、この条項が書かれていなくても送金手数料は被告の負担となる。したがって、この条項はいわゆる注意規定である。

注2) イギリスの法諺に「法は遅延をきらう」というのがあり（The law disapproves of delay.)、支払期日は守られるのが当然であるが、それが守られなかった場合の制裁を定めておく必要がある。この条項では、遅延損害金を年3パーセントとしたが、民法419条本文は、「金銭の給付を目的とする債務の不履行については、その損害賠償の額は、債務者が遅滞の責任を負った最初の時点における法定利率によって定める。」と規定し、その法定利率は民法404条2項によって年3パーセントと定められているので、この部分もまた注意規定と言える。ただし、419条但書は「ただし、約定利率が法定利率を超えるときは、約定利率による。」と定めているので、3パーセントより大きい利率を定めることも可能である。しかしながら、その利率は利息制限法1条、及び4条によって上限があり、元本が100万円の場合は年21.9パーセントが限度である。

注3) 原告と被告がそれぞれ負担した訴訟費用（例えば、原告が訴状に貼付した収入印紙代、被告が裁判所に出頭したときに要した交通費等）は、各自が負担することとし、互いにその清算を求めないということである。そして、この条項は民事事件の裁判上の和解の際には必ず付けられると言ってよい。ただし、民事訴訟法68条は、「当事者が裁判所において和解をした場合において、和解の費用又は訴訟費用の負担について特別の定めをしなかったときは、その費用は、各自が負担する。」と定めているので、この条項もまた注意規定と言ってよいであろう。

(資料7)

訴　状

平成○年○月○日

○○地方裁判所　民事部　御中

　　　　　　　　　　　　原告訴訟代理人弁護士　　　　　　　　㊞

〒　　　住所
　　　　　　　　　　　　　原　　告　　　Y
〒　　　住所
　　　　　　　　　（送達場所）
　　　　　　　　　　　原告訴訟代理人弁護士
　　　　　　　　　　　　電　話　○○―○○○○―○○○○
　　　　　　　　　　　　ＦＡＸ　○○―○○○○―○○○○

〒　　　住所
　　　　　　　　　　　　　被　　告　　　X

債務不存在確認請求事件
訴訟物の価額　　160万円[*1]
貼用印紙額　　　　　円

第1．請求の趣旨
　1．原告の被告に対する、不貞行為に基づく損害賠償債務は存在しないことを確認する。
　2．訴訟費用は被告の負担とする。
　との判決を求める。

第2. 請求の原因*2
 1．原告と訴外Aは、それぞれが勤務する会社の上司と部下の関係にあり、平成○年○月頃知り合った。
 2．Aの夫である被告は、Aと原告がいわゆる不貞関係にあるのではないかとの疑いを持ち、原告に対して慰謝料を支払えと要求してきた。
 3．原告は、被告に対して、原告とAとの関係は単なる会社の上司と部下の関係であり、不貞関係にはないことを再三に亘って説明したが、被告は納得しない。
 4．原告としては、被告からいつ本件に関する訴訟を提起されるか分からず、不安な日々を過ごしており、いつまでもかような状態が続くことには耐えられない。*3
 5．よって、請求の趣旨第1項に記載したとおり、原告とAとの間には不貞関係はなく、被告に対する損害賠償債務が存在しないことの確認を求めるべく本訴に及んだ次第である。

以　上

証　拠　方　法

甲第1号証　　　通知書
甲第2号証　　　回答書
甲第3号証　　　・・・・
甲第4号証　　　・・・・

付　属　書　類

 1．訴状副本　　　1部
 2．甲号証（写）　各2通
 3．訴訟委任状　　1通

注1) ここでは債務額を明示していないので、訴額は算定不能として160万円となる（民事訴訟費用等に関する法律4条2項参照）。もし、YがXから不貞慰謝料として300万円を請求されている場合には、その額（300万円）を記載することもでき、その場合にはその額が訴額となる。また、請求されている300万円のうち50万円は認めてもよいとYが考えている場合には、請求の趣旨第1項は「原告の被告に対する不貞行為に基づく損害賠償債務は50万円を超えては存在しないことを確認する。」と記載し、その場合の訴額は300万円から50万円を差引いた250万円ということになる。
注2) 債務不存在確認訴訟では、請求の趣旨によって請求が特定されているので、請求の特定のための請求原因は記載する必要はない。また、確認訴訟では、対象となる権利又は法律関係について原告（Y）が即時に確定してもらう現実の法律上の利益または必要のある場合に限って、訴えの提起が許されるので、確認の利益について主張する必要がある。
注3) 確認の利益を基礎付ける事実（権利についての争いの存在）についての主張である。

(資料8)

弁護士倫理に関する説明書

当職は、依頼者　○○○○　様に、以下の点について説明致しました。

【説明に際し交付した資料】
「弁護士職務基本規程」（○頁乃至○頁）
【説明した内容】：（レ）点を付記した項目
（　）1．弁護士職務基本規程第32条の内容
　　　　「弁護士は、同一の事件について複数の依頼者があってその相互間に利害の対立が生じるおそれがあるときは、事件を受任するに当たり、依頼者それぞれに対し、辞任の可能性その他の不利益を及ぼすおそれのあることを説明しなければならない。」
（　）2．ご依頼の事件につき、将来的に○○様と△△様の利害の対立する可能性が皆無ではないこと
（　）3．ご依頼の事件につき、仮に○○様と△△様の利害対立が顕在化した場合には当職が辞任すること
（　）4．上記3のとおり当職が辞任することより○○様に不利益を及ぼすおそれがあること
（　）5．上記4のとおり○○様に不利益が生じた場合であっても上記1のとおり当職の辞任がやむを得ない以上その不利益の責任を当職が負うものではないこと
（　）6．上記1ないし5の内容について○○○○様に十分にご理解いただいた場合に限り○○○○様との間で委任契約書を締結することが可能となること
（　）7．（以下、略）

平成○年○月○日

　　　　　　　　　　　　　　　　　　　　　　　弁護士＿＿＿＿＿＿＿＿＿＿

　　　　　　　　　　　　　同　意　書

　弁護士　　　　　　　　殿

　私は、貴職に依頼した損害賠償請求事件について、いただいた上記「弁護士職務基本規程」に基づいて上記の説明を受け、十分に理解しましたので上記各説明内容に同意致します。

平成○年○月○日

　　　　　　　　　　　　　　　　　（住所）＿＿＿＿＿＿＿＿＿＿＿＿＿
　　　　　　　　　　　　　　　　　（氏名）＿＿＿＿＿＿＿＿＿＿＿＿＿

(資料9)

文書送付嘱託申立書

平成○○年（ワ）第○○○○号　損害賠償請求事件
原　告　　○○○○
被　告　　△△△△

平成○○年○月○○日

○○地方裁判所第○○民事部○係　御中

原告訴訟代理人弁護士　　○　○　　○　○

第1　文書の表示
　　○○○○（平成○○年○月○日生）についての平成○○年○月○日以降に実施された人工妊娠中絶術に関する手術記録

第2　文書の所持者
　　〒○○○―○○○○
　　○○県○○市○○区○○■丁目■番■号
　　医療法人社団○○会○○病院
　　（電話　○○―○○○○―○○○○）

第3　証明すべき事実
　　平成○年○月○日以降に被告が人工妊娠中絶術（堕胎手術）を受けた事実

以　上

(資料10)

調査嘱託申立書

平成○○年（ワ）第○○○○号　損害賠償請求事件
原　　告　　○○○○
被　　告　　○○○○

　　　　　　　　　　　　　　　　　　　　　　平成○○年○月○○日

東京地方裁判所民事第○部○係　御中

　　　　　　　　　　　　　原告訴訟代理人弁護士　　○　○　　○　○

第1　○○○○に対する調査嘱託
　1　嘱託事項
　　　被告（住所　〒○○○―○○○○　東京都○○区○○△―△―○○）が、下記の時期に○○ホテルを利用した事実の有無、利用した機会ごとの利用人数、同伴者の氏名・性別、宿泊施設の利用時間（チェックインタイム・チェックアウトタイム）、ルームタイプ（シングル・ダブル・ツイン等）について

記

平成○○年○月○日〜同○月○日

　2　嘱託先
　　　〒○○○―○○○○
　　　東京都○○区○○○丁目○番○号
　　　株式会社○○○ホテル

　3　証明すべき事実
　　　被告・訴外○○○○間の性交渉の事実

　　　　　　　　　　　　　　　　　　　　　　　　　　　　　　以　上

(資料11)

調査嘱託申立書

平成○○年（ワ）第○○○○号　損害賠償請求事件
原　告　　○○○○
被　告　　○○○○

平成○○年○月○○日

東京地方裁判所民事第○部○係　御中

原告訴訟代理人弁護士　　○　○　　○　○

第1　○○○○に対する調査嘱託
　1　嘱託事項
　　　下記の平成○○年○月○日現在におけるメールアドレスの携帯電話番号を調査の上、ご回答ください。
記
　　　　メールアドレス　　○○○○@docomo.ne.jp

　2　嘱託先
　　　〒○○○―○○○○
　　　東京都○○区○○○丁目○番○号
　　　株式会社 NTT ドコモ　サービス運営部長

　3　証明すべき事実
　　　△△△名義の携帯電話宛てに■■■■からの多数回に亘る携帯メールが送信されているところ、■■■■と被告が同一人である事実

以　上

(資料12)

照 会 申 出 書

東照第　　　　　　号
平成　　年　　月　　日

東 京 弁 護 士 会 会 長 殿

　　　　　　　　　事 務 所 所 在 地　〒○○○―○○○○
　　　　　　　　　　　　　　　　　　東京都中央区銀座○丁目○番○号
　　　　　　　　　　　　　　　　　　　　　○○ビル○階
　　　　　　　　　　　　　　　　　　　　　○○○法律事務所

　　　　　　　　　　　　　　　　　電　話　03―○○○○―○○○○
　　　　　　　東京弁護士会所属・登録番号
　　　　　　　　　　　　　　　　　弁　護　士　　　○○○○　　印

　私は、弁護士法第23条の2第1項に基づき、次のとおり照会の申出をいたします。

1．照会先（公務所又は公私の団体）
　　所在地　〒○○○―○○○○
　　　　　　東京都○○区○○丁目○○番○○号

　　　　　　電話　03―○○○○―○○○○
　　名　称　○○○○ホテル

2．受任事件
　　当事者
　　　　　○［原　告］○○○○
　　　　　　［被　告］△△△、■■■■

※　照会申出弁護士の依頼者名の頭には○を付けてください。
　※　［　　］内には、原告・被告等、当事者の地位を必ず記載してください。

事　件
（１）係属官庁及び事件番号　準備中

（２）事件名　　　　　　　　　（予定）損害賠償請求事件

（３）事件の概要・受任内容等
　　　△△△は、平成○年に○○○○と婚姻したが、平成○○年○月頃■■■■と情交関係を持つに至り、その後も同関係を継続したため、それにより○○○○が被った精神的苦痛に対する慰謝料として、△△△及び■■■■に対して損害賠償を求めようとする事件。

　※　（２）事件名、（３）事件の概要・受任事件等については、それぞれ事件を特定するために必要な事項（予定される事件名、事件の概要等）を記載してください。

３．照会を求める理由（（１）争点、（２）証明しようとする事実、（３）照会を求める事項と証明しようとする事実との関連等を、守秘義務及び関係者のプライバシー等との関係で差し支えない範囲で、具体的かつ簡潔に記載してください。）

（１）争点
　　不貞行為の有無
（２）証明しようとする事実
　　△△△と■■■■との性交渉の事実
（３）照会を求める事項と証明しようとする事実との関連
　　照会先ホテルに△△△と■■■■が宿泊ないし短時間休憩した事実は両人間の性交渉の事実を強く推認するため、照会先に照会事項について照会を求める必要がある。

4．照会を求める事項

　　別紙照会事項書のとおり。（できるだけ一問一答式にしてください。）

5．照会申出書の送付・不送付

　　この申出書の写しを照会先に送付することは（差し支える・○差し支えない）。
　　　　　　　　　　　　　　　　　　　　　　　　（どちらかに必ず○）
（1）差し支える場合は、上記2、3の事項を差し支えない範囲で、別紙照会事項書に改めて記載してください。
（2）差し支える場合は、その理由を記載してください。
　　※照会申出書の写しを照会先に送付しても差し支えない場合は、（2）の記載は必要ありません。

東照第　　　　　　　号

照　会　事　項　書

本会会員の次の受任事件について照会を求める事項は、下記のとおりです。
（下記1・2は、照会申出書の写しを照会先に送付することは差し支えるという場合にのみ、差し支えない範囲でご記入ください。）

記

1．受任事件
（1）当事者　依頼者

（2）事件の概要等

２．照会を求める理由

　　※　本件照会内容についての問合わせ先
　　　　登録番号　　○○○○○
　　　　照会申出弁護士　　○○○○　　電　話　○○―○○○○―○○○○
　　　　　　　　　　　　　　　　　　　　　　　　　　迄お願いします。

照　会　事　項

１．○○○○（住所　〒○○○―○○○○　東京都○○区○○△―△―○○）が、下記の時期に貴ホテルを利用した事実の有無を確認の上、利用した機会ごとに、利用人数、同伴者の氏名・性別、宿泊施設の利用時間（チェックインタイム・チェックアウトタイム）、ルームタイプ（シングル・ダブル・ツイン等）を把握できる限り回答してください。

記

　　　　平成○○年○月○日～同月○日（¥△△△△△円支出）

２．上記日時に○○○○の宿泊の事実がない場合には、別紙領収書番号（No.○○○○）の領収書に照らして、過去に貴ホテルに「○○○○」が宿泊したことがありますか。なお、宿泊の事実がある場合には、その日時、同伴者の氏名・性別、宿泊施設の利用時間（チェックインタイム・チェックアウトタイム）、ルームタイプ（シングル・ダブル・ツイン等）を把握できる限り回答してください。

(資料13)

照 会 申 出 書

東照第　　　　　　号
平成　　年　　月　　日

東 京 弁 護 士 会 会 長 殿

　　　　　　　　　　事 務 所 所 在 地　〒○○○―○○○○
　　　　　　　　　　　　　　　　　　　東京都中央区銀座○丁目○番○号
　　　　　　　　　　　　　　　　　　　　　　　　　　○○ビル○階
　　　　　　　　　　　　　　　　　　　　　　　　　○○○法律事務所

　　　　　　　　　　　　　　　　電　話　03―○○○○―○○○○
　　東京弁護士会所属・登録番号
　　　　　　　　　　　　　　　　弁　護　士　　　　○○○○　　印

　私は、弁護士法第23条の2第1項に基づき、次のとおり照会の申出をいたします。

1．照会先（公務所又は公私の団体）
　　所在地　〒○○○―○○○○
　　　　　　東京都○○区○○丁目○○番○○号

　　　　　　電　話　03―○○○○―○○○○
　　名　称　株式会社NTTドコモ　フロント支援部長

2．受任事件
　　当事者
　　　　　○［原　　告］○○○○
　　　　　　［被　　告］△△△、■■■■

※ 照会申出弁護士の依頼者名の頭には○を付けてください。
※ [　　]内には、原告・被告等、当事者の地位を必ず記載してください。

事　件
（１）係属官庁及び事件番号　準備中

（２）事件名　　　　　　　　　（予定）損害賠償請求事件

（３）事件の概要・受任内容等
　　　△△△は、平成○年に○○○○と婚姻したが、平成○○年○月頃■■■■と情交関係を持つに至り、その後も同関係を継続したため、それにより○○○○が被った精神的苦痛に対する慰謝料として、△△△及び■■■■に対して損害賠償を求めようとする事件。

※ （２）事件名、（３）事件の概要・受任事件等については、それぞれ事件を特定するために必要な事項（予定される事件名、事件の概要等）を記載してください。

3．照会を求める理由（（１）争点、（２）証明しようとする事実、（３）照会を求める事項と証明しようとする事実との関連等を、守秘義務及び関係者のプライバシー等との関係で差し支えない範囲で、具体的かつ簡潔に記載してください。）

（１）争点
　　　不貞行為の有無
（２）証明しようとする事実
　　　△△△と■■■■との性交渉の事実
（３）照会を求める事項と証明しようとする事実との関連
　　　△△△名義の携帯電話には■■■■からの多数回に亘る着信履歴があるところ、■■■■に対して損害賠償を求めるに当たり同人の住所を特定する必要があるため、照会先に照会事項について照会を求める必要がある。

4．照会を求める事項

別紙照会事項書のとおり。（できるだけ一問一答式にしてください。）

5．照会申出書の送付・不送付

　この申出書の写しを照会先に送付することは（差し支える・○差し支えない）。　　　　　　　　　　　　　　　　　　　　　　（どちらかに必ず○）

（1）差し支える場合は、上記2、3の事項を差し支えない範囲で、別紙照会事項書に改めて記載してください。

（2）差し支える場合は、その理由を記載してください。

　　※照会申出書の写しを照会先に送付しても差し支えない場合は、（2）の記載は必要ありません。

東照第　　　　　　　　　号

照　会　事　項　書

本会会員の次の受任事件について照会を求める事項は、下記のとおりです。
（下記1・2は、照会申出書の写しを照会先に送付することは差し支えるという場合にのみ、差し支えない範囲でご記入ください。）

記

1．受任事件
（1）当事者　依頼者

（2）事件の概要等

2．照会を求める理由

　　※　本件照会内容についての問合わせ先
　　　　登録番号　〇〇〇〇〇
　　　　照会申出弁護士　〇〇〇〇　　電　話　〇〇―〇〇〇〇―〇〇〇〇
　　　　　　　　　　　　　　　　　　　　　　　　　　迄お願いします。

照　会　事　項

1．掲題電話番号〇〇〇―〇〇〇〇―〇〇〇〇につき、下記の内容をご回答ください。
　　解約されている場合は、解約前の契約者情報について回答願います。
　（調査期間：平成〇年〇月〇日～平成〇年〇月〇日時点）
　　1　契約者又は購入者の氏名
　　2　契約者又は購入者の住所
　　3　契約年月日
　　4　解約又は休止されている場合は解約年月日又は休止年月日
　　5　連絡先電話番号
　　6　請求書送付先名
　　7　請求書送付先住所
　　8　請求書送付先電話番号
　　9　該当電話番号がMNPにより番号転出している場合は、その事実、及び、貴社が該当電話番号の管理事業者であるときは、電話番号使用中事業者グループ名を回答願います。
　　10　プリペイド式携帯電話の場合は、購入者情報について、また、解約されている場合は、解約前の契約者情報について回答願います。
　　11　電話番号が変更されている場合は、その番号を回答願います。

(資料14)

照 会 申 出 書

東照第　　　　　　　号
平成　　年　　月　　日

東 京 弁 護 士 会 会 長 殿

　　　　　　　　　事 務 所 所 在 地　〒○○○―○○○○
　　　　　　　　　　　　　　　　　　東京都中央区銀座○丁目○番○号
　　　　　　　　　　　　　　　　　　　　　　○○ビル○階
　　　　　　　　　　　　　　　　　　　　　　○○○法律事務所

　　　　　　　　　　　　　　　　　電　話　03―○○○○―○○○○
　　　東京弁護士会所属・登録番号
　　　　　　　　　　　　　　　　　弁　護　士　　　○○○○　　　印

　私は、弁護士法第23条の2第1項に基づき、次のとおり照会の申出をいたします。

1．照会先（公務所又は公私の団体）
　　所在地　　〒○○○―○○○○
　　　　　　　東京都○○区○○丁目○○番○○号

　　電　話　03―○○○○―○○○○
　　名　称　　株式会社NTTドコモ　サービス運営部長

2．受任事件
　　当事者
　　　　　　○ ［原　告］○○○○
　　　　　　　　［被　告］△△△、■■■■

※ 照会申出弁護士の依頼者名の頭には○を付けてください。
※ [　]内には、原告・被告等、当事者の地位を必ず記載してください。

事　件
（1）係属官庁及び事件番号　準備中

（2）事件名　　　　　　　　　（予定）損害賠償請求事件

（3）事件の概要・受任内容等
　　△△△は、平成○年に○○○○と婚姻したが、平成○○年○月頃■■■■と情交関係を持つに至り、その後も同関係を継続したため、それにより○○○○が被った精神的苦痛に対する慰謝料として、△△△及び■■■■に対して損害賠償を求めようとする事件。

※ （2）事件名、（3）事件の概要・受任事件等については、それぞれ事件を特定するために必要な事項（予定される事件名、事件の概要等）を記載してください。

3．照会を求める理由（（1）争点、（2）証明しようとする事実、（3）照会を求める事項と証明しようとする事実との関連等を、守秘義務及び関係者のプライバシー等との関係で差し支えない範囲で、具体的かつ簡潔に記載してください。）

（1）争点
　　不貞行為の有無
（2）証明しようとする事実
　　△△△と■■■■との性交渉の事実
（3）照会を求める事項と証明しようとする事実との関連
　　△△△名義の携帯電話宛てに■■■■からの多数回に亘る携帯メールが送信されているところ、■■■■に対して損害賠償を求めるに当たり、第一次的にメールアドレスから携帯電話番号を照会し、回答を得た携帯電話

番号から同人の住所を特定する必要があるため、照会先に照会事項について照会を求める必要がある。

4．照会を求める事項
　　別紙照会事項書のとおり。（できるだけ一問一答式にしてください。）

5．照会申出書の送付・不送付
　　この申出書の写しを照会先に送付することは（差し支える・○差し支えない）。
　　　　　　　　　　　　　　　　　　　　　　　　（どちらかに必ず○）
　（1）差し支える場合は、上記2、3の事項を差し支えない範囲で、別紙照会事項書に改めて記載してください。
　（2）差し支える場合は、その理由を記載してください。
　　※照会申出書の写しを照会先に送付しても差し支えない場合は、（2）の記載は必要ありません。

照　会　事　項　書

東照第　　　　　　　　号

　本会会員の次の受任事件について照会を求める事項は、下記のとおりです。
（下記1・2は、照会申出書の写しを照会先に送付することは差し支えるという場合にのみ、差し支えない範囲でご記入ください。）

記

1．受任事件
　（1）当事者　依頼者

（2）事件の概要等

2．照会を求める理由

　　※　本件照会内容についての問合わせ先
　　　　登録番号　○○○○○
　　　　照会申出弁護士　○○○○　　電　話　○○―○○○○―○○○○
　　　　　　　　　　　　　　　　　　　　　　　　　迄お願いします。

照　会　事　項

1．下記の平成○○年○月○日現在におけるメールアドレスの携帯電話番号を調査の上、ご回答ください。
記
　　メールアドレス　　　○○○○＠ docomo.ne.jp

事項索引

D
DNA鑑定書 …………………………………121

F
Facebook ……………………………………136

G
GPS機能付き携帯電話 ………………………63
GPS端末 ……………………………………143
GPSの履歴 ……………………………………64

P
PASMO ………………………………………136

S
Suica …………………………………………136

あ
相手方の意見書 ………………………………111
アクセサリー …………………………………146

い
意思を抑圧 ……………………………………18
一般条項 ………………………………………31
違法収集証拠 …………………………………60
違法性の意識 …………………………………16
因果関係の不存在 ……………………………20

う
動かし難い事実 ………………………………53

お
乙号証 …………………………………………101
落っこち ………………………………………8

か
解釈規定 ………………………………………77
介抱の弁解 ……………………………………89
確信犯 …………………………………………16
仮説 ……………………………………………80
価値の乏しい書証 ……………………………103

管轄権 …………………………………………154
間接一般裁判管轄権 …………………………156
間接証拠 ………………………………………84
鑑定人 …………………………………………46
鑑定の嘱託 ……………………………………45

き
記憶の喪失・変容 ……………………………52
期待可能性 ……………………………………24
逆推知説 ………………………………………157
客観的な証拠 …………………………………46
求償権 …………………………………………170
供述の信用性 …………………………………33
緊急避難 ………………………………………24

く
偶然の弁解 ……………………………………90
クレジットカードの利用明細書 ……………123

け
経験則 ……………………………33, 54, 80, 81
形式的証拠力 …………………………………49
化粧品 …………………………………………146
血液型 …………………………………………122
欠席裁判 ………………………………………44
検証物 …………………………………………46
顕著事実 ………………………………………44
権利自白 ………………………………………43
権利の上に眠る者は保護しない ……………23
権利濫用 ………………………………………29

こ
故意・過失 ……………………………………15
甲号証 …………………………………………101
興信所 …………………………………………111
公知の事実 ……………………………………44
口頭弁論期日 …………………………………49
高度の蓋然性の証明 …………………………94
合理的な疑いを容れない程度の証明 ………94
国際裁判管轄権 ………………………………154
国内裁判管轄権 ………………………………156
戸籍謄本 ………………………………………120

事項索引

婚姻関係の破綻 …… 21
婚姻費用分担 …… 21
コンドーム …… 146
コンビニエンスストアのレシート …… 124

さ

裁判上の自白 …… 40
錯誤 …… 41
サービス券 …… 145
三審制 …… 98
暫定真実 …… 78

し

事後審 …… 98
事後審的審理 …… 98
事実上の推定 …… 33, 75
事実認定のプロセス …… 33, 34
自然科学的証明 …… 94
自然の愛情 …… 17
示談（和解） …… 9
実質的証拠力 …… 49
自白契約 …… 72
自白の取消し（撤回） …… 41
写真 …… 106
自由裁量 …… 58
自由心証主義 …… 33, 58
集中証拠調べ …… 45, 57
住民票上の住所 …… 119
住民票の写し …… 119
修理の弁解 …… 88
主観的な証拠 …… 47
主尋問 …… 53
主張自体失当 …… 38
主張整理 …… 33
主張責任 …… 33, 39
主要事実 …… 36
準拠法 …… 154
準備的口頭弁論期日 …… 49
準文書 …… 110
渉外的要素 …… 154
将棋倒し（ドミノ倒し）事件 …… 168
証言拒絶事由 …… 57
証拠共通の原則 …… 74
証拠契約 …… 72
証拠収集 …… 33

証拠制限契約 …… 72
証拠能力 …… 33
証拠の収集 …… 99
証拠の優越 …… 94
証拠方法 …… 46
証拠保全の申立て …… 100
証拠申出書 …… 56
証拠力 …… 33
証人 …… 46
証人尋問 …… 50, 149
証明 …… 95
証明責任 …… 33, 40
証明責任の分配 …… 96
証明責任を変更する合意 …… 72
証明度 …… 33
消滅時効 …… 22
消滅時効の抗弁 …… 40
証文の出し遅れ …… 103
条理 …… 156
常連客宿泊の弁解 …… 89
職務上請求用紙 …… 119
書証 …… 33
書証申出 …… 33, 49
除斥期間 …… 22
職権証拠調べ …… 45
職権調査事項 …… 98
処分証書 …… 48
審判排除効 …… 41
尋問事項書 …… 56

す

推定 …… 75

せ

請求の放棄又は認諾 …… 43
正当業務行為 …… 28
誓約書 …… 144
責任阻却事由 …… 25
世間話の弁解 …… 92
積極的加害意図 …… 17
先決問題 …… 161
宣誓 …… 57

そ

贈答品 …… 138

事項索引

双方代理 ·· 165
ソクラテス ·· 1
訴権の濫用 ··· 38
訴訟記録の取寄せ申請 ························ 100
訴訟資料 ·· 41
疎明 ··· 95
損害額の認定 ··· 73
損害の不発生 ··· 22

た

談笑の弁解 ··· 87
探偵社 ·· 70, 111

ち

嫡出の推定 ··· 21
仲裁鑑定契約 ··· 72
中絶証明書 ··· 121
調査嘱託の利用 ··································· 100
調査の嘱託 ··· 45
直接一般裁判管轄権 ·························· 156
直接証拠 ·· 84
陳述書 ·· 147
陳述書の信用性 ·································· 148

て

貞操権侵害に基づく慰謝料請求の準拠法に関する
　裁判例 ··· 164
手紙 ·· 138
適時提出主義 ································ 45, 103
デジカメ画像 ·· 107
テレビ会議 ··· 57
電子マネー ··· 136
伝聞供述 ·· 54
伝聞証言 ·· 60
電話盗聴テープ ··································· 109

と

当事者尋問 ································· 45, 50, 149
当事者本人 ··· 46
登山の弁解 ··· 87

な

内容証明 ·· 10

に

肉体関係 ·· 35
二号 ··· 4
人証 ··· 33, 46
認知 ·· 120

は

配達証明 ·· 10
パソコンを教えていたとの弁解 ············ 90
話し合いの弁解 ······································ 91
張り込み ·· 70
反証 ·· 76

ひ

被害者が損害を知った時 ······················ 23
被害者の承諾 ··· 29
ビデオテープ ·· 108

ふ

夫婦間の契約取消権 ···························· 21
夫婦間の日常家事債務の連帯責任 ····· 21
複製物 ·· 110
物証 ·· 47
不撤回効 ·· 41
不利益事実の説明義務 ······················ 170
プリクラ ··· 107
ブログ ·· 136
文書 ·· 46
文書送付嘱託の申立て ························· 50
文書提出命令の申立て ················· 49, 100
文書の成立の真正 ································· 43

へ

弁解の機会 ··· 86
弁護士会照会 ······································· 100
弁護士職務基本規程 ·························· 165
弁護士法 23 条の 2 による照会 ········· 100
弁済の抗弁 ··· 40
片面的不法性交 ····································· 19
便利屋による調査結果 ······················· 114
弁論主義 ·· 33
弁論準備手続期日 ································· 49
弁論の全趣旨 ··· 71

事項索引

ほ
- ボイスレコーダー…………………………65
- 報告文書………………………………48
- 法律効果………………………………36
- 法律上の権利推定……………………77
- 法律審…………………………………98
- 法律の錯誤……………………………16
- 法律要件分類説………………………96
- 保護法益………………………………35
- 補充尋問………………………………149
- 補助事実………………………………36
- ホテルで休憩の弁解…………………91
- 本人尋問実施後の陳述書の提出……148
- 本問題…………………………………161

ま
- 枕営業…………………………………26

み
- 民事調停………………………………11

め
- 妾…………………………………………4
- メール…………………………………124
- 免除の抗弁……………………………40

も
- 目撃証人………………………………54

よ
- 要件事実………………………………36
- 容認の弁解……………………………93
- よろめき…………………………………8

ら
- ライター………………………………145

り
- 利益が相反する事件…………………168
- 利害関係………………………………51
- 離婚に伴う財産分与…………………21
- 立証活動………………………………79
- 立証責任………………………………15
- 旅行写真………………………………107

れ
- レシート（領収書）…………………124

ろ
- 録音テープ……………………………108
- 論理必然的証明………………………94

わ
- 和解調書………………………………12
- 詫び状…………………………………144

あとがき

　筆者が弁護士になったばかりの頃、恩師の野口忠先生（弁護士）から「辯護士　中里和伸」と印刷された自分の名刺の束を頂いた。この名刺を見たとき、なぜ肩書きが「弁護士」ではなく「辯護士」なのかという疑問が生じたが、その時にはそれ以上深く考えなかった。

　その後、主にいわゆる一般民事事件を中心にさまざまな事件を担当したり、いろいろなタイプの相談者・依頼者等の話を聞いたり、各事件における相手方の弁護士の対応等も見てきた。それらの経験が積み重なっていく中で、筆者にとっての弁護士という仕事は、「弁護士」ではなくやはり「辯護士」という表記の方がふさわしいということに自分なりに気が付いた。

　すなわち、弁護士はとかく「法廷で弁が立つ」と言われるが、筆者の経験では、必ずしも「弁が立つ」とか、「立て板に水」のような話し方をする弁護士はそう多くはいない。むしろ、法廷では寡黙である反面、裁判所に提出する書面は理路整然とした書面を作成するというような弁護士の方が多い。したがって、弁護士の「弁」というのは決して「弁が立つ」という意味ではない。

　他方において、例えば裁判所において、相続問題で激しく言い争う親族同士や、交通事故に基づく損害賠償請求事件で争う被害者と加害者等を見ていると、好んで裁判をしている人は極めて稀であり、自身が抱えている紛争の解決のために裁判という手段を採らざるを得なかったという当事者が大半である。その意味において、裁判の一方当事者は「辛い」立場である。そして、その相手方もまた同様である。

　裁判ともなれば、本来であれば言いたくないことでも言わなければならないし、その相手も言われた以上反論せざるを得ない。また、裁判を抱えているということ自体が大きな心理的な負担になるからである。

　このように、民事裁判というのは、多くの場合「辛い」立場に置かれた者同士の戦いであって、弁護士の仕事は、その「辛い」者同士の間に割って入りものを「言う」ことによってその紛争の解決を目指すことといえる。

　したがって、この解釈が正しいかどうかはわからないが、辯護士の「辯」

あとがき

という漢字が「辛」という2つの漢字に「言」という漢字が挟まれてできているのは、そのような意味合いなのではないかと筆者は個人的に考えるようになった。

　そして、本書で扱っている不貞行為に基づく慰謝料請求事件の当事者もまたこれと同様であろう。すなわち、配偶者に不貞行為をされた被害配偶者（X）にしてみれば、「自分には非がなく一方的な被害者だ」と主張はするものの、なぜ夫（妻）が別の人と浮気をしてしまったのか、自分の側にも何らかの原因があったのではないか等と考えるだろうし、不貞行為の相手方（Y）は、不貞行為自体が悪いことだとは頭で分かっていても、好きになってしまった感情（自然の愛情）を押さえることができなかった結果、不貞関係に陥ってしまったという事例が現実には多いのである。

　このXもYもいずれも「辛い」立場であることに変わりはなく、その間に入ってものを「言う」ことによって解決を目指すのは、「弁護士」ではなく「辯護士」と表す方が適切なのではないかと思う。

　本書では前著に引き続き、不貞行為に基づく慰謝料請求事件に関する裁判例を数多く紹介している。ただ、時間の経過とともに本書に掲載した裁判例が徐々に古くなってしまうのが残念でならない。

　今後もこの種の事件が裁判所に多く持ち込まれるのだろうが、筆者としては、少しでも不法行為の成立範囲を狭めたり、仮に不法行為の成立を認めたとしてもその賠償額は制限するべきであると考えており、実際にも近時の裁判例の傾向を見る限り、今後はそのような方向に向かっていくのではないかと思っている。

　本書が多くの読者に読まれ何らかの参考になり、また将来新たな裁判例が集積された段階で本書の改訂版を出す機会が与えられるとしたら、筆者にとってはこれ以上の喜びはない。

　　　　　　　　　　　　著者を代表して　辯護士　中里　和伸

中里和伸（なかざと・かずのぶ）
弁護士（52期、東京弁護士会）
都立両国高等学校卒業　上智大学法学部卒業
現在、東京弁護士会紛議調停委員会、綱紀委員会に所属。東京簡易裁判所民事調停委員。東京暁法律事務所。
【主要著作】
改訂版交通事故実務マニュアル（ぎょうせい、2012）共著、判例による不貞慰謝料請求の実務（LABO、2015）

野口英一郎（のぐち・えいいちろう）
弁護士（62期、東京弁護士会）
都立町田高等学校卒業　早稲田大学法学部卒業
現在、東京弁護士会弁護士業務妨害対策特別委員会に所属。東京暁法律事務所。

東京暁法律事務所
　〒104-0061
　東京都中央区銀座7丁目12番5号 貝新ビル6階
　電話　03-3545-3730
　FAX　03-3545-3733
　e-mail　tokyodawnlawoffice@gmail.com

判例による不貞慰謝料請求の実務　主張・立証編
（はんれい）（ふていいしゃりょうせいきゅう）（じつむ）（しゅちょう）（りっしょうへん）

2017年3月13日	初版第1刷発行
2017年3月23日	初版第2刷発行
2018年3月23日	初版第3刷発行
2021年10月21日	初版第4刷発行

著　者　中里和伸　野口英一郎
発行者　井田　隆
発行所　弁護士会館ブックセンター出版部LABO
　　　　〒100-0013 東京都千代田区霞が関1-1-3 弁護士会館地下1階
　　　　　TEL　03-5157-5227　FAX　03-5512-1085
発　売　株式会社大学図書
　　　　〒101-0062 東京都千代田区神田駿河台3-7
　　　　　TEL　03-3295-6861　FAX　03-3219-5158
編集担当　渡邊　豊
印刷所　大日本法令印刷株式会社
カバーデザイン　やぶはなあきお

ISBN978-4-904497-33-3
© 2017 Kazunobu Nakazato Eiichiro Noguchi Printed in Japan

乱丁・落丁の節は、当該書籍の確認後、お取替えいたします。
本書の複写は著作権法上の例外を除き禁止されています。本書の電子的複製は私的利用を除き認められておりません。